"十二五"职业教育国家规划教材

经全国职业教育教材审定委员会审定

旅游公共关系

（第2版）

主　编　谢红霞

副主编　王恩成　兀　婷

旅游类一旅游管理专业

北京师范大学出版社集团

北京师范大学出版社

BEIJING NORMAL UNIVERSITY PUBLISHING GROUP

BEIJING NORMAL UNIVERSITY PUBLISHING GROUP

图书在版编目(CIP)数据

旅游公共关系/谢红霞主编. —2 版. —北京：北京师范大学
出版社，2015.10
（"十二五"职业教育国家规划教材）
ISBN 978-7-303-19479-7

Ⅰ.①旅… Ⅱ.①谢… Ⅲ.①旅游业－公共关系学－高等职
业教育－教材 Ⅳ.①F590.65

中国版本图书馆 CIP 数据核字(2015)第 211411 号

营 销 中 心 电 话　010-58802755　58801876
北师大出版社职业教育分社网　http：//zjfs. bnup. com
电 子 信 箱　zhijiao@bnupg. com

出版发行：北京师范大学出版社　www. bnup. com
　　　　　北京市海淀区新街口外大街 19 号
　　　　　邮政编码：100875
印　　刷：大厂回族自治县正兴印务有限公司
经　　销：全国新华书店
开　　本：787 mm×1092 mm　1/16
印　　张：17.5
字　　数：420 千字
版　　次：2015 年 10 月第 2 版
印　　次：2015 年 10 月第 3 次印刷
定　　价：29.80 元

策划编辑：宋淑玉　　　　　责任编辑：宋淑玉
美术编辑：高　霞　　　　　装帧设计：高　霞
责任校对：陈　民　　　　　责任印制：陈　涛

修订版前言

　　旅游业的服务性、文化性、体验性，使得旅游公关在旅游业中的地位很高，它不仅能够有助于旅游企业与公众之间的传播沟通，而且有利于树立旅游企业品牌形象，提升品牌的美誉度。因此，旅游企业一方面大力加强对在职公关人才的培训；另一方面迫切要求在校大学生必须掌握公共关系的相关知识与技能。

　　《旅游公共关系》是校企合作共同开发的理实一体化教材，该教材为全国高职示范校改革成果。该教材出版以来，由于在教材编写过程中，以工作任务作为切入点、教学组织坚持行动导向、突出实践教学，以培养学生的综合职业能力为目标而受到在校学生的欢迎，同时由于教材设计以旅游企业公关岗位为依据，以岗位实际工作任务为引领，教学内容与企业实际工作内容相一致，突出了岗位职业能力的培养以及后续发展能力的形成而受到旅游企业的好评。

　　本着打造精品的原则，我们组织学校专家与企业一线的从业人员对教材修订进行了认真研究，在新修订的教材中做了如下完善。

　　一是结合行业工作实际，增加了规范旅游公关职业道德、媒介联络与管理、网络公关等内容，使教学内容与企业的工作实际相一致，实现了教学过程与生产过程的对接。

　　二是在教材中增加了观点链接，在强调做中学的同时，及时引进一些学科前沿理论，使教学更能充分反映学科理论研究的最新成果，体现行业企业的实践成果及发展趋势。

　　三是对一些内容和职场案例进行了更换，使教材内容更趋科学、合理。同时根据公关员职业资格证书的要求，满足课程内容与职业标准的对接，编写了公关员职业技能鉴定题库及答案，满足学生双证书培养的需要，做到了真正的产教结合。

　　四是在本次修订时，吸纳旅游企业与相关院校的教师参加，使教材内容更具针对性。

　　本次修订，由谢红霞提出修订大纲和修改意见，并由企业和相关院校的教师共同研究审定。学习情境一、四、七、九和职业技能鉴定题库由山西省财政税务专科学校谢红霞教授编写，学习情境三、五、六、八分别由山西省财政税务专科学校王恩成副教授、兀婷讲师、李武玲讲师、闫金讲师编写，学习情境二由山西旅游职业学院乔美华讲师编写。教材中的部分案例由山西商务国际旅行社的牛刚先生提供，山西商务国际旅行社的董事长贺志勇先生对全书进行了审核。

　　但由于编者水平有限，恐难尽如人意。敬请同人们批评指正。

编　者

2015 年 2 月

第一版前言

在中国，公共关系最早产生于旅游行业，然后向其他行业蔓延，逐渐扩散开来。近年来，旅游业成为现代产业系统中增长最快的产业之一。随着我国旅游业的不断发展，旅游市场的竞争日趋激烈，旅游组织面临的市场环境也日趋复杂，不确定因素日益增加。在这种新的形势下，为了能够求得生存和发展，就必须要借助公共关系的手段，处理好旅游企业与内、外部公众之间的关系，以达到"内求团结、外求发展"的目的。在未来的发展中，旅游公共关系工作将为进一步提高旅游服务的质量、改善旅游环境、推进旅游产业的发展，发挥更为积极的作用。

职业教育的发展要求面向行业，面向企业培养人才，因此，为了帮助旅游组织更好地将公关的理论与知识运用到企业的经营实践中去，结合旅游职业的需要，我们编写了这本《旅游公共关系》教材，以满足旅游职业人才培养的需要。本教材与其他同类教材相比，具有以下特点：

一是体例新。本教材根据旅游组织的公共工作任务来设计学习情境，每个学习情境设计都是从情境描述、任务设置、能力目标入手，重点对每一项任务进行任务分析，制定工作任务单，按照资讯—决策—计划—实施—检查—评价的工作步骤完成相应的工作任务，学习相关的工作过程知识，通过岗位实训培养学生的公关职业能力，最后通过情境模拟与实战演练巩固所学技能。

二是突出实践教学。整个教学内容的组织坚持行动导向，注重实践教学，强调在"做中教，做中学"。在教学过程中，以工作任务作为切入点，以培养学生的职业行动能力为导向，来驱动教学活动。完成工作任务是教学活动的核心，以此来展开对工作过程知识的学习。重点培养学生的综合职业能力。

三是凸显职业能力的培养。本教材在设计与编排教学内容时，以旅游企业公关职业活动的工作过程为导向，以岗位分析为依据，以岗位实际工作任务为引领，充分体现岗位能力的培养以及后续发展能力的形成。旨在提高学生公关技能的同时，培养学生的综合职业能力，满足学生职业生涯发展的需要。使学生走向社会不仅具有就业竞争力，而且具有可持续发展能力。

本书具有理论与实践并重的特点，适用范围广，既可作为旅游管理类高职高专院校教材，也可作为旅游企事业单位管理人员的培训教材。

本教材由山西财政税务专科学校的谢红霞教授编写。本书在编写过程中，参考了大量同行的研究成果，吸收了晋祠国宾馆、山西商务国际旅行社公关部运营的相关资料，山西商务国际旅行社的贺志勇董事长、晋祠国宾馆的王宁总经理在本书写作过程中提出了许多宝贵的意见，使教材的内容更具针对性，教材观点更具前瞻性，在此一并表示感谢。

由于作者水平有限，书中难免存在不妥之处，恳请读者批评指正。

编　者
2011 年 4 月

内容简介

　　本教材从旅游公关职业出发，根据旅游组织的公关工作任务来设计学习情境，结合每个学习情境的能力目标，设置相应的工作任务，每项工作任务都是按照任务导入、任务分析、任务实施的步骤来进行，在任务实施过程中基于工作过程系统化的思路来完成相应的工作任务，并学习相关的工作过程知识，最后通过情境模拟与实战演练巩固所学技能。旨在提高学生公关技能的同时，培养学生的综合职业能力，满足学生职业生涯发展的需要。本教材适合高职高专院校旅游管理专业及相关专业使用，也可以作为旅游企事业单位管理人员的岗前培训教材。

目　录

学习情境一

旅游公关职业认知

● ● ● ● **情境描述**

以旅游企业为背景，以"认知旅游公关职业"为导向，通过对旅游公关的认识、确定旅游公关的职责，使学生对旅游公关职业有一个初步的了解，认识到旅游业开展公关工作的重要性及必要性，从而培养学生旅游公关意识，提高旅游公关能力。

● ● ● ● **职业能力目标**

专业能力：

能够认识旅游行业公关的重要性；

能够熟悉旅游业开展公关的三要素；

能够掌握旅游公关的目标；

能够熟练掌握旅游公关的工作职责。

方法能力：

能够具有搜集资料的能力；

能够具备自学的能力；

能够具备调查分析的能力。

社会能力：

良好的语言表达能力；

具备一定的责任心；

具有良好的合作精神；

具有优秀的沟通能力。

工作任务一   认识旅游公关

【任务导入】

小张是一名刚毕业的大学生，在校读的公关专业，但由于他喜欢旅游，所以毕业后准备在旅游企业从事公关工作，但他到几家旅游企业去应聘，结果是许多企业虽然需要公关人员，但没有设立公关部，他只有在办公室从事日常的接待工作，经过一段时间对企业环境与业务的熟悉，他发现公关工作在该企业还是非常必要的，决定向企业领导说明公关的重要性，他该如何说才能得到领导的认同？

【任务分析】

通过调查，了解旅游行业是否需要公关，公关在旅游业的发展中起着什么样的作用，旅游业开展公关需要具备哪些要素？旅游公关的目标是什么？

【任务实施】

资讯：

1. 了解旅游企业开展公关的重要性与必要性。

2. 旅游业开展公关需要具备哪些要素？

3. 旅游公关的目标是什么？

决策：

1. 通过什么方式与途径来调查？

2. 调查的对象如何确定？

计划：

1. 如何进行人员分工？

2. 完成任务的时间如何安排？

3. 解决步骤包括哪些？

4. 完成调查需要哪些设备和工具？

实施：

1. 进行资料汇总。

2. 分析资料。

3. 写出调查报告。

4. 分组对结果进行汇报。

检查：

1. 所搜集的资料是否真实、客观、全面？

2. 调查方式是否科学？

3. 调查报告格式是否规范、内容是否准确？

评估：

工作任务评估表

考评项目		自我评估	小组评估	教师评估
团队合作40%	沟通能力			
	协作精神			
工作成果评定30%	任务方案			
	实施过程			
	工具使用			
	完成情况			
工作态度20%	工作纪律			
	敬业精神			
	有责任心			
工作角色、创新10%	角色认知			
	创新精神			
综合评估100%				

【知识链接】

一、旅游公关的内涵

(一)什么是公关

公共关系是社会组织为了塑造组织形象，通过传播、沟通手段来影响公众的科学与艺术。

具体来说，这一表述，包含以下三个方面的意思：

第一，公共关系活动的根本目的就是塑造组织形象。

组织形象是公众对于社会组织的总体评价，是社会组织的表现在公众心目中的反映。评价组织形象最基本的指标有两个：知名度和美誉度。因此，一个组织若想树立良好的组织形象，就必须同时把知名度和美誉度作为工作的目标。

第二，社会组织通过传播、沟通手段影响公众。

公共关系的主体是社会组织，客体是公众，手段是传播沟通。换言之，社会组织、传播沟通、公众是构成公共关系的三大要素。

第三，公共关系既是一门科学又是一门艺术。

从理论上讲，公共关系是一门科学；从运作上讲，公共关系又是一门艺术。它是科学与艺术的统一体。

(二)什么是旅游公关

旅游公关指的是旅游组织通过传播沟通手段，与其内外公众实现信息沟通与共享，达到塑造旅游企业形象，促进旅游企业组织的生存与发展的目的。它以全面公正的客观事实为依据，以个人组织或大众为媒介，以互惠互利为根本目的，帮助旅游企业或相关行业做出明智的决策。旅游公共关系的发展有利于提高个人旅游素质，塑造旅游组织形象，优化社会旅游环境。

旅游公共关系包含以下几层含义：第一，是旅游组织客观的"公共关系状态"；第二，是旅游组织从事的一种具有管理职能性质的"公共关系活动"；第三，是一种构成旅游组织经营管理中的价值观念、行为准则和道德规范，即"公共关系观念"。旅游公关的三层含义紧密联系，即公共关系观念影响和指导着旅游组织的决策或组织中个人行为选择取向，从而反作用于人们的公共关系活动，并间接影响着实际的公共关系状态。

二、旅游公关的要素

旅游组织、社会公众和传播是旅游公关的三个基本要素。研究旅游组织的构成、特征、组织机构设置、旅游组织与外部环境的关系等；研究公众的特征、分类、具体的公众关系，如员工关系、股东关系、消费者关系、媒介关系、社区关系、同业关系等；研究传播原理、传播规律、传播媒介、传播技巧及其他在旅游公关中的作用等。

（一）旅游公关的主体

旅游组织作为旅游公共关系的主体，不仅为旅游活动提供了基本保证，而且是旅游业赖以生存发展的支柱。旅游业从国家（或地区）旅游发展角度看，由旅行社、以旅馆为代表的住宿业部门、游览场所经营部门和各级旅游管理组织组成。从旅游业构成上看，既包括直接旅游企业，也包括间接旅游企业，同时还包括支持发展旅游的各种旅游组织，它们是旅游公共关系的行为主体。

1. 国家旅游行政管理机构

根据世界旅游组织的定义，国家旅游行政管理机构是指在最高层次上担任旅游业行政管理职能的中央政府机构，或有关直接干预旅游部门的中央政府机构或国家政府内所有有权干预旅游部门的管理机构。

我国的旅游行政管理机构主要由三个层次构成：国家旅游局是我国旅游业的主管行政机构，负责统一管理我国的国内外旅游业；省、直辖市、自治区人民政府下设的旅游局是地方旅游行政管理机构，受地方政府和国家旅游局的双重领导，以地方政府为主，负责本地区旅游业的统一管理工作；市县的旅游行政管理机构，负责行政区域内的旅游管理工作，单独设立旅游行政管理机构的市县，则在上级政府旅游行政部门的领导下，由当地政府机构配合承担有关旅游方面的事务。

2. 国际旅游组织

主要的国际旅游组织有：

（1）世界旅游组织是附属于联合国的一个政府间国际旅游组织，也是世界上唯一全面涉及旅游事务的全球性政府间机构，总部设在马德里。

（2）世界旅行社协会联合会是最大的民间性国际旅游组织，总部设在比利时布鲁塞尔。

（3）太平洋亚洲旅行协会是个具有广泛代表性和影响力的民间国际旅游组织，在整个亚太地区乃至世界的旅游开发、宣传、培训与合作等多方面发挥着重要作用。

（4）国际旅游联盟是一个代表世界汽车驾驶组织和旅游俱乐部的非营利性的民间协会，于1898年成立于卢森堡。

（5）国际饭店协会是一个世界性饭店行业组织，于1946年在英国伦敦成立，总部设在法国巴黎。

(6)国际旅游科学专家协会于 1951 年 5 月 31 日在罗马成立，会址在瑞士伯尔尼。

(7)其他国际性旅游组织，如世界旅行社协会、世界旅游理事会、非洲旅游协会、拉美旅游组织联盟、欧洲旅游委员会、国际旅游协会、国际航空运输协会、国际会议组织商协会、政府间海事协商组织等。

3. 旅游企业

旅游业是由若干个不同类型的旅游企业所构成的。旅游企业既是一个经济型组织，也是一个服务型组织。旅游企业是旅游公共关系活动行为最直接的主体，它是由从事旅游业务的具体企业所组成，其中主要包括饭店、旅行社、旅游交通以及景区景点等。

(1)饭店企业

饭店企业是旅游业发展的最重要的物质基础，是旅游者在旅游活动中日常生活资料的主要供给者和活动基地。它是依托各种服务设施、设备向旅游者提供住宿、餐饮、购物、娱乐等综合性服务的企业。饭店公共关系，注重饭店外部开拓与内部管理的结合，特别是注重饭店的内部管理，这对于提高饭店知名度，树立饭店形象，提高饭店管理和处理问题的能力，以及在维系人心，提高饭店的凝聚力等方面都起着重要的作用。

(2)旅行社企业

根据我国国务院颁布的《旅行社管理条例》，旅行社是指"有盈利目的、从事旅游业务的企业"，其中所称的旅游业务是指"为旅游者代办出境、入境和签证手续，招徕、接待旅游者，为旅游者安排食宿等有偿服务的经营活动"。旅行社企业公关的目标，是对内沟通组织结构关系，调动员工的积极性，培养员工的向心力和归属感；对外广结善缘，创立良好的企业形象和社会声誉，以赢得充足的客源。旅行社公共关系目标的实现有利于旅行社的生存和发展。

(3)旅游交通企业

旅游交通是整个交通运输业的重要组成部分。旅游交通是指旅游者利用某种手段和途径，实现从一个地点到达另一个地点的空间转移过程。它既是旅游者抵达目的地的手段，也是旅游者在目的地内活动来往的手段。旅游交通企业的公共关系目标：一是协调与其他旅游相关部门的关系，实施互惠的政策，树立良好的企业形象，获取充足的客源；二是从旅游者的个性化的需求出发，协调与外部公众的关系，为旅游者提供安全、便利、快捷、舒适、经济的服务。

(4)旅游景区景点

旅游景区是一种空间或地域，在这一空间或地域中，以旅游及其相关活动为主要功能。旅游景区可以是某一类型的旅游点，也可以是类型各异的旅游地域综合体。旅游景点一般包含在旅游景区中，是旅游景区的一个组成部分。所谓旅游景点，就是指面向所有大众开放的游览景点或游人参观点，是一种有管理的旅游景点。旅游景区公共关系的目标，是指对内培养员工的服务意识，增强企业的凝聚力和向心力；对外加强与旅游各部门的合作，协调组织好旅游景区的市场供需关系，创立良好的品牌形象和社会声誉，以赢得充足的客源。旅游景区公共关系目标的实现有利于旅游景区的发展和兴旺。

4. 旅游社团组织

旅游社团组织泛指为实现共同目标而自发组织起来的从事旅游行业内实务活动和理论

研究的行业组织与学术组织。主要包括各类旅游协会、学会、研究会、俱乐部、联谊会等。这是一类非营利性的群众性社会组织，是一种志同道合的团体，具有较强的学术性特点。其目的是提高行业产品质量，促进旅游组织间的相互协调和保护本行业各组织的利益。它包括中国旅游协会、中国旅游饭店协会、中国旅游车船协会、中国旅游文化协会、中国乡村旅游协会等。

这种介于政府和企业组织之间的民间社会团体在信息沟通和组织协调方面具有不可替代的作用。它对外代表本行业，进行沟通协调时以维护共同利益为基本任务。对内协调行业内部企业组织间的关系，为国家（或地区）旅游业的发展创造条件。可见，旅游行业协会工作本身带有很强的公共关系性质，是旅游公共关系活动行为主体之一。

每一个旅游企业都处于一定的环境中，为了完成自己的任务，实现自己的宗旨，它需要优化环境，也就是营造一个有利于自己生存、发展的最佳环境。这就必须主动地处理与各类公众的关系，首先营造一个良好的人际环境，以求得各方面公众的支持。因此，旅游企业的生存与发展需要开展公共关系，公共关系就是旅游企业谋取社会理解、信任和支持的一种手段。

（二）旅游公关的客体

旅游企业公关的对象非常复杂，内部公众主要是企业的员工，如果实行股份制，还包括股东。外部公众包括旅游企业发展过程中会发生关系的所有组织与个人。首先是顾客公众旅游者；其次是合作者，包括交通企业（车站、机场、码头等）、地接旅行社、旅游饭店、旅游商店、旅游景区等；还包括各类政府公众，如旅游局、工商局、物价局、税务局等。

旅游企业公众一览表

类别	公　　众
顾客公众	旅游者
合作者公众	1. 旅游景区（景点）：风景区 2. 旅游区（旅游度假区、水利旅游区、历史文化名城等） 3. 旅行社 4. 旅游饭店（名菜、名馆、小吃等） 5. 主题公园（游乐园、森林公园、地质公园等） 6. 旅游交通（旅游公司、车队、集散中心等） 7. 购物店（工艺品、购物街等）
政府公众	1. 政府机关（大型活动、城市节庆、土地、财政、信贷、环保、水电、资源） 2. 城建交通（交通、道路、客运、车辆、集散中心、票务） 3. 媒体（宣传、推广、广告、营销） 4. 服务业（创意、策划、规划、设计、创作、咨询、会展、婚庆、法律） 5. 工商界（团队、会议、奖励、商务、娱乐、联欢） 6. 文艺界（演艺节目、文化娱乐、广场活动等） 7. 体育界（比赛、竞技、户外、探险、野营等） 8. 科技界（高科技、网游、游乐园、仿真游戏） 9. 教育界（教育、咨询、培训、评估、论证等） 10. 商贸业（旅游商品、土特产、纪念品、市场、商铺、工艺美术品）

续表

类别	公　众
相关行业公众	1. 土地(国土资源、城建规划、农保田) 2. 地质(土壤、土质、地震、矿产、地下水) 3. 文物(申遗、文物保护、地下文物古迹) 4. 环保(生态、绿色、污染、排放) 5. 水利(水源、水质、水系、水运、水库、渔业、水生植物) 6. 林业(原生态、资源保护、珍稀植物、动物保护) 7. 农业(农家乐、乡村旅游度假、示范园区、特色村) 8. 宗教(佛道文化、民族信仰、民俗节庆、寺庙建筑) 9. 海洋(蓝色国土、蓝色文明、蓝色旅游) 10. 健康(中西医疗、卫生、康体、疗养、保健、中草药、养生)
客源地公众	1. 当地专业传媒(旅游休闲类、都市生活类、时尚运动类) 2. 当地知名旅行社(代理、推介、组团) 3. 当地大型节庆会展策划管理部门(节庆办、世博局) 4. 当地旅游局、旅游协会、旅行社协会 5. 当地自驾游组织、主要社区、高校等

公众是公共关系传播沟通的对象。公众关系是由组织运行过程中涉及的个人关系、群体关系、组织关系所共同构成的。这些个人、群体和组织构成了组织的公众环境。组织的公共关系工作便是针对这个公众环境进行的。离开了公众，公共关系活动就无所指向，本身也就失去了意义。因此，任何组织在计划和实施自己的公关工作的时候，都必须首先确认自己的公众对象，分析研究自己的公众对象，根据公众对象的特点去制定公共关系工作的目标和计划，随着公众对象的变化去调整自己的公关政策和行为。

不同类型的旅游公关主体，其公众有所区别。饭店公众包括员工、股东、饭店客源机构、媒介公众、政府公众、社区公众、国际公众等；旅行社的公众包括员工、旅游者、旅游合作者(旅行社的合作者主要包括景点、交通运输、饭店、商场、娱乐企业等供应商，同时还包括同行竞争者)等；旅游行政管理部门的公众包括旅游企业公众、旅游者公众、媒介公众以及国际公众等；旅游社团旅游目标公众包括旅游企业组织、政府组织和个人。

(三)旅游公关的手段

传播沟通是公共关系活动的过程和方式。公共关系活动的过程，就是运用各种传播媒介和沟通手段，在组织与公众之间建立有效的双向联系和交流，促成相互间的了解、共识、好感与合作。因此，具体研究各种传播媒介和沟通方法的特点和作用，研究它们在公共关系中的应用方式，研究组织与公众之间的传播过程与模式，构成了公共关系学的主要内容。离开了传播沟通这个要素，就无法界定公共关系。

【观点链接 1-1】

公共关系不只是传播

长期以来，公关界一个普遍的趋势是以"传播"这个字眼代替"公关"。不仅许多专业公关公司宣称自己是最权威的传播顾问，不少公司的公关部门还自称是"企业传播部"。其目的一是为了摆脱公关这个常常受人轻视、受人误解的尴尬；二是为了强调工作的专业性。

其实这种行为在一定程度上反映出了公关行业迷失了方向。

公关就本质来说，首先并不是传播，而应该是制定政策，即协助企业确定对于包括消费者在内的各个利益相关方的政策和做法。

让我们首先回到公共关系的本源，来看看公关到底是怎么回事。爱德华·伯奈斯（Edward L. Bernays）在 1923 年出版的《舆论明鉴》（*Crystallizing Public Opinion*）一书中率先创造了"公共关系"一词。他提出了公共关系专业的经典界定：公共关系是一种管理功能，它以符合公共利益的方式来调节组织或个人的行为，只要达到有效的传播，就可以在目标受众中形成激发其采取特定行动的舆论或态度。

美国公关业界的元老夏博新（Harold Burson）近来对公关行业重传播而忽略协助企业制定政策的趋向提出了批评。他认为，公关人员的工作应该包含两个方面：首先是帮助客户或者说雇主制定、调整和执行符合公众利益的政策和行为；其次才是通过有效的传播，影响公众舆论和态度，激发目标受众同企业进行良性的互动。他认为，公关行业的未来和更高的地位，取决于正本清源。真正理解这个行业本身的职责和工作范围，并且勇于实践，这样才可以如愿以偿，能够和 CEO 和董事长坐在一起，从战略的高度展开有价值的工作。

（资料来源：徐雷.公共关系不只是传播.国际公关［J］.2008(01)：82—83，有删减）

旅游公共关系的传播媒介包括：

1. 语言传播媒介

语言是人类交往过程中最基本和最重要的工具，特别是在人际沟通中，一刻也离不开语言。开展公共关系工作必须熟练地使用各种语言交流的媒介和方式。主要包括新闻发布会、记者招待会、电话联系、协商、谈判、会谈等。

2. 文字传播媒介

宣传册、产品推广手册都是组织为了让社会公众了解组织产品和服务，向社会公众介绍、宣传产品信息的手册。它们在设计制作时，应图文并茂，简明扼要，突出主题形象，集中反映组织或企业的文化精神。制作力求精美、实用、大方。报纸、杂志、书籍是受众面最大的一种印刷类的大众传播形式。自办刊物、自编资料是组织开展内外传播的重要形式。

3. 电子传播媒介

广播和电视是通过电波的形式传送信息的一种电子类大众媒介。公共关系活动经常要运用广播、电视媒介播发新闻，及时、有效地影响社会公众。为了促进销售、培训职工或进行公共关系活动，有时采用放电影或幻灯片的手段。组织自办电台或电视台是组织进行宣传的主要手段。对于及时沟通组织内部信息，强化组织的向心力和凝聚力起着很重要的作用。因特网是 20 世纪末迅速发展起来的新兴媒体。当今的世界因为有了因特网而实现了信息传播的网络化，而网络化的大传播为公共关系提供了美妙的前景。因特网也被人们称为现代社会的"第四媒体"。

4. 图像与标志

视觉形象是最生动的语言，图像和标志就是以视觉形象为主要手段进行信息传播的一种符号。它以特定的视觉标志吸引公众的注意力，强化公众的记忆，帮助公众在众多商品信息中识别出该组织及产品。照片和图画属于图像的范畴，都是通过平面构图造成视觉上的空间立体感，用来传播特定的形象信息。公共关系人员在公共关系活动中经常使用照片和图画，以强化传播效果。作为标志系列的商标、品牌名称、徽记、门面包装与代表色都是以特定的文字、图案、色彩等符号设计的，向公众提供自己组织或产品有别于其他组织或产品的有关信息，形成本组织及其产品的形象标志。

5. 非自然语言传播媒介

公共关系人员在与公众交流信息、相互沟通时，除了使用语言、文字媒介外，还要使用非语言符号进行交流。这主要是指形体语言（身姿、步态等）和表情语言（手势、表情等）。这些形体语言是对"言不尽意"的有声语言的辅助补充，使之表达得更生动、更形象、更有感染力。

三、旅游公关的特征

旅游公共关系是研究旅游业中的公共关系问题，它是公共关系的一般原理在旅游领域的特殊应用，是吸收公共关系学的基本理论并结合旅游业自身的特征而产生发展起来的公共关系学的部门应用学科。旅游公关主要有以下几个方面的特征：

（一）以社会公众为工作对象

公共关系是一个社会组织与其相关公众之间的相互关系。公共关系事实上就是公众关系。主体和客体是相互依存的，如果没有旅游者，旅游组织就没有存在的必要了，因此，旅游公关活动的每一次策划和实施，都要把社会公众放在首要位置。

（二）以共同利益为联系纽带

旅游组织是营利性的公共关系主体，在追求自身利益的同时，必须与其他公众平等互利，必须兼顾公众利益和社会利益，旅游组织才能获得长久稳定的发展。

（三）以长远效益为战略方针

公共关系的基本方针是"着眼于长远打算，着手于平时努力"，因此，要把旅游组织的长远效益作为整体目标，宜未雨绸缪，勿临渴而掘井，要通过平时点滴的努力，在公众中确立旅游组织良好的形象。

（四）以真诚老实为尊奉信条

要为旅游组织塑造一个诚实的形象，在开展公关活动中，切勿弄虚作假、坑蒙拐骗，最终只会搬起石头砸自己的脚。

（五）以良好形象为奋斗目标

旅游公关的根本目的就是在公众中树立旅游组织良好的形象，以利于组织实现旅游销售的最终目的。旅游组织的形象有知名度和美誉度两个指标，即该旅游组织被社会公众知晓及社会影响的程度和该组织获得社会性公众赞美的程度。旅游组织要根据组织的公关状态，瞄准目标开展相应的公共关系活动来提升组织形象。

（六）以双向传播为沟通手段

传播在旅游公关主体和客体之间架起一座桥梁。一方面，通过传播主体把旅游组织的信息送达相关的公众，扩大组织的知名度；另一方面，通过传播又收集了公众的反馈信息，以提高自己的行为，适应公众。

四、旅游公关的产生与发展

旅游公共关系的产生有其悠远的历史，但它在我国作为一种全新的思想理论和独立的社会职业，诞生于 20 世纪 70 年代末 80 年代初。

(一)欧洲托马斯·库克开辟了世界旅游公关行业的先河

旅游具有悠久的历史。但是，旅游成为社会的一个行业——旅游业，则是近代才出现的。它的创始人是英国人托马斯·库克。

随着旅游人数的增加，旅游消费的经济规模日益扩大，社会需要有组织的引导旅游活动，开发新的旅游项目，呼唤着旅游业的诞生。当时人们外出旅游没有经验，不了解各地旅游景点的状况，再由于一系列的交通、住宿、饮食、安全、手续等问题，减弱了人们外出旅游的兴趣。在这种情况下，需要有人能提供相应的帮助。英国人库克最先意识到这一社会需要，并有意识地组织了一系列旅游活动，组建了旅游业务部门，对旅游接待工作，做了有益的探索，开创了近代旅游业的先河。

1841 年 7 月 5 日，库克组织了一次火车团体旅行，是为了参加一次禁酒大会。这次活动在旅游发展史上占有重要的地位，它是人类第一次利用火车组织的团体旅游，它是近代旅游活动的开端。

第一，这次旅游活动具有广泛的群众性，旅游者来自各行各业，他们之间没有固定的社会关系，符合现代旅游的组团特点，即广泛的群众性。

第二，本次活动具有经济性，每位旅行者来回付一先令火车票。库克廉价包租了整列火车，它体现了廉价团体旅行的特点。

第三，本次活动规模空前，预示了旅游业的广阔前景，吸引了更多的商人投入旅游业。

第四，此次活动由导游全程陪同，给旅游者减少了麻烦。对日后旅游的发展有重要意义。

1841 年旅游活动的成功，使库克名噪一时，在此后几年的旅游活动中，他利用业余时间为别人提供义务服务。1845 年夏，出于营利目的，他组织了从莱斯特到利物浦的团体消遣旅游，为期一周，共 350 人参加。这次旅游的组织方式更具现代包价旅游的特点，体现了现代旅行社的基本特征，开创了旅行社业务的基本模式。

第一，此次活动完全出于商业目的，它采用了全包价形式。

第二，此次活动是在外数日的长期旅游，不是一日短程游览。

第三，库克作了大量的先期考察，并确定了旅游线路、景点和食宿地。

第四，此次活动由导游全程陪同，旅游者省却了许多麻烦。

第五，编写并出版了世界上第一本旅游指南《利物浦之行手册》。

1845 年他组建了旅游代理机构，并于 1865 年正式成立了通济隆旅行社。1865 年开办了一家旅游用品商店；1872 年组织了一次环球旅游，历时 70 天。他在国外多处设立旅游办事处。1892 年他发行了"旅游支票"。库克公司组织了数以万计的旅游活动，它的名字在欧洲家喻户晓，已成为旅游的代名词。库克也毫无疑问地成为旅游业的创始者。

同期，1857 年英国成立了登山俱乐部，1885 年成立了帐篷俱乐部。法国和德国都于 1890 年成立了观光俱乐部。1850 年美国运通公司开办旅游代理业务。此外加拿大成立了太平洋捷运公司。日本成立了日本国际观光局。到了20世纪初，英国托马斯·库克旅游公司、美国运通公司、比利时铁路卧车公司，被称为世界旅行代理业的三大公司。

（二）陈光甫先生成为我国旅游公关行业的先驱者

我国的旅游业起步较晚，它创办于20世纪20年代，是由著名银行家陈光甫先生首创。

20年代初期，中国的旅游业还处于空白，其间旅游业务皆由外国在中国的金融机构包揽，如英国人经营的通济隆公司、美国的通运银行等皆设有旅行部，这些银行在上海、香港等各地的分行，也设有旅行部，包办中外旅客一切旅行业务。这些旅行部还发行旅行支票，时人称为"通天单"（在当时军阀割据地币制不统一情况下，可通行使用）。当时政府对旅游业素不注意，更无人想到收回此项外溢之利权。

1923年夏，陈光甫决定创办中国人的旅行社，于8月在上海商业储蓄银行设立了"旅游部"，并在众多同人的支持下，于1927年将旅游部正式改组为"中国旅行社"，这是中国人自己建立的最早、规模最大的一家具有现代意义的旅行社。

1923—1927年，在中国旅行社筹组阶段出现了许多类似当年库克先生组织的活动。1924年春，"旅游部"组织了中国历史上首次有当代意义的游览团，由上海赴杭州旅游。1925年，"旅游部"组织了中国第一批到日本的参观团。参观团一行20余人在日本游览了长崎、京都、大阪、东京等地，往返为期三周，媒体做了大量报道，"旅游部"知名度大大提高。

当"旅游部"取得重大成就，准备建立旅行社时，它们就意识到"机构未动，公关先行"的重要性，于1927年春天，创刊了我国第一本旅游专业杂志《旅行》，该杂志图文并茂，介绍国内外名胜古迹，启发提高中国人对祖国大好河山的热爱及旅游兴趣。同时刊登各种旅游广告，为中国旅行社的建立及以后的发展做出了突出贡献。

（三）我国旅游公关的发展

首先，公共关系发祥于旅游业。众所周知，中国当代公共关系的兴起和发展是与旅游业分不开的。党的十一届三中全会以后，随着对外窗口的打开，在深圳和广州一些中外合资的旅游饭店，依照国外现代企业的模式建立了公共关系机构，设专人开办公共关系业务。富有特色的公共关系活动对宾馆的社会效益和经济效益起到巨大的促进作用，也引起了社会各界对公共关系的关注。随后，中国的公共关系研究和公共关系教育相继诞生。因此可以说中国当代的公共关系是发祥于旅游业的。

其次，公共关系制约着旅游业。旅游涉及吃、住、行、游、购、娱方方面面，社会越发展，人们的旅游需求越大。这不仅给旅游业带来了机遇，也带来了挑战。饭店、宾馆、交通、运输、商业、服务业、旅行社、景点及城市管理等各个方面都暴露出一些问题。原因是多方面的，但主要的一个方面是公共关系，公共关系对旅游业的进步和发展起到制约作用。公共关系是市场经济的产物。80年代中期，旅游业对公共关系十分重视，全国出现了公关热潮。电视连续剧《公关小姐》反映的就是当时受聘的中国香港专业公关人员与大陆公关人员共同开展旅游业公关活动的感人故事。但是，近些年，在旅游业公关缺失或不受重视，导致许多旅游组织频繁出现各种公关危机，对旅游组织的形象与效益都带来不同程度的影响。因此，旅游业急需运用公关提升知名度和美誉度，促进旅游企业的健康发展。

五、公关对旅游业的贡献

旅游业有三个特点，一是服务性（Service）；二是文化性（Culture）；三是体验性（Experience），因此旅游公关在旅游业中的地位很高，这是由这个行业特性所决定的。其实在国外的很多旅游企业大多数都是接受公关服务，尤其市场化程度高的国家更是习惯与公关公司合作，但在国内，从事旅游行业的不论是景区还是旅行社或其他，对公关需求还比较浅层，甚至很多旅游企业对公关还很陌生，这是因为整个中国旅游业的产业化程度不高所造成的。

旅游企业或旅游产业是一个整体品牌，它的品牌构成不是某一个或几个景点，而是整体形象，甚至是整个城市、整个地域的形象。所以旅游品牌更强调木桶效应，更强调一个旅游整体品牌。公共关系本身就是一种有组织的经营管理行为，因此，公关对旅游业的贡献主要体现以下四点：

（一）树立品牌形象

这是旅游公关的首要目标。旅游业是服务业中的一种，其产品具有不可异地消费、不可试用性和心理感受消费的特性，决定了旅游品牌形象对于旅游业发展有着至关重要的作用。公关通过对内和对外两种途径来打造旅游企业良好品牌形象。对内公关的主要内容是团结和激励内部公众、维护组织利益、激励员工进取、不断创造效益。这里的内部公众指的就是旅游相关的政府领导、股东、各级员工等相关利益人。通过内部公关使旅游企业的宗旨、目标和计划更加明确和详细，确立企业统一的价值观念和行为规范，建立全新的激励机制，正确引导员工的思想和行为，努力使员工的一言一行都同企业当前的目标和利益联系起来。其实对内公关就是要把旅游企业打造成铁板一块，所有人员协调一致，从思想到行动，积聚组织的向心力。对外公关主要是协调旅游企业与其外部相关公众之间的关系，通过有效的信息沟通，协调相关利益人与公众彼此间利害关系，消除可能出现的冲突和矛盾，建立企业信誉，树立企业形象，为企业的生存发展创造一个良好的经营环境。对外公关强调的是信息沟通与传播，如何将企业形象，旅游品牌展示给大众，获得大众的理解与支持。

【观点链接 1-2】

网络公关与旅游企业的形象

Web 2.0 时代成了景区网络公关战略的温床，以 Web 2.0 为概念的旅游网站可以将舆论推广的触角伸向绝大多数的个体网民游客。包括新闻、博客、论坛、IM、WIKI、圈群、电子杂志、图片电影、微视频等新媒体形式在内的十几种传播手段综合有效利用，合力形成独具成效、全面覆盖的创新传播模式，迅速提升景区的口碑和美誉度，加速消费者的决策等。借助交广传媒旅游策划营销机构一流创意以形成病毒式传播，可以为客户创造令人耳目一新的品牌效应。

近来，已经有网站利用其平台，为景区搭建起远距离舆论推广的桥梁，比如业内知名的同程旅游网。从 2005 年同程网成为国内第一个同时拥有 B2B、B2C 双向平台的旅游网站开始，借助行业平台的资源优势和直客平台日均 12 万 IP 的受众优势，同程网运作过多起成功的景区推广案例。比如 2007 年"中华恐龙园"的"同程中国旅游博客大赛"，联合了近百家媒体、旅行社举办，吸引了大批旅行家、作家、摄影家和许许多多普通游客参与，参赛博客涉及目的地从热带到极地无所不包，在旅游界引起了极大反响。由此直接带来的经济效应是，2006—2007 年，常州中华恐龙园的门票卖多了一倍，营业额突破一亿元；不仅自己赚了个盆满钵满，还将常州旅游年接待量由不足 400 万人次带动增至近 1 000 万人次。

交广传媒旅游策划营销机构认为，网络公关是网络营销时代的产物，是指企业、组织、个人，以互联网为传播载体，以增加网络知名度为传播目的的一系列传播活动。虽然有人形容网络公关是"左手献鲜花，右手埋地雷"，但适度借用制造事件＋舆论推广这两大网络公关手段，对于新形势下的景区旅游业如何打响知名度，未尝不是一个突破口。

（资料来源：http：//www.docin.com/p-101449486.html）

(二)提升品牌美誉度

这是体现公关大智慧和大策略的内容。旅游的实现形式首先是旅游主体对旅游地的感知，因此旅游者在选择旅游目的地时，其头脑当中对旅游地的印象就起到了近乎决定性的作用。只有当地旅游地形象完整、系统、良好地表现出来，并被有效地传达到消费者的头脑中时，才有可能获得旅游者的认识，从而被旅游者选择为目的地。提升旅游品牌美誉度的工作就是立足于旅游资源，深入挖掘内涵，制定合适的发展战略和有创意的营销策划，精耕细作，不断提升景区的知名度和美誉度。对旅游景区而言，景区的知名度是最重要的无形资产，它关系着旅游景区的生存与发展。良好的景区形象和旅游企业品牌知名度能使旅游景区得到公众的肯定和支持，使公众对旅游景区产生好感和信任感；获得更多、更好的投资条件和其他支持。提升品牌知名度和美誉度要靠具体的公关策略来执行。

(三)传播沟通

这是旅游公关执行层的内容。只有在上述两个方面做好的前提下，才进行有策略的选择媒体对公众进行传播。不同阶段有不同的媒体传播策略，很多人误认为公关就是打广告，其实广告只是公关传播的手段之一，公关与广告不同，广告追求短期目标，而旅游是一个长期的资源。广告是一种单向传播的方式，即便是广告导入了活动反馈等元素，也难改其本质。因此说广告只是旅游公关在某一个阶段采用的传播手段而已，并非公关传播全部，公关传播沟通讲究的是以小搏大，引发注意和共鸣。具体公关传播有三种手段，一是硬广，包括电视或平面媒体的直接广告、互联网广告、户外广告，宣传介绍资讯信息等。二是公关软宣，包括事件营销、网络互动营销、新闻软文等。三是落地的公关活动，比如景区推介会、新闻发布会、节庆活动、促销活动等。

(四)危机公关

在市场竞争日益残酷的今天，旅游企业面临各种压力与挑战，危机无时不在觊觎着它们，大到新政策的实施、新产品的推广，小到一个部门员工被解雇引发的问题等，企业无时无刻不受到危机的威胁。由于对危机处理的茫然，有一批旅游企业已经为此付出了昂贵的学费，一些看上去非常强大的企业在遭遇一两个似乎很小的危机后，便如多米诺骨牌一样无奈地垮下去了。而消除危机正是公关工作的起点和归宿，企业日常的公关工作在一定程度上就是为了避免公共关系危机的发生。实际上，现代公共关系是从公共关系危机处理开始的，正是公共关系的危机处理奠定了公共关系在企业经营管理中举足轻重的地位。因此，我国众多的旅游企业都有必要上好危机公关课，把危机公关作为一个重要的生存与发展课题来研究运用。

【职场案例】

案例一：《公关小姐》令国人认识公关行业

在广州越秀山西面，有一座小小的山岗，名叫象岗山。这儿有一家中外合资酒店——中国大酒店。改革开放之初，豪华饭店就像是"旅游胜地"，吸引着国人的目光，前来酒店参观的人络绎不绝，普通市民、报社总编、大学教授、各国驻华使节以及各省官员，当然，还有国家领导人。无论来访者是谁，身着黑色西服套裙、仪态庄重而洒脱的公关小姐，不分亲疏都给予热情接待。当时公关部共有9位公关小姐，其中5位负责接待参访人员。"公关小姐办事敏捷，待人真诚热情，训练有素，彬彬有礼，仪态洒脱，富有创见的高效率及优秀素质，给人们留下深刻印象。从公关小姐身上映现出现代化第一流酒店形象。"

田小玲出生在中国香港，后来毕业于美国加州大学新闻广播系，曾在洛杉矶美国电视广播公司任舞台制作经理，主持《纵横今宵》节目，这是一个颇受当地人欢迎的节目。1983年，已经加入美国国籍的田小玲受聘为中国大酒店首任公关部经理。她的任期不长，时间不足2年。但是，她把自己在美国的"公关经验"传入中国大陆，提出"让新闻界了解大酒店"的公关理念，密切与国内外新闻界联系。那时，公关部的主要工作就是媒体公关，目的是通过提升酒店形象来促进酒店业务的增长。提起田小玲，她的后辈们依然对她那时写作的新闻稿钦佩不已，"具有国际水准"，称她源源不断向新闻界提供的新闻稿"为塑造酒店的完美形象起到了极好作用"。田小玲还专设了一名摄影师向新闻界提供优质图片。

作为田小玲的副手，沙慧贞充当公关部的新闻联络官和广告负责人。那时公关部在酒店其他部门看来是一个出手大方的部门，花花钱，登登广告。特别是酒店里的内地员工，大家都认为公关部就是机关里的宣传部。沙慧贞决定用实际行动来告诉大家"公关部"与"宣传部"的区别。"有创意地刊登广告"这是沙慧贞的业绩之一。至今，在报刊刊登广告依然是这家酒店公关部的主要职能之一，但是在计划经济体制初破的1980年，"广告"依然是一个新鲜的名词，人们听到的更多是"宣传"这个字眼。沙慧贞打破"酒香不怕巷子深"的计划经济时代格言，把"酒香也得勤吆喝"当作新格言。具体地说，沙慧贞与英文报纸《中国日报》签订长期广告合同，亲自设计、制作广告内容，一系列版式新颖、内容生动的酒店广告开始隔日见报，分期介绍酒店的饮食及住房特点。如果是在现在，这已经算不得什么了，但在那时，这是"创意"。

常玉萍的到来，开始书写公关部的传奇。很快，她就博得了"出色活动家"的美名。那时，几乎到过大酒店的每一位宾客以及香港、广州和内地的许多报界人士，都很熟悉她的名字，甚至对大酒店大名鼎鼎的总经理卜格先生都不知道的人，却知道公关部有个常玉萍小姐。常玉萍是公关部最繁忙的人物之一，宾客的投诉，她往往亲自处理。她的专用电话号码是公开的，电话机就在她的办公台上。即使是其他公关小姐处理的给宾客的致谢信或道歉书，最后也要由她亲自过目并签名，以表示对宾客的尊重和诚意。

1987年，常玉萍以她出色的表现获得了"广州市十佳青年"的称号，她的传奇故事很快引起了广东电视台的注意。不久，时为暨南大学校长秘书的邝健人是一位出色的剧作家，时任广东电视台副台长的张木桂请他深入中国大酒店体验生活，创作《公关小姐》剧本。这是一部通过七位年轻貌美的公关小姐的公关活动、爱情生活为内容的反映改革开放重大主题的"广味"电视剧。

1989年5月24日，《公关小姐》开拍新闻发布会在中国大酒店举行。当年公关部发给新闻界的新闻稿里，发现了这样一段描述：公关小姐，描写了香港小姐周颖与家人回大陆祭祖，继而北上旅游，有感于内地旅游服务的不尽如人意，毅然辞去港职，离开未婚夫，只身来到羊城，应聘为一家中外合资酒店公关部经理，任职一年间，成绩斐然，通过开展各项公关活动，创造了自己的人生价值。常玉萍便是周颖的原型，尽管电视剧有艺术拔高的夸张效果，但是真实度高达95%。

其实，早在5月11日，《公关小姐》的演员便已进入搭在广东省电视台的"公关部"摄影棚进行拍摄。当然，酒店的实景拍摄也在中国大酒店进行。为了拍摄过程中不影响酒店的正常营业，剧组一般都是"夜间作业"，上日班的酒店员工下班，他们就扛着机器进场，等太阳升起，新的一天开始，他们的工作则刚刚结束。

1989年9月25日，作为向国庆40周年的献礼，长度为二十四集的粤语版《公关小姐》在珠江频道播出了。一开播便好评如潮，收视率高达90%。"《公关小姐》的播出，推动了广州市公共关系学的发展。同时，也由此引起了一股公关热。"中国大酒店公关部在自己的档案里记录道。

那时，广东电视台想在第一时间把《公关小姐》送给中央电视台，但是当时广东台的副台长钮祖印记得曾经拿带子给北京的一些上级和同行看过，有些人评价说"生活腐朽"，广东台一时也就不敢把这份礼物送到中央台去了。后来《公关小姐》在广东播放效果不错，广东台于是在北京组织了一个媒体人"看片会"，一致反映不错，这才送到中央台。

《公关小姐》一经中央电视台播出，一时间先进的公关理念和酒店管理方式和广州职业女性的风采成为国人的谈资。《公关小姐》播出后在全国大热，叫好声一片，后来一举拿下了"飞天奖"和"金鹰奖"。

浙江大学新闻与传播学系何春晖副教授评价说，常玉萍小姐的公关业绩在1989年拍摄播出的电视连续剧《公关小姐》中得到了生动再现，"这成为国人心目中公关的神话，既有效地传播及普及了公共关系的观念和知识，也展现了早期的中国公关历史"。

何春晖称《公关小姐》是一剂"催产素"，各地纷纷仿效，匆匆上马，一时大江南北公关部如雨后春笋般蓬勃生长。《公关小姐》成为公关小姐们的"教科书"，当时录像机、VCD机都未普及，于是录音带风靡海内，短短一年就发行了60万盒。这真是一幅别有一番风味的画面，全国的公关小姐们在录音机旁倾听《公关小姐》，模仿学习里面的"公关技巧"。

《中国公关大事记》评价说，这是我国首次将公关职业形象搬上荧屏，该剧在全国播放后，影响传递到千家万户，使公共关系为亿万中国人民所知晓。

导演黄加良和剧中的演员还因此频频被邀请参加各个城市的公关比赛，担任嘉宾或评委。至今，《公关小姐》依然是中国大陆公关课上的经典案例。一部戏让一个行业开创出一个时代。

（资料来源：http：//www.sina.com.cn）

案例二："安利心印宝岛万人行"

2009年3月14日，安利（中国）日用品有限公司12 000名优秀营销人员分9批次前往祖国宝岛台湾旅游。该旅游团是有史以来最大的一个前往宝岛台湾的旅行团。此团由中国港中旅集团执行组织，优秀营销人员乘坐的是"海洋神话号"豪华游轮前往台湾。3月14日为首航，总共分9批次出行，每航次历时6天7夜，5月14日为最后一航，5月20日返回上海。首发团1 600人，于3月14日乘坐豪华游轮从上海出发。现场举办了隆重而热烈的起航仪式，上海市副市长赵雯、国台办交流局局长戴萧峰，上海市台办、旅游局、安利公司、港中旅及各界人士齐聚上海国际客运码头，共襄这一两岸旅游业界的盛事。这是自2008年7月18日大陆居民赴台旅游正式实施以来，规模最大、人数最多、最具轰动效应的赴台旅游活动。据安利方面估计，此行台湾仅直接消费即可超过6亿元新台币。这是在当前全球金融危机的大背景下，大陆送给台湾民众实实在在的利益。

此次"安利心印宝岛万人行"活动，从最初的筹划、组织，到今天的正式付诸实施，实属不易。安利公司精心策划了游轮赴台活动，参加活动的万余名营销人员覆盖全国31个省市，大陆有关方面在许多政策上都给予了大的突破。不但在政策上，手续方面也尽量精简，终使整个活动按计划如期成行。安利（中国）董事长郑李锦芬在致辞中表示全体安利人都非常荣幸能为增进两岸同胞情谊尽一份心，非常高兴能为提振台湾经济出一份力。1.2万名安利人将是1.2万位交流的使者，带着1.2万份美好的期盼，祝福同胞手足心心相印，两岸明天无限美好。

台湾旅游观光部门代表对安利心印宝岛万人行，特别是对安利强大的组织能力和营销人员较高的综合素质，给予了充分肯定；同时对安利万人团为推动台湾旅游产业发展做出的贡献表示感谢。

实践证明，积极推进大陆居民赴台旅游，有利于扩大两岸交流与人员往来，有利于增进两岸人民的感情融和；有利于推动台湾地区旅游业的发展，给台湾民众带来切实利益；有利于创造更多的商机，促进两岸的繁荣发展。特别是当前的全球性金融危机，对海峡两岸的发展产生了较大冲击，两岸需要加强合作，携手应对，共克时艰。

（资料来源：2010年中国最佳案例大赛"最佳旅游公关奖"作品）

【情境模拟】

1. 某旅行社由于内部人员的调整，使其与合作景区之间的关系变得疏远，导致旅行社的业务下降。请问：景区属于旅行社的哪类公众？如果你是这家旅行社的经理，当出现内部人员调整时，如何避免上述问题的出现？

2. 某旅游城市为了提升旅游品牌形象，决定由政府牵头，企业配合，媒体宣传，共同打造城市旅游品牌，促进当地旅游业的发展。请问：这项活动中公关的三要素是什么？各要素之间的关系如何？

【实战演练】

1. 以某旅游企业为例，确定其公众，并分析各类公众的特点与需求。
2. 调查各旅游企业开展公关工作的情况，并撰写调查报告。
3. 搜集旅游企业公关的案例，并分析该案例的成功与不足。

工作任务二　确定旅游公关的职责

【任务导入】

小马是某宾馆一位新入职的员工，单位领导想了解他对专业知识的掌握情况，问他在宾馆公关部公关人员都需要干些什么工作？如果你是小马，你该如何回答？

【任务分析】

以整个旅游业为背景，讨论分析：旅游公关到底是干哪些工作？需要履行哪些公关职责才能达到塑造旅游企业形象，促进旅游业发展的目的？

【任务实施】

资讯：

1. 了解目前旅游企业的公关工作都有哪些内容？

2. 不同类型的旅游企业公关工作有什么区别？

决策：

通过什么方式确定旅游公关的职责？

计划：

1. 如何进行人员分配并确定其任务？

2. 完成任务的时间如何安排？

3. 解决步骤包括哪些？

4. 需要哪些设备和工具？

实施：

1. 进行资料汇总。

2. 讨论分析资料。

3. 确定旅游公关的职责。

检查：

1. 确定旅游公关的职责方法是否科学、合理？

2. 确定的旅游公关职责是否准确、全面？

评估：

工作任务评估表

考　评　项　目		自我评估	小组评估	教师评估
团队合作 40%	沟通能力			
	协作精神			
工作成果评定 30%	任务方案			
	实施过程			
	工具使用			
	完成情况			

（续表）

考 评 项 目		自我评估	小组评估	教师评估
工作态度 20%	工作纪律			
	敬业精神			
	有责任心			
工作角色、创新 10%	角色认知			
	创新精神			
综合评估 100%				

【知识链接】

一、树立组织形象

公共关系工作是一种塑造组织形象的艺术。旅游组织的形象是通过企业的内在精神和外在信誉显示出来的。

（一）培育企业精神

所谓企业精神，是指一个企业全体（或多数）职工共同一致、彼此共鸣的内心态度、意志状况、思想境界和理想追求。

企业精神是客观存在的事实，它会通过各种不同的表达方式表现出来。企业精神有着自己的个性特点。例如，广州白天鹅宾馆提出的是"热情、亲切、朴实、真诚"，中国大酒店则提出"把握今天、创造明天、齐心合力创新业"，北京丽都假日饭店提出"奋力进取、争创第一、为社会多做贡献"等。企业精神体现出各企业的价值观。企业精神的作用，主要是激发主观能动性，鼓舞士气，造成值得做者必做成、最值得做者必先成的精神氛围。

企业精神的培育，至少要完成以下三个任务：一是找出最适合本企业发展的精神，或者说对企业最有价值的精神；二是使最适合引起全体职工的共鸣，变成全体职工共享的精神财富；三是以最适合从事企业的经营管理等实践活动，使之物化，并在实践中丰富和发展这种最适合精神。

企业精神培育的方法有以下四种：一是领导倡导垂范；二是载体宣传推广；三是先进示范执行；四是员工主体落实。

（二）提升组织信誉

信誉对任何旅游组织来说都是至关重要的。在现代市场经济竞争激烈的条件下，良好的组织信誉已成为旅游组织生存和发展的前提。努力提高自己的信誉和名望，以良好的形象在竞争中取胜，已成为旅游界的世界性共识。信誉是组织的生命。良好的形象代表着组织的信誉、产品的质量、人员的素质。塑造良好的形象是旅游组织对内深化改革、对外迎接挑战的有力武器，是全面提高旅游组织整体实力的必然选择。

建立信誉的方法有以下两个方面：

第一，扩大知名度。知名度是指旅游组织的机构、产品或服务为公众所知晓、了解的程度，是评价其名气大小的客观尺度。它侧重于"量"的评价，即组织对社会公众影响的广度和深度。扩大知名度的方式包括扩大旅游地的知名度、扩大旅游产品的知名度和扩大旅游组织的知名度等。

第二，提高美誉度。美誉度是指公众对旅游组织的信任和赞许程度，是评价组织声誉好坏的社会指标。它侧重于"质"的评价，即组织的社会影响的美丑、好坏，它是组织生存和发展的重要基础。提高组织的美誉度包括提高旅游产品或服务的美誉度、提高旅游地和旅游组织的整体美誉度、及时消除形象危机三个方面。如国家旅游局对"千岛湖事件"的处理，积极采取补救措施，使事件的不良影响降到了最低。

二、搜集市场信息

公共关系信息是指旅游组织在开展公共关系活动中，为了塑造自身良好的形象，全面推进各项工作的开展，以取得预期的成果而搜集、整理、传播、应用的各种信息。旅游市场信息有广义和狭义之分。广义的旅游市场信息包括通过市场联系起来的旅游组织与旅游者、旅游组织之间、旅游组织与供应商、中间商之间的各种现象和行为的汇总，经过去粗取精、去伪存真的归纳整理，成为旅游组织预测市场和修正经营方针的依据。狭义的旅游市场信息就是客源市场。这部分信息包括市场人口数量、支付能力、消费动机、消费趋势等。

（一）旅游信息的内容

公共关系按其活动的周期而言，是从信息的采集获取开始的。从公共关系的工作角度看，采集信息主要包括以下几个方面的内容。

1. 组织形象信息

公共关系活动的建立以维护组织的良好形象为目的。旅游组织形象信息主要包括以下内容：公众对旅游组织机构及其效率的评价或看法；公众对旅游组织管理水平的评价或看法；公众对旅游组织人员素质的评价或看法；公众对旅游服务人员服务质量的评价或看法。

2. 产品形象信息

产品是组织的缩影，组织的存在价值通过其产品被公众接受和喜欢而得到确认。旅游产品形象信息主要包括：产品的知名度信息和美誉度信息，如客人对旅游产品的认知率、了解程度、印象、喜好程度、评价好坏等。良好的产品形象可以使旅游组织获得社会公众的充分信任，从而有效地树立起旅游组织的良好信誉。

3. 组织内部员工信息

旅游组织内部员工信息是指员工对本组织的决策及各项活动的看法，职工的思想状态、愿望、工作态度以及他们对旅游组织的期望、设想和建议。旅游组织通过对职工信息的采集和分析，可以使组织的管理工作建立在现实的基础之上，克服因情况不明而产生的各种问题。

4. 市场环境信息

旅游组织搜集市场环境信息是为了适应千变万化的市场环境，以谋求最佳的市场策略。市场环境信息的内容有：市场的需求、供给、价格的信息；市场竞争方面的信息；客人意见与态度的信息；客人心理与消费习惯的信息等。

5. 社会环境信息

旅游组织不是游离于社会之外的孤立实体，而是立足于现实环境之中，和环境相互依赖，才能生存和发展。在国际经济一体化的现代社会，影响甚至威胁一个旅游组织生存的因素，不仅有国内环境，而且有国际环境。

（二）搜集市场信息的方法

公共关系工作需要搜集的信息广泛复杂，但归纳起来，可以分为内部信息与外部信息两大类。市场信息搜集的具体方法有以下四种：

1. 社会调查法

社会调查法是公共关系人员运用科学的手段和方法，对有关社会现象进行有目的的、综合性的比较分析，搜集大量资料，作为决策或比较分析的依据。社会调查法主要包括普遍调查、抽样调查、典型调查三种类型。

2. 媒介传播法

媒介传播法是指借用广播、电视、报纸、杂志等传播媒介搜集信息的方法。

3. 会议搜集法

会议搜集法是指利用新闻发布会、展览会、座谈会、宴会等形式搜集信息。这种方法往往易于信息的广泛搜集，覆盖面广，成本低，见效快。但要注意主题、中心的确立，不能形成空泛。

4. 文献资料法

文献资料法是指文献、档案、报纸、书刊、报表、各种报告等已有的记录材料中去搜集所需要的信息资料的一种方法。这些记录材料的来源包括：组织内部的来源，如各种报告，往来业务函电、财务、产品成本记录以及报纸、杂志的剪辑和文件等；专门来源，如政府部门、信息机构、情报所等机构所提供的资料；文献来源，如年鉴、工商企业名录、百科全书等。

三、进行咨询决策

（一）旅游咨询建议

所谓咨询建议，是指公关人员向决策管理部门提供有关公共关系方面的情况意见。它是从社会公众的角度、组织形象的角度和传播沟通的角度为决策提供咨询服务的。

旅游咨询建议的内容：一是为确立决策目标提供咨询建议。二是提供组织形象的咨询。三是提供产品形象的咨询。四是提供关于市场动态和公众意向的预测咨询。五是为决策提供各种建议。六是提供建设性建议。

公共关系的咨询建议与信息沟通是密切相连的。获取信息是咨询建议的前提，提供咨询和建议，才能发挥其参谋功能，实现其价值。旅游咨询建议的作用主要有以下几个方面：一是促进旅游组织决策的民主化。二是促进旅游组织决策的科学化。三是促进旅游组织形象的完美。

（二）参与旅游决策

决策在公共关系看来是指确定社会组织运行具体目标以及实现目标的方法步骤。决策是社会组织对自身条件和外界环境经过缜密考虑比较所做出的决定性选择。由于社会组织的自身条件和外界环境都包含了公众因素，因此，在组织的决策过程中，公共关系的参与是理所当然的，并且它在这里还发挥相对独立的作用。

参与旅游决策时要站在公众立场上发现、决策问题，使公众利益进入决策的视野，在决策中确立公共关系目标。确立公共关系目标是最主要的，但必须使公众利益进入决策视野，才能站在公众立场上去发现、决策问题。

四、双向传播沟通

旅游组织的决策方案一经确立，就进入运行阶段。公共关系活动的主要方式就是传播沟通。因为要使旅游组织在公众心目中形成良好的形象，要让公众对旅游组织更加理解和支持，就得使公众对旅游组织的目标和状况有所了解，这就必须在组织和公众之间形成畅通的双向交流，即做到双向传播沟通。传播沟通是公共关系主要的职能，是公共关系活动的关键环节。

（一）传播沟通的任务

公共关系中的传播沟通是指组织向其公众提供它将要实施或正在实施的政策、行为等方面的信息，同时组织又接受来自公众方面的信息反馈。因此，传播沟通的任务主要是制造舆论，告之公众；完善舆论，扩大影响；引导舆论，控制导向。

（二）双向沟通的原则

公共关系的双向沟通原则，是指沟通双方互相传递、互相理解的信息互动原则。它的内容包含以下三个方面：一是沟通的双方互为角色；二是沟通不仅仅是一种信息的交流，而且更是人的一种认识活动的反映；三是沟通的过程由传递阶段和反馈阶段组成。

五、协调内外关系

所谓协调，是指旅游组织与公众进行交往、处理矛盾、调节关系的行为。它既包括对内部公众关系的协调，也包括对外部公众关系的协调。协调组织与各种公众之间的关系，争取公众对组织的谅解和支持，使双方关系处于一种和谐的状态，为组织创造一个和谐的环境，这是公共关系的另一个重要职能。

（一）内部关系协调

内部公共关系活动的目标有以下三个：一是造就员工良好的价值观念；二是协调和改善组织内部的人际关系；三是培养组织内部"家庭式氛围"。

旅游企业的效率在很大程度上取决于旅游组织内部领导者之间、各职能部门之间、管理者与被管理者之间、员工之间以及组织与其全体成员之间的关系是否协调。在旅游组织内部开展公关活动，总体目标是要通过活跃旅游组织的民主气氛，提高管理民主化的程度，在旅游组织内部形成一种彼此友善、相互信任的人际关系和宽松舒适的工作环境。协调旅游组织内部关系首先要努力协调好旅游组织内部领导和员工的关系，其次是配合领导做好各职能部门之间的协调工作。

（二）外部关系协调

在对外交往方面，公共关系部承担着旅游组织的外交任务，要运用各种交际手段和沟通方式，热情地迎来送往，积极地对外联络，为旅游组织开拓关系、广结人缘，为旅游组织的生存和发展减少各种社会障碍，增加各种有利机会，创造和谐的公众环境。协调旅游组织与外部环境的关系，主要包括以下内容：

1. 协调旅游组织与政府部门的关系

公关人员要协助旅游组织经营者理解、领会、掌握国家的政策、法令和法规，争取主管部门的支持，最大限度地用足、用活、用好政策。要不断地将旅游组织信息反馈到有关政府部门，争取支持。要善于把握时机，加强与政府部门的感情联络，以加深他们对旅游组织工作的了解，从而成为旅游组织发展的积极支持者。

2. 协调旅游组织与竞争者的关系

竞争者不是冤家，而应是合作的伙伴。竞争者之间遇到问题应通过诚挚的协商解决，尽量避免产生不必要的误会。竞争者是同行，要善于学习别人的长处，以别人之长补自己之短，使自己不断完善起来。竞争的规律是优胜劣汰，竞争者之间既是对手又是朋友，竞争中应避免使用不正当的竞争手段。

对外公共关系的协调方法：

一是建立畅通的传播沟通渠道。畅通的信息沟通渠道是协调好内外公众关系的基础。通过传播和沟通，了解公众的动态和意见，尊重他们的利益和要求，使旅游组织的决策和活动顾及公众的利益。同时，及时将旅游组织的环境、难处、需要合作的项目、能提供的优质服务等各种信息告知公众，由此达到"付出的努力让社会知道，面临的困境求公众理解"。传播建立畅通的传播沟通渠道可借助大众传播媒介。只有通过广泛的信息传播沟通，促进公众和旅游组织的相互了解，方能有效地改变双方的态度，增加和谐的机会。

二是加强社会交往。对外关系的协调和维系，单靠传播沟通渠道是不能完全胜任的，还必须依靠各种直接的社会交往活动，为旅游组织广结人缘、广交朋友，建立广泛的纵横关系。这种社会交往是旅游组织生存发展的需要，也是旅游组织获得社交信息、联络感情、增进了解、开拓业务的重要社会活动。

【职场案例】

案例一：世界最佳饭店塑造美好形象的秘诀

美国《公共事业投资者》杂志每年都要评出全球40家最佳饭店。从某年评出的名列前茅的前10名最佳饭店的良好评语中，可发现塑造饭店美好形象的秘诀。

1. 曼谷东方饭店

曼谷东方饭店有客房406间。从客人到达时端上一杯新鲜橘汁开始，到此后数不清的其他细小服务，使曼谷东方饭店再次蝉联冠军。这些细小的服务包括：每个房间都放一篮当地出产的水果，旁边放有说明；每个房间都有专门播放音乐的音响设备；提供叫醒服务的话务员，会在提供叫醒服务几分钟后再一次用电话询问客人是否真正醒来。饭店经理说，我们这些使客人感到"宾至如归"的特殊工作方法，来源于900名工作人员的创造力。

2. 香港文华饭店

每一位新来的客人都会得到一篮水果或一束鲜花，这是香港文华饭店经理对客人表示的敬意。在这家有客房580间的饭店里，所有电话均装有"不打扰"的自动装置。从这里去中国内地旅行的客人，都可得到饭店送的"中国用具袋"，内装一些在中国内地不易得到的用品，还可为店内客人办好登机前的一切手续。

3. 东京大仓饭店

东京大仓饭店有客房900间。电子计算机记录着每位客人的特殊爱好（如对哪类房间式样、食品、饮料、报纸的偏好）；饭店有夜间熨衣服务；还设有一个办公服务大厅，可以为客人提供翻译、打字服务等；图书馆里备有商业出版物和录像带；带幻灯机和电影放映设备的会议室可免费使用。

4. 瑞典苏黎世大道尔德饭店

从建有客房198间的尔德饭店可以眺望苏黎世湖。尔德饭店服务人员每天在客房摆放鲜花，还代客储存物品和提供熨衣服务。饭店经理说：这些服务项目全是理所当然的，重要的是做好日常工作，对客人，从白脱油的供应方式到擦皮鞋的鞋油质量等都要关注。

5. 新加坡香格里拉饭店

该饭店有客房700间，每间房内都放有鲜花，连浴室里也有。饭店备有面包车，每天早晨接送客人到附近的植物园去，让客人能呼吸清新的空气散步。

6. 巴黎丽兹饭店

巴黎丽兹饭店有客房210间和套房46间。在套房的会客室里，可以根据客人的要求安装专门的电传线路设备；餐厅24小时服务。长住客人可以享用饭店提供的特别台布、床单、玻璃器皿和瓷器。每到年底，饭店开设一个特别的商务中心，为住店客人提供电传、打字、电报服务，还有懂得多国语言的秘书为客人服务。

7. 德国汉堡维尔吉瑞泰饭店

该饭店保存了每位客人居住过的记录；客人可以提一些特别的要求，诸如需要什么样的枕头（硬的、软的或不用羽毛的），用被子还是羊毛毯、是否在床上用膳等。饭店在汉堡郊区有自己的农场，专为饭店供应鲜肉、鲜蛋、鲜菜和鲜花。为防止客人在洗热水澡时被烫伤，浴室内还备有洗澡水温度计。

8. 香港半岛饭店

当客人来到这家有客房340间的香港半岛饭店时，服务员会及时送上一杯中国茶；客人没有放到柜内的皮鞋，服务员会主动给皮鞋擦油并放入柜内；有下雨的征兆时，服务员会把雨衣送到客房；客房内提供吹风机。此外，客人可以要求住没有烟味的房间。

9. 西班牙马德里丽斯饭店

马德里丽斯饭店有客房158间，备有高尔夫球具和狩猎用品，以便客人在适当的季节使用；服务员还为住店看斗牛的客人准备了特别的野餐食物篮；饭店还有一个特设的熏房，专门为客人生产熏制火腿、腌肉及各种西班牙香肠。

10. 伦敦克勒来饭店

伦敦克勒来饭店对长住客人的喜好均有十分详细的记录，例如客人不喜欢把两张单人床换成双人床，希望另加张书桌；客人要求不断供应矿泉水；客人早餐时要有特制的牛肉等，饭店均能提供这些特殊的服务项目。

（资料来源：http://www.hotel520.com）

案例二："胖儿火锅店"的新招

四川省达县市红旗街一条深巷内，有家"胖儿火锅店"，尽管地点偏僻狭窄，但由于服务态度好，火锅味美价廉，1986年开张以来生意一直很红火，闻名全市。然而自1990年春节之后，生意开始出现滑坡现象，就餐的顾客不如从前多了。有满脑子公关意识的年轻店主，人称"胖儿"的孙军，及时对全市的同行业进行了一番考察，发现春节前全市仅有20余家火锅个体户，半年后却猛增到50多家。有几家火锅店的声誉也相当高，登门就餐的顾客比"胖儿火锅店"还多，孙军感到本店优势已不复存在。为了继续争得公众，塑造好自身形象，经过反复权衡之后，率先在全市同行业中推出三条新招：

（1）变过去点菜计价的高额赢利为"二十元通吃"的微利收入。即凡入本店烫火锅的顾客每人只需交20元钱，便可吃到本店的各种菜肴，直到吃饱为止，还有啤酒供应。

（2）凡年满80岁的老人来店就餐一律免费，如果是老人的寿辰，还可得到一份鲜美的蛋糕及其他贺寿礼物。

（3）增加学前儿童就餐饭，就餐时有儿童喜欢的动画录像放映。

按照议定的方案，孙军展开了三步公关活动：一是在地区电台、电视台晚间最佳时间播送由记者采写的本店新闻，并将新闻刊登在地区《通川日报》显要位置；二是在闹市区如车站、邮局、百货大楼、歌舞厅、市中心花园等地张贴海报；三是进一步树立良好服务形象，门前每天专设一名彬彬有礼的女服务员迎送就餐顾客，挂放行李。

这些新招一出台人们争相传颂，"胖儿火锅店"名声大振。光顾就餐的男女老少络绎不绝。虽然本高利薄，"胖儿火锅店"每月的纯赢利却比过去同期增长两倍多。现在，市民一提起烫火锅，首先想到的就是"胖儿火锅店"。

（资料来源：梁冬梅.旅游公共关系原理与实务.北京：清华大学出版社，2010）

【情境模拟】

某旅行社成立已经五年了，但近几年由于行业竞争激烈，该旅行社的业务越来越难做，对此，企业决定采取公关促销的方式突破困境，请你根据旅游企业公关的职责，决定该企业应该从哪些方面来寻求公关促销的创意，并对创意的新颖性和可行性进行评价。

【实战演练】

1. 如果让你制订一份旅游企业公关部的年度工作计划，你觉得应该包括哪些方面的内容？

2. 调查不同的旅游企业公关工作任务有什么相同和不同的地方？并撰写调查报告。

工作任务三 规范旅游公关职业道德

【任务导入】

小王是一位长期为企业进行人力资源培训的培训师，他想说服某旅游企业对公关部的员工进行职业道德培训，如果你是小王，你如何完成此项任务？

【任务分析】

要完成该项任务，首先必须向公关部的经理说明规范公关职业道德的必要性，必要时可辅之以培训案例来证明。在此基础上，提出自己的培训大纲。

【任务实施】

资讯：

1. 认识旅游企业规范公关职业道德的必要性。

2. 了解旅游业开展公关职业道德规范的情况。

3. 调查了解相关的公关职业道德规范有哪些，各旅游企业在贯彻职业道德规范方面的情况如何？

决策：

1. 有没有必要进行旅游企业公关职业道德规范的培训？

2. 培训内容和方式如何确定？

计划：

1. 如何进行人员分工？

2. 完成任务的时间如何安排？

3. 解决步骤包括哪些？

4. 完成调查需要哪些设备和工具？

实施：

1. 进行资料汇总。

2. 分析资料。

3. 写出调查报告。

4. 分组对结果进行汇报。

检查：

1. 培训必要性的描述是否具有说服力？

2. 培训内容是否科学、合理？

评估：

工作任务评估表

考评项目		自我评估	小组评估	教师评估
团队合作 40%	沟通能力			
	协作精神			
工作成果评定 30%	任务方案			
	实施过程			
	工具使用			
	完成情况			
工作态度 20%	工作纪律			
	敬业精神			
	有责任心			
工作角色、创新 10%	角色认知			
	创新精神			
综合评估 100%				

【知识链接】

道德是调整个人之间、集体之间、个人和集体与社会之间关系的行为规范的总和。道德和法律相互配合和补充，但其调整范围更广泛。伴随着社会的发展，出现了越来越多的职业和更精细的社会分工，而从事一定职业的人们在长期的社会实践中，亦逐渐形成一种特有的职业道德规范，以此来规范从业人员的职业行为。职业道德是社会道德的重要组成部分，是社会道德在职业活动中的具体表现，是一种更为具体化、职业化、个性化的社会道德。

公共关系职业也有其自身的道德规范和道德并准则。所有从事公共关系职业的人员，在实际工作过程中，均应当始终不渝地遵循公共关系职业道德规范和行业准则。

一、公共关系职业道德规范的必要性

公共关系职业道德规范的必要性是由公共关系的性质和社会的需要这两方面所决定的。

公共关系活动虽然是一种社会活动，但它同时也应当是一种道德活动。公共关系的职能之一是塑造和传播组织的良好形象，其中就包括组织的道义形象。具体承担这一职责的有关人员，理所当然地应该具有良好的道德风范，并注意处处用职业道德准则来规范自己的行为。同时，在现代社会中，任何社会组织都不是生活在真空里，都必须承担一定社会责任，即通过提供产品或服务来满足社会的需求，在优先维护社会和公众利益的基础上实现自己的发展目标。有关人员唯有遵循职业道德规范，才有可能真正体现组织的这一宗旨。另外，公共关系活动的过程是传播、沟通和协调的过程。要让受众高效而准确地接收组织所传播的信息，达到预期的效果，其操作过程本身就必须符合法律、道德、习俗等方面的准则和要求。这也要求组织始终以职业道德规范来控制自己的行为。任何不道德、不规范的行为，都有可能导致公共关系活动的失败。一切真、善、美的东西都是在不断地和假、恶、丑的现象进行斗争中得以发展和完善的。社会要进步，事业要发展，就必须强调和倡导崇高的职业道德，反对贪污、贿赂、欺骗、庸俗关系学等一切不正之风，形成良好的社会风尚，推动精神文明建设。对此，公共关系从业人员责无旁贷。

二、公共关系职业道德规范的形成过程

良好的职业道德规范是职业认证体系的基石，从某种角度上说，公共关系从业人员的职业道德标准比其他一些职业的标准更高一些。这主要是因为，第一，公共关系是通过塑造组织的良好形象、扩大组织的知名度和美誉度，来追求组织效益和社会效益的最佳统一，因而，公共关系从业人员需要有高尚的道德品行；第二，从事公共关系职业的个人主要代表某一组织，其公共关系工作中反映出的道德好坏不只影响个人，更重要的是影响整个组织，因而，这一职业的道德标准要更高一些。

1. 国际公关职业道德准则的形成

但公共关系职业道德规范有一个逐步形成的过程。1946 年，美国公共关系协会成立，经过五次讨论修改，通过了一项职业道德法规，名为"执行公共关系的专业水准法规"。在此基础上，又于 1954 年拟定了世界上第一部公共关系职业道德准则。随后，相继成立的

一些国家、地区公共关系协会和国际公共关系协会也制定了各自的道德标准和行为准则。

2. 中国公关职业道德准则的形成

我国公共关系起步较晚，在发展过程中难免会出现一些不容忽视的问题，人员的素质提高更需要有一个不断学习的过程。在我国职业认证的发展过程中，国家主管部门非常重视公关员的职业道德建设与规范。我国公共关系行业在长期的社会实践中，其职业道德规范准则得到了不断的发展。目前，国内有两部比较有影响力的职业道德准则：

（1）《中国公共关系职业道德准则》。该准则于1991年5月在全国省市公共关系第四次联席会议上通过，它的诞生是我国公共关系走向职业化第一步，是我国公共关系事业发展的重要步骤。由于种种原因，《中国公共关系职业道德准则》未能真正成为规范我国公共关系行业道德行为的文件，但制定这一文件本身，已充分表明了我国公共关系职业在发展过程中的自律需要。

【观点链接 1-3】

《中国公共关系职业道德准则》

（一九九一年五月二十三日第四届全国省市公关组织联席会议通过）

总则

中国公共关系事业的发展是中国改革开放的必然趋势，它以新型的管理科学协调社会各方面的关系，密切党和广大人民群众的联系，调动各种积极因素，维护安定团结，促进社会主义建设。因此公共关系工作者肩负着时代的使命。公共关系工作者必须具有高尚的职业道德作为完善自身形象的行为准则。

条款

一、公共关系工作者应当坚持社会主义方向，自觉地遵守我国的宪法、法律和社会道德规范。

二、公共关系工作者开展公关活动首先要注重社会效益，努力维护公关职业的整体形象。

三、公共关系工作者在公共关系活动中，应当力求真实、准确、公正和对公众负责。

四、公共关系工作者应当努力提高自己的政治水平、文化修养和公关的专业技能。

五、公共关系工作者应当将公关理论联系中国的实际，以严肃认真、诚实的态度来从事公共关系学教育。

六、公共关系工作者应当注意传播信息的真实性和准确性，防止和避免使人误解的信息。

七、公共关系工作者不能有意损害其他公关工作者的信誉和公关实务。对不道德、不守法的公关组织及个人予以制止并通过有关组织采取相应的措施。

八、公共关系工作者不得借用公关名义从事任何有损公关信誉的活动。

九、公共关系工作者应当对公关事业具有高度的责任感。不得利用贿赂或其他不正当手段影响传播媒介人员真实、客观地报道。

十、公共关系工作者在国内外公共关系实务中应该严守国家和各自组织的有关机密。

附则

本准则将根据实际情况予以调整和修改。其解释、修改、终止权属全国省市公关组织联席会议。

（资料来源：http：//wenku.baidu.com/view/f3f99e70f242336c1eb95ed0.html? from＝share＿qq）

（2）《中国国际公共关系协会会员行为准则》。该准则于 2001 年由中国国际公共关系协会在反复研究欧美等发达国家公共关系从业人员行为准则的基础上，广泛征求了国内外公关界专家、学者的意见和建议，制定出的。2002 年 12 月 6 日通过，2003 年 1 月 1 日起开始实施执行。该准则比之《中国公共关系职业道德准则》，实践性、可操作性更强，更能发挥行业协会对公共关系从业人员的指导、监督、管理等作用。

根据中国公关咨询业市场发展的需要，中国国际公共关系协会公关公司工作委员会于 2003 年 3 月正式开始《公关咨询业服务规范》的起草工作。以陈向阳常务副主任为组长的五人起草小组，借鉴国际公关咨询业及其他顾问咨询业的服务规范，结合中国市场的特点，在广泛征询业内专家意见的基础上，经过 8 个月的努力工作，完成了该文件的起草工作。

2003 年 11 月 25 日，公关公司工作委员会 2003 年度第四次工作会议正式审议通过了《公关咨询业服务规范》（指导意见），决定于 2004 年中国国际公共关系大会期间正式对外发表，2004 年 7 月 1 日起正式生效。

【观点链接 1-4】

公关专业人员的职业道德

公关顾问们应该特别注意个人文化修养的培养。这种文化修养包括：如何着装；如何与人打交道；注意礼节；遵守时间；如何开展业务洽谈；与客户的书面或口头沟通；正式与非正式的人际关系；显示或抑制情感外露；使用的语言和术语；各种禁忌等。

公关顾问们应该严格遵守职业准则，养成良好的职业操守。特别应该注意以下 10 项从业原则：

——服务意识。公关顾问服务是一种专业服务，应该以客户为中心，以满足客户的专业需求为服务目标；在服务过程中，充分尊重客户，不因自己的专业技术而炫耀。

——教育引导。公共关系是一种对公众的教育和引导，应该从社会文明和社会进步的角度出发，有效、积极、正确地引导社会舆论和公众态度，不损公利己。

——公正公开。公关顾问们主要通过信息传播手段来开展工作，应该以公平、公开的态度对待客户、公众乃至竞争对手，创建良好的商业环境，促进社会进步。

——诚实信誉。公关顾问服务讲求诚信，依赖信誉，应该以诚实的态度服务客户和公众，准确、真实地传播信息；讲求商业信誉，将公众利益放在首位。

——专业独立。公关顾问服务是一种独立服务，应该充分运用专业技术和经验服务客户和公众，提供客观、独立的建议和服务。

——保守秘密。保守秘密是专业服务的一个普遍原则，也是本职业的立足之本，既不能泄露客户的任何秘密也不能利用这些秘密为自己或其他客户谋求利益。

——竞争意识。专业技术需要得到不断的提升，行业发展需要优胜劣汰，应该尊重平等的竞争，避免因竞争而损害竞争对手的行为发生。

——利益冲突。专业服务中不可避免会出现各种利益冲突，应该避免现在、潜在的利益冲突，个人利益服从客户利益，客户服从公众利益，建立广泛、持久的信任。

——社会效益。公关顾问服务除了创造经营利益外，应该考虑广泛的社会效益。在专业服务过程中，还应该考虑运用其专业所长促进社会文明和社会进步。

——行业繁荣。没有行业的繁荣，也就没有个体的利益，应该积极传播公共关系知识，不断提升专业技术，维护行业地位，促进行业繁荣。

公关顾问服务和其他专业顾问一样，当他的建议或行为在某种情况下被认为对客户或与客户有关的其他人或组织造成伤害和经济损失时，他是应该承担法律责任的。公关顾问们经常因为自身的专业水平和专业素养在客户服务过程中忽视有关细节，比如，服务承诺超出能力范围以及商业合同的不规范，使客户产生不切实际的追求，产生争议甚至造成损失。一种最有效的减少法律责任的办法就是在服务合同中，明确地、毫不含糊地写明公共关系顾问的目标、任务、所采用的方法和行动计划，并对相关条款加以具体说明。

（资料来源：http：//www.msyjh.com/news－content.asp？newid＝1632）

为了确保中国公关服务市场的可持续健康发展，中国国际公共关系协会公关公司工作委员会于2006年3月行业工作会议上正式提出起草《行业自律公约》。以陈向阳常务副主任为组长的六人起草小组，借鉴国际同业经验，结合中国市场特点，依据《中国国际公共关系协会会员行为准则》和《公关咨询业服务规范》（指导意见）文件精神，起草了《公关服务行业自律公约》（草案）。2006年9月3日，《自律公约》经中国国际公共关系协会公关公司工作委员会全体会议（2006年度第二次工作会议）审议并通过。该公约从信息传播、客户关系、媒介关系、商业保密、同业竞争、人才流动、共同利益等方面制定了公关人员应遵循的工作原则。

随着互联网以及论坛、博客等社会化数字媒体的兴起和普及，传统信息传递方式和沟通方式发生了巨大的变革，营销传播模式和公共关系环境也发生了颠覆性变革。网络公共关系（以下简称"网络公关"）已成为传统公共关系服务不可或缺的重要延展，成为公关服务领域业务增长最快的业务模式。市场发展呼唤行业规范。2010年3月16日下午，中国国际公共关系协会在北京发布了《网络公关服务规范》（指导意见）。这是中国公共关系行业继2004年《公关咨询业服务规范》（指导意见）后的又一份重要行业文件，也是我国针对网络公关业务的首份行业标准文件。要求网络公关业务应自觉遵循行业自律公约，坚决抵制各种有悖于行业行为准则的各种行为。具体来说：对客户所发布内容合法性进行审核和约定，保证信息内容及其传播手段符合国家法律的有关规定；保证信息内容的完整性、真实性和准确性，不提供任何与客户实际情况或客观事实明显不符的内容信息；不涉及政治敏感类话题及国家敏感监控的问题；不隐瞒事实真相或欺骗公众，有责任及时纠正错误的传播信息；不传播任何不符合事实、夸大宣传或有待确认的信息；不从事任何不道德、不诚实或有损他人尊严或信誉的传播活动；抵制各种欺骗客户和公众的信息传播活动；不提供任何形式的攻击、诽谤竞争对手的信息服务；传播素材不使用任何无合法版权的图片、视频或言论；不对传播效果指标/数值进行任何技术、人为非正常干预。

综上所述，目前我国公关员职业认证工作已成规模，正朝着健康、有序、规范的方向发展。这不仅有助于促进我国公关员任职资格的规范化，也有助于提高我国公关员的职业素质，优化现有公共关系从业人员队伍。

三、公共关系职业道德规范的内容和基本要求

公共关系工作职业道德主要包括：

1. 恪尽职守，真诚老实

塑造组织的良好形象，为组织的生存和发展创造良好的环境，对公共关系事业的发展做出贡献，是公共关系人员的基本工作和根本任务。因此，一个公共关系人员是否具有职业道德，最重要的是看他对公共关系事业是否尽心尽责，对公共关系工作是否恪尽职守。尽心尽责，恪尽职守，要求公共关系人员热爱本职工作，对工作极端地负责任，有强烈的职业责任感，能充分履行本职工作的社会责任、经济责任和道德责任。而不能从事任何与履行职责无关或相悖的事务，不能违背国家和政府的法纪和规章制度，不能泄露组织的机密或有损于组织形象、信誉的事。那些玩忽职守、自由散漫、无组织无纪律的思想和行为，都是不道德的。

另外，公共关系人员在对待职业的态度上要体现出客观真实的原则。"真实"是公共关系的生命所在。缺乏"真实"，就不能取得公众的信任和支持，就不能有效地开展公共关系工作。公共关系的真实性原则要求公共关系人员真诚老实，讲真话，讲实话，注重透明，注重公开，不可弄虚作假，欺上瞒下，欺里瞒外。公共关系人员说话、办事、做人都要表里如一，实事求是，不可投机取巧，他们的一切行为都要经得起检查和考验。

2. 努力学习，有效工作

公共关系是实干的事业。因此，公共关系人员的职业道德水平如何，不仅要看有无自觉履行职责的愿望，而且还要看有无出色履行职责的过硬的本领。公共关系人员干好公共关系工作凭实力，凭真才实学，凭对公共关系理论和实务知识的全面掌握和熟练、灵活的运用。公共关系人员只有积极钻研业务，努力勤奋学习，才能维持工作的高水准。那种不学无术，碌碌无为，工作中常出差错，甚至给公众、组织乃至整个社会带来损失，都是不道德的表现。

3. 廉洁奉公，不谋私利

公共关系工作是服务于公众、服务于组织、服务于社会的工作，每个公共关系人员只有为公众、组织、国家谋利益的义务，而没有谋个人私利的权力。公共关系的工作性质和特点，决定了公共关系人员拥有较多的社会关系，且掌握着一定的权力。这些关系和权力，不仅对组织有利，而且对个人也有用。因而，廉洁奉公，不谋私利，对公共关系人员来说十分重要。公共关系人员必须始终把国家利益、公众利益、组织利益放在首位，在任何时候都不自私自利。那种利用职权营私舞弊、损公肥私、假公济私、贪污受贿、以业谋私、欺诈勒索，都属不道德行为。

4. 公道正派，谦虚团结

公共关系事业是高尚的事业。献身于这一事业的公共关系人员应有高尚的品德。他们要为人正直、处事公道、作风正派、公私分明、不拿原则做交易。那种吹吹拍拍、投机钻营、圆滑虚伪、趋炎附势、傲慢自大、个人第一、夸夸其谈、浮躁狭隘、争功夺利、妒贤嫉能，都是背离公共关系职业道德的思想行为。

另外，公共关系工作是一种群体工作，合作、互助、团结、友爱、互相信任和互相尊重，是工作顺利、事业成功的可靠保证。公共关系人员在待人接物上，应表现出耐心、尊

严、谦虚和节制，举止、言谈、衣着都应得体有分寸，应作风民主、平等待人，气度宽容、容人之短，学而不厌、诲人不倦，闻过则喜，知错必改。

综上所述，公关必须以德为本，公关的是非成败、真伪优劣与德行息息相关。实践证明，公关不以德为本、不讲职业道德、不注重社会效益和公众利益，公关就会迷失方向，失去应有的价值，事业将以失败而告终。

【职场案例】

案例一：旅游企业一线员工职业道德规范

爱国爱企、自尊自强、遵纪守法、敬业爱岗、公私分明、诚实善良
克勤克俭、宾客至上、热情大度、清洁端庄、一视同仁、不卑不亢
耐心细致、文明礼貌、团结服从、大局不忘、优质服务、好学向上

（资料来源：http://www.china-b.com）

案例二：诚信是企业永葆青春的生命之源

世界饭店大王尼克森·希尔顿一生奋斗拼搏的成功智慧宝典便是"诚实"二字。在20世纪30年代初世界经济大萧条时期，希尔顿饭店生意不景气，所欠债务高达五十万美元，追债者络绎不绝，有些债主向法院提起诉讼。他的私人律师劝他宣布破产，便能勾销一切债务。可是希尔顿却义正词严地宣布："我不能扔掉我所剩下的唯一的东西。信誉就是我的生命，我绝对不能宣布破产。这样做意味着失去了信誉，失去了希望。"在最困难的时刻，他以诚实和信誉赢得了社会和大众们的信任，正是靠着诚信渡过难关，东山再起。

美国IBM的成功得益于三大基石：一是尊重个人；二是服务顾客；三是卓越。其服务体现于诚、信、精、礼之中，"IBM就是最佳服务"，优质服务已被当作企业最佳管理法的一把利刃，更是其企业信誉的关键因素和可靠保证。它们将"诚信"作为其现代经营的根本，时时刻刻从顾客利益与要求出发，通过全方位多样化服务，让顾客、用户达到百分百的满意，由此建立起有口皆碑的信誉，从而战无不胜。

美国一家"希尔斯"老店向顾客承诺"货物出门，负责到底，保证满意，否则退款"。老板希尔斯还制定了一项规矩——在收回商品退回货款时，绝不与顾客争执，即使被少数人占了便宜，也仍坚守诺言。正是靠的这种"诚信为本"的精神，这家老店历经百年，声誉卓著，目前在美国五十个州已有八百个分店，拥有四十多万个家庭。

（资料来源：杨俊．诚信：现代公共关系的灵魂[J]．公关世界，2005(04)：44—45）

【情境模拟】

2012年龙年春节，海南三亚曝出游客吃海鲜被宰丑闻。管理方无视当地宰客风盛行之实，先后以"零投诉""无法举证"冷漠应对，由此引发社会强烈反响，三亚再次被推到了舆论的风口浪尖。微博曝出的2012年春节三亚宰客事件，对海南旅游来说，无疑又是一起公关危机。当地相关部门的应对表现，让人不禁联想起2007年春节四川遂宁游客一家5口在三亚被打的恶性事件。5年前，三亚市不仅在事后迅速展开调查，严惩打人者，有关领导还给被打游客打电话致歉，甚至由市委常委带队来到遂宁登门道歉。最终，不仅被打者成为三亚"友好使者"，而且遂宁与三亚还缔结为友好城市，危机得到圆满化解。可惜，5年过去，当地相关部门的"零投诉"回应，却在微博上遭到网友一致指责。请搜索

2012年春节三亚宰客事件的相关资料，并分析：该事件的根源以及处理不当的原因是什么？

【实战演练】

1. 从公共关系的角度来说，"诚实守信是立人之本"。但有人却认为"企业仅有诚信还不够"。你同意这种看法吗？为什么？

2. 请从网络搜索《网络公关服务规范》《公关咨询业服务规范》全文，并进行分析研究，说明这两个服务规范中对公关从业人员有哪些职业道德方面的要求。

学习情境二

旅游公关机构的设立

● ● ● ● ● **情境描述**

　　以旅游企业为平台，以"旅游公关机构的设立"为导向，通过完成旅游企业公关部的设置、公关部人员的招聘、公关人员的培训三大工作任务，使学生能够熟练掌握旅游企业公关机构设立的相关工作内容，重点培养学生组建和管理公关机构的能力。

● ● ● ● ● **职业能力目标**

专业能力：

能够熟悉旅游企业设立公关部的条件及原则；

能够了解旅游企业公关机构的地位及模式；

能够掌握旅游企业公关部的组织机构设置模式；

能够熟悉旅游企业公关部人员招聘的条件及程序；

能够掌握公关部人员招聘书的撰写要求；

能够掌握公关部人员招聘的流程；

能够熟悉公关部人员培训的内容；

能够制订旅游企业公关人员培训计划；

能够组织旅游企业公关人员的培训活动。

方法能力：

能够根据旅游企业实际情况灵活进行公关机构的设置；

能够对不同旅游企业公关部的工作内容进行适当的调整；

能够运用不同的方式和途径招聘公关人员；

能够根据旅游企业的实际情况确定培训内容；

能够掌握培训活动组织的技巧。

社会能力:

具备良好的职业道德;

具有一定的资料搜集能力;

具有良好的沟通能力;

具备一定的责任心;

具有较好的文案写作能力。

工作任务一　旅游企业公关部的设置

【任务导入】

某旅游景区近年来由于知名度比较高,导致许多相关部门的人员经常来旅游,每次有人来都需要景区的领导陪同,不仅包吃包住,而且游览景区的门票也全免,导致景区的财政出现赤字,景区的正常维修也难以保证,景区的运营陷入困境,领导非常头疼,这时有人建议景区应该成立公关部,这些工作完全可以交给公关部来做,你认为这种想法可行吗?如果可行,请你帮助起草一份设立公关部的建议书。

【任务分析】

以某个旅游景区(或旅行社、旅游饭店)为例,决定是否设立公关部,以及公关部的组织机构采用什么样的模式,确定公关部的工作内容,并以建议书的形式提供给景区负责人。

【任务实施】

资讯:

1. 了解旅游企业设立公关部的条件及原则。

2. 目前旅游企业公关部都采用哪些组织机构模式,每种模式有什么特点?

3. 不同的旅游企业公关部的工作内容是什么?

决策:

1. 是否设立公关部?

2. 决定采用哪种组织机构模式?

计划:

1. 如何进行人员分配?

2. 时间如何安排?

3. 解决步骤包括哪些?

4. 需要哪些设备和工具?

实施:

1. 进行资料汇总。

2. 分析资料。

3. 确定公关部的组织机构模式。

4. 确定公关部的工作内容。

检查：

1. 公关部的组织机构模式是否科学、合理？

2. 公关部的工作内容是否准确、全面？

评估：

工作任务评估表

考 评 项 目		自我评估	小组评估	教师评估
团队合作 40%	沟通能力			
	协作精神			
工作成果评定 30%	任务方案			
	实施过程			
	工具使用			
	完成情况			
工作态度 20%	工作纪律			
	敬业精神			
	有责任心			
工作角色、创新 10%	角色认知			
	创新精神			
综合评估 100%				

【知识链接】

公关部是指组织内部由专职人员组成的，负责本组织公共关系工作的专业职能机构。在旅游行业中，公关部主要设立于旅行社和旅游饭店。旅游行政管理部门、旅游行业协会等则很少设立。

一、公关部在旅游企业中的地位

组建公共关系部是有效地开展公共关系工作的组织保证。

(一)公关部的角色

公共关系在旅游企业中的地位，既取决于企业决策者对公共关系内涵的把握以及对公共关系部门的目标期望，也取决于公共关系部门自身作用的发挥。公共关系部在饭店充当的角色为：

1. 公共关系部是企业的信息情报部

公共关系部的首要职能就是采集信息，任何关系到饭店生存、发展的信息都是公共关系机构搜集的对象。旅游企业通过对这些信息的搜集和整理，了解现状，预测趋势，适应变化。

2. 公共关系部是企业的决策参谋部

由于公共关系工作关系到旅游企业的信誉和形象，关系到与公众的沟通，关系到企业战略目标的实现，因而它不是一般的管理部门，而是企业的"智囊团"、"思想库"。公共关系部不是一线指挥和最后决策部门，而是在采集、整理、分析信息的基础上，提供可供选择的决策方案，协助决策层进行决策。在现代社会，任何一个旅游企业不能不考虑决策可能带来的社会后果，公共关系部就是要站在旅游企业目标和社会需要的立场上，综合评价各职能部门的活动已经或可能引起的社会效果，维持旅游企业与外部环境的动态平衡。

3. 公共关系部是企业的宣传部、外交部

一个旅游企业要获得公众的了解、理解和信任，取得公众的支持与合作，需要不断地向公众宣传企业的政策，解释企业的行为，增加企业的透明度。随着旅游企业与外界交往日益密切，对外联络和应酬交际的任务越来越重。同时，旅游企业与外部的各种摩擦和纠纷也随之增多，需要进行协调，公共关系作为旅游企业的对外机构就担负起这些工作。

4. 公共关系部是企业的协调部

公关部门代表的旅游企业，其部门利益即企业利益，不像其他职能部门有各自的部门利益，发挥协调作用的优势是显而易见的。现代社会各种摩擦和纠纷随之增多，预防危机也列入企业的议事日程，需要搞好旅游企业与公众之间的关系协调。公关部门既可以协调好企业内部领导与部门、领导与员工、部门与部门、员工与员工之间的关系，又可以搞好企业同外部公众的关系协调。

5. 公共关系部是企业的策划部和制作部

公关部门及人员要针对旅游企业的目标和塑造形象的任务，经常设计或策划一些极有创意的公关活动，为旅游企业服务。配合旅游企业的各种公关职能，制作各种报纸、杂志、录音、录像、图片等宣传品和饭店形象识别物。但是，并不是说企业所有公关活动或公关材料都由公关部门承担，一些难度大、要求高的策划和制作完全可以借助企业外部的策划公司或设计制作公司来承担。

(二)公关部的地位

一般来说，旅游组织公关部的地位按类型可以分为四种，即"直属型""并列型""从属型"和"兼职型"。

1. 直属型(见图2-1)

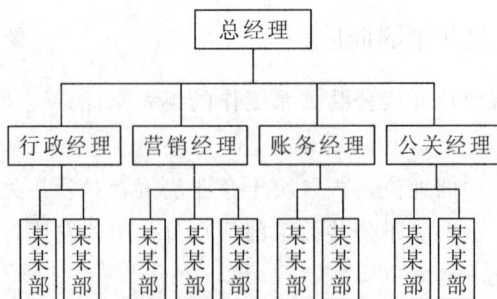

图 2-1 直属型公关部

直属型公关部适合于大型的旅游企业，公关部处于组织结构的中层与高层之间，与组织最高领导层关系密切，直接接受其领导，间接参与组织的决策活动。因直接参与组织决策活动，故可在组织决策中全面地渗透公关思想，公关职能和公关作用能得到最大的发挥，工作效率最高。但该机构地位凌驾于其他职能部门之上，不利于与其他职能部门之间建立融洽的伙伴关系。

2. 并列型（见图 2-2）

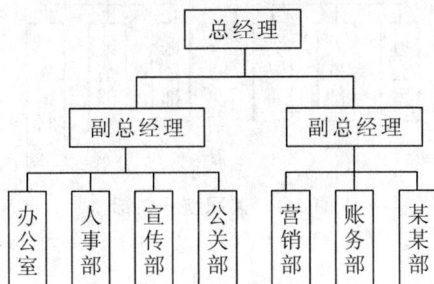

图 2-2　并列型公关部

并列型公关部适合于中型的旅游企业，这种设置有利于与其他职能部门建立良好的关系；能与决策层对话，能有限发挥公关职能和作用。但不能站在全局高度，全面发挥其公关职能和作用，也不能在组织决策中全面渗透公关思想。

3. 从属型（见图 2-3）

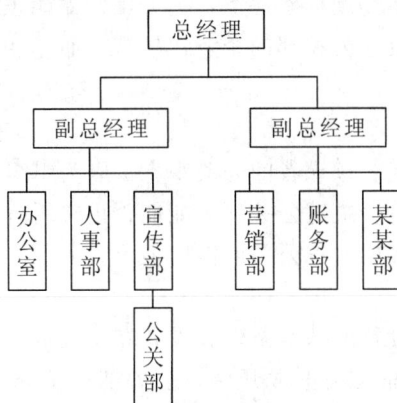

图 2-3　从属型公关部

从属型公关部适合于小型的旅游企业，这种设置组织小巧、灵活、机动，可随时添加或撤销；无论在哪个部门，都能直接强化该部门的公关效能；同时组织费用极少。但因为受部门限制，不能独立开展全局性公关活动；也因为远离决策层，公关职能和公关作用难以有效地发挥。

4. 兼职型（见图 2-4）

兼职型公关部实际上采取一个班子两块牌子的做法。不仅精简了机构和人员，而且离决策层也比较近，能有限地发挥公关职能。但因为受不同组织职能的干扰，难以做到人员的专业化和工作的专业化。同时在组织中的话语权很弱，其公关职能与作用的发挥弱于并列型公关部。

```
                        ┌──────┐
                        │ 总经理 │
                        └──────┘
            ┌──────────────┴──────────────┐
        ┌──────┐                      ┌──────┐
        │副总经理│                      │副总经理│
        └──────┘                      └──────┘
      ┌────┼────┐                  ┌────┼────┐
   ┌──┐ ┌──┐ ┌──┐             ┌──┐ ┌──┐ ┌──┐
   │办│ │人│ │宣│             │账│ │某│ │公关│
   │公│ │事│ │传│             │务│ │某│ │销售│
   │室│ │部│ │部│             │部│ │部│ │部│
   └──┘ └──┘ └──┘             └──┘ └──┘ └──┘
```

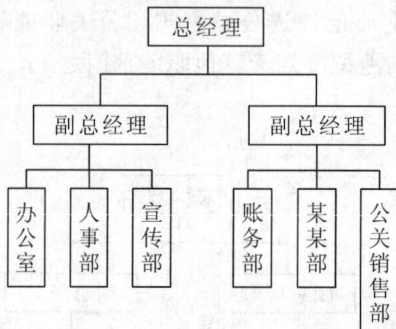

图 2-4　兼职型公关部

二、公关部设立的条件

设置公关部，一般应具备四个基本条件。

(一)市场条件

公关部的设立首先必须考虑市场条件，如果旅游企业或旅游组织对市场的依赖度高，就必须考虑设立公关部，如果对市场的依赖度低，就可以考虑不设立公关部，因为只有在市场经济条件下，公关工作才具备全面运作条件；只有在市场竞争条件下，公关工作的重要性才能充分显示；只有在市场规范条件下，公关工作才能正常地开展。因此，大部分的旅游企业的市场化程度高，设立公关部的企业比较多，而一些旅游机构市场化程度低，设立公关部的企业就比较少。

(二)观念条件

公关部的设立还要考虑组织领导者的公关观念，因为组织领导者的公关观念不仅会影响公关部作用的发挥，同时也会决定公关部职能能否正常履行。有些旅游企业虽然设立了公关部，但在公关部运行过程中，把公关职能庸俗化。

(三)人员条件

公关专业人员是公关部设置的基本条件。没有专业人员，公关部会失去工作目标；没有专业人才，各项公关工作都无法正常开展，公关部就不能发挥其应有的职能作用。因此，旅游企业或旅游组织设立了公关部后，必须配备优秀的公关人员，才能保证公关部的正常运转。

(四)资金条件

资金多少一方面会影响公共关系活动范围大小。一般情况下，资金越少，公关活动的范围就越小，对公众影响力也就越小。反之，资金越多，公关活动的范围就越大，对公众影响力也会更大。另一方面会影响公共关系活动的灵活性。公关工作特别讲究手段的灵活性，要求随机应变。但这种灵活性是建立在资金充足的基础上，资金匮乏，势必影响公关活动方式的选择，降低其灵活性。

三、公关部设立的原则

(一)专业化原则

首先要做到人员配备专业化。表现在两方面：一是公关部领导者一定要由公关专业知识丰富，且具有领导才华的人士担任；二是公关部成员一定要由专业公关人士组成。

其次要做到工作内容专业化。表现在三方面：一是要按照公关工作职能开展工作；二是要遵照公关工作原则办事；三是要按照公关工作程序处理事情，要讲究公关工作的科学性和技巧性。

（二）服务性原则

公关部必须强调服务性原则，树立以服务为根本，以服务求发展的思想。包括为内、外两个对象服务。对内服务包括为决策层提供情报和决策参谋服务；为生产和职能部门服务，配合他们进行公关活动为内部员工服务，通过公关教育，提高他们的公关意识。对外服务包括代表组织为外部公众服务，协调组织与公众的关系，为组织发展提供良好的社会环境。

（三）责权对等原则

权力与责任是相辅相成的，公关人员在获得权力的同时，也应承担相应的责任。例如，公关人员在获取处理公关危机的权力时，也同时负有承担失误的责任。所以，在设置旅游公关部时，其下属机构和人员配置必须明确和落实权力和责任，做到责任和权力的对等。

（四）精简性原则

在满足工作需要的前提下，公关部应尽量精简组织部门和人员数量，以达到提高效率和节约费用的目的。一方面，在人员选聘时，坚持既看学历，又看能力，以能力为主的选择标准；在人员安排上，坚持因事设职，因职设人。消除人浮于事的现象。另一方面，在组织设置时，推行扁平化结构，精简组织层次和下属部门数量。以提高工作效率，降低费用。

四、公关部的组织机构

根据工作特点，公关部组织机构模式可按四类设置，即技术型、对象型、区域型和过程型。

1. 技术型（见图 2-5）

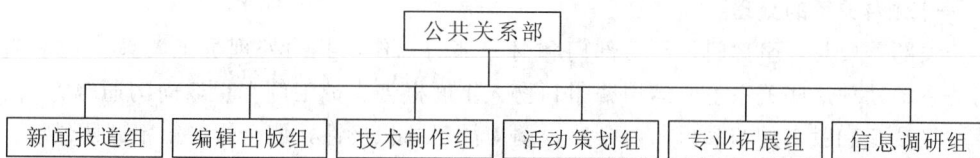

图 2-5　技术型公关机构

2. 对象型（见图 2-6）

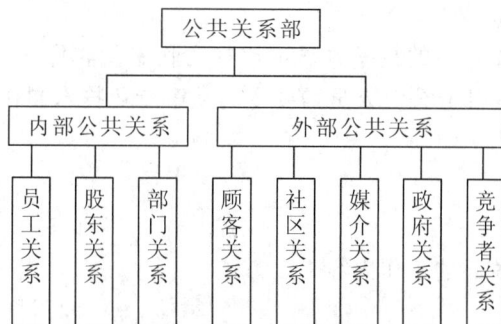

图 2-6　对象型公关机构

3. 区域型(见图2-7)

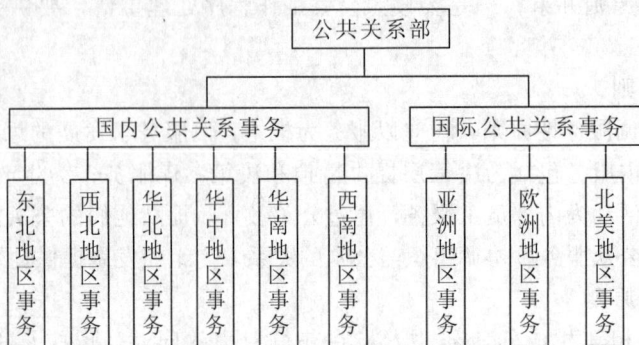

图 2-7   区域型公关机构

4. 过程型(见图2-8)

图 2-8   过程型公关机构

五、公关部的工作内容

公关部的工作内容,一般可分为对内关系的处理、对外关系的处理和专业技术制作三个方面。

(一)对内关系的处理

公关部需要与人事部门、经营部门和财务部门合作,共同处理员工关系、股东关系、部门关系。处理这些关系主要运用编印刊物、年度报告、员工调查、双向沟通等方法、手段,增强员工和股东的归属感、自豪感,调动员工的积极性,使全体员工精诚团结。

(二)对外关系的处理

公关部需要设专人处理与顾客、社区、政府部门、新闻媒介等单位和部门的关系,以巩固和改善组织与外界各方面的关系,广交良缘,为组织树立良好的社会形象。

(三)专业技术制作

公关部许多工作需要专门的技术方法,比如写作、编辑印刷、新闻发布、广告制作、组织专题活动等,因此一部分公关人员需要专门从事专业技术制作,这样有助于提高技术水平。

【职场案例】

案例一:某饭店公关部的工作内容

一、日常工作

饭店公关部有大量的日常工作,这些日常工作完成得好坏,直接关系到公关部的定期工作和专门活动能否顺利进行。日常工作有以下几个方面:

1. 随时搜集饭店内外公众的各种意见；
2. 编写并向新闻界发出新闻稿、照片和特写文章，汇编有关报刊目录；
3. 协同摄影制作方面的人员拍摄、整理、保存资料图片；
4. 同各种传播媒介的新闻记者保持紧密的联系；
5. 同有业务往来的公关顾问公司保持联系；
6. 同饭店主管部门、政府有关人员保持联系；
7. 对饭店在社会公众中的形象做出评价；
8. 设计、筹划、监制饭店的各种宣传品和赠品；
9. 接待国家、政府代表团和重要宾客时，落实各项接待和服务措施；
10. 代表饭店接受公众对饭店的各种投诉和有关咨询，将其中合理的要求通知有关部门协助解决。

二、定期工作

公关部的定期工作是系统完成饭店公关工作目标的主体工作。定期工作的反复开展，可以确保饭店公关分步骤地完成任务，不断积累工作成果。定期工作主要有以下几个方面：

1. 组织记者招待会、接待人员参观访问；
2. 编辑出版以旅行社、旅客为对象的对外刊物；
3. 编辑出版供饭店员工阅读的报纸刊物，组织其他各种形式的内部宣传；
4. 编写并提供各种资料，如饭店介绍、饭店历史、年度报告等；
5. 参加各种管理会议，了解饭店内部的管理状况；
6. 参加营销调研活动，了解饭店同外界的竞争情况；
7. 为管理部门安排会见各类新闻媒体记者的采访；
8. 同饭店所在社区的公众代表进行定期接触；
9. 组织安排饭店员工的集体娱乐活动；
10. 分析、反馈、评估公关工作效果。

三、专项活动

饭店公关部的专项活动，是为达到若干特定目的而集中人力、物力和经费所安排的活动。每一次公关专项活动，都应有计划、有准备、有分工、有检查、有效果。专项活动有以下几个方面。

1. 委托制作有关饭店情况的影视作品，如宣传片、纪录片、配音幻灯片，并负责编目和播放等；
2. 在饭店内组织各类展览和演出活动；
3. 筹划和监制广告、编制广告预算、监督广告的实施、测定广告的效果；
4. 设计并委托制作饭店的店徽、标志和吉祥物等；
5. 筹备和组织饭店的开业典礼、店庆活动，力求使这些活动产生较好的社会影响；
6. 组织饭店产品以及新的服务设施、服务项目、特色产品的推广和介绍；
7. 代表饭店参加社会公益活动，力求给社会公众留下深刻而美好的印象；
8. 代表饭店与社会知名人士建立和保持密切联系，主动邀请他们参加饭店的重要活动，并突出他们在饭店活动中的地位；

9. 预防并及时处理饭店的意外事件和危机事件；

10. 策划专题性的公关活动，并组织实施。

（资料来源：晋祠国宾馆）

案例二：墨西哥旅游业是这样走出地震危机的

墨西哥是有名的旅游国家，古玛雅文化发祥地。旅游业收入占 GDP 1/3 强。然而，1986 年发生的一场大地震却使其旅游国形象遭到沉重打击，谣传墨西哥旅游景点多数被毁坏，许多旅游者死于非命。于是游客纷纷取消出游计划，墨西哥的旅游温度降到了冰点。

为了重塑旅游形象，墨西哥政府请美国著名的公共关系专家进行策划。专家开出的第一剂药方是通过电视、新闻等媒体向外如实报道，使全世界游客对墨西哥地震后的现状有一个正确的了解，杜绝各种谣传和小道消息。其次，建议政府出面，邀请各国名流、记者等到墨西哥旅游，并配合电视新闻报道，将游览情况向公众播放，用名人效应消除人们的顾虑。

公关专家重塑墨西哥形象的工作短时间取得了极大的成功，一个多月后，墨西哥的旅游业又兴旺起来，游客数竟超过了地震前，旅游国形象不但没有降低，反而有所提高。

（资料来源：陈宏军. 摆脱企业危机. 北京：中国经济出版社，2009）

【情境模拟】

以小组为单位，成立一家虚拟的旅游企业（酒店、旅行社、旅游商店、景区管理公司等），确定企业的规模及经营范围，为该企业设置公关部，并画出组织结构图，确定公关部的主要工作职责。

要求：

1. 能根据企业规模性质设计公共关系部门的组织结构。

2. 成立虚拟公司前需有一定的调研和前期思考，具备较强的现实操作性。组织结构图主体以框、线、部门及岗位名称构成。公共关系部的主要工作职责以条文式来规定。

【实战演练】

1. 某酒店刚开业，该酒店的领导具有很强的公关意识，决定成立公关部，如果请你来帮助筹建，你准备做哪些工作？

2. 某旅行社公关部自企业建立初期就成立了，但主要的工作就是迎来送往，小张是该公关部的一名职员，他认为公关部的作用没有很好地得到发挥，决定向总经理提建议，你认为他应该从哪些方面来提建议？

工作任务二　旅游企业公关人员的招聘

【任务导入】

某旅游景区准备成立公关部来承担旅游接待与旅游活动的组织与实施工作，决定招聘公关人员，请帮助制订一份招聘工作计划，确定公关部的岗位及工作职责，并撰写一份招聘书。

【任务分析】

以某个旅游景区(或旅行社、旅游饭店)为背景,确定公关部人员招聘的岗位及工作职责,同时撰写招聘书,并模拟招聘流程。

【任务实施】

资讯:

1. 了解不同的旅游企业公关部的岗位及工作职责。

2. 掌握招聘书的格式及要求。

3. 熟悉招聘的工作流程有哪些?

决策:

1. 确定招聘的企业及岗位?

2. 决定采用哪种招聘形式?

计划:

1. 如何进行人员分配?

2. 时间如何安排?

3. 解决步骤包括哪些?

4. 需要哪些设备和工具?

实施:

1. 进行资料汇总、分析。

2. 确定招聘企业及招聘岗位。

3. 撰写招聘书。

4. 模拟招聘流程。

检查:

1. 各岗位的工作职责是否准确、合理?

2. 招聘书的格式是否规范?

3. 招聘的流程是否合理、高效?

评估:

工作任务评估表

考 评 项 目		自我评估	小组评估	教师评估
团队合作 40%	沟通能力			
	协作精神			
工作成果评定 30%	任务方案			
	实施过程			
	工具使用			
	完成情况			

续表

考 评 项 目		自我评估	小组评估	教师评估
工作态度20%	工作纪律			
	敬业精神			
	有责任心			
工作角色、创新10%	角色认知			
	创新精神			
综合评估100%				

【知识链接】

一、招聘条件的确定

招聘是旅游企业为吸引员工前来应聘所进行的一系列活动，包括分析人员要求和岗位需要两方面的内容，通过对应聘者的筛选、甄别，选拔出符合组织（岗位）需要的人员的过程。要想招到合适的人员，首先需根据旅游行业的特点及具体岗位的要求确定招聘条件。不同的企业、不同的岗位对人员的招聘条件要求不同。

招聘条件的确定是制定招聘简章的前提，更是旅游企业招聘人员的标准和依据。一般来说，招聘条件主要包括以下内容：

1. 学历条件
2. 知识结构和专业知识水平
3. 职业素质要求
4. 专业技能要求
5. 年龄要求
6. 性格特征
7. 外貌特征和身体状况
8. 兴趣爱好要求
9. 经历与经验要求
10. 其他特殊要求（如团队意识、创新能力等）

二、招聘书的编写

招聘书，又称招聘简章，它以广告的形式向应聘对象进行广泛的宣传，达到扩大员工招聘来源与渠道、促进招聘工作顺利开展的目的。同时，招聘简章也是旅游企业对外开展宣传推销的一种途径。因此，应当充分重视招聘简章的编写。

（一）招聘书的内容

招聘书的篇幅受到广告开支成本的限制，要求在尽量做到版面美观新颖、标题醒目突出、字体大方等富有吸引力的前提下，做到内容简洁清晰，求职要求明确。它一般包括以下内容：

1. 标题。如"诚聘""某某饭店招聘简章"等。

2. 旅游企业基本情况介绍。介绍要点包括：企业名称、性质、坐落地点、经营规模、星级水平等。如果是开业前招聘，还应注明开业日期。

3. 招聘职位、人数和要求。招聘要求可分为基本要求和专业要求两类。基本要求主要包括品德、容貌、个性、健康等方面；专业要求则包括年龄、性别、学历、实际工作年限、专业水准(技术等级)、外语能力、体格条件(身高、视力)等方面。

4. 甄选方法与录用条件。招聘简章应向应聘者公布应聘手续及报名方式。如果采用书面报名方式，招聘简章中要规定应聘者来函必须详细写明的内容，如本人经历、学历、特长等个人资料情况，以及报名截止日期、资料邮寄的具体地点；如果采用现场面试方式进行招聘，招聘简章则要规定应聘者在约定时间、地点携带本人身份证件、有关学历等技术等级证件、本人近照等办理应聘手续。

5. 录用待遇。招聘简章中关于福利待遇的介绍对吸引应聘者起着重要作用。旅游企业应如实介绍，不能片面追求招聘来源而欺骗应聘者，否则其效果会适得其反。应聘者被企业录用后的待遇一般包括被录用人员的人事编制、工资福利及培训机会、晋升机会等。

6. 联系方式。包括企业地址、联系电话、联系人、电话、传真、电子邮箱、网址等内容。

(二)招聘书的编写原则

1. 真实。真实是招聘书编写的首要原则。招聘企业必须保证招聘书的内容客观、真实。对招聘书中所涉及的对录用人员的薪酬、福利等政策必须兑现。

2. 合法。招聘书中出现的信息要符合国家和地方的法律、法规和政策。

3. 简洁。招聘书的编写要简洁明了，重点突出招聘职位名称、任职资格、工作职责、薪资水平、福利待遇、联系方式等内容。

三、公关人员的招聘

人员招聘工作是一项系统的工程。完善的招聘工作程序是每家旅游企业做好招聘与录用工作的保证。旅游企业公关人员的招聘过程具体包括招聘、选拔与测试、录用与评估等方面，如图 2-9 所示。

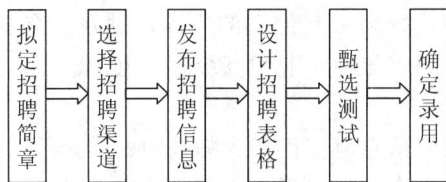

拟定招聘简章 → 选择招聘渠道 → 发布招聘信息 → 设计招聘表格 → 甄选测试 → 确定录用

图 2-9　企业招聘程序

(一)招聘原则

旅游企业员工招聘的黄金法则——给事找合适的人，给人找合适的事，即能岗匹配。

能岗匹配包含两个方面的含义，一是指某个人的能力完全胜任该岗位的要求，即所谓人得其职；二是指岗位所要求的能力，这个人完全具备，即所谓职得其人。旅游企业对于公关人员的招聘同样需要遵循这一原则。

(二)招聘渠道

旅游企业招聘渠道,主要有两类:内部招聘和外部招聘。这两种招聘渠道各有其优、缺点,在具体运用过程中,需要根据实际情况选择合适的渠道。

1. 内部招聘渠道

内部招聘渠道主要包括:员工晋升、工作调换、工作轮换、返聘等。

2. 外部招聘渠道

外部招聘渠道主要包括:求职者自荐、广告招聘、校园招聘、网络招聘、就业服务机构协助等。

3. 内、外部招聘渠道比较

<table>
<tr><th colspan="2">内 部 招 聘</th><th>外 部 招 聘</th></tr>
<tr><td rowspan="4">优点</td><td>1. 提高内部员工的积极性</td><td>1. 有较广泛的人才来源</td></tr>
<tr><td>2. 降低选择和适应性培训的成本</td><td>2. 可以给组织带来新思想</td></tr>
<tr><td>3. 提高员工的忠诚度,降低员工的离职率</td><td>3. 避免组织内部那些没能提升的人的积极性受挫,避免组织内部成员间的不团结</td></tr>
<tr><td>4. 管理者对应聘者的了解准确且全面</td><td>4. 可以节省对主管人员的培训费用</td></tr>
<tr><td rowspan="3">缺点</td><td>1. 可能引起落选者的不满情绪</td><td>1. 容易产生与外部应聘者不合作的现象</td></tr>
<tr><td>2. 入选者可能难以建立自己的声望</td><td>2. 应聘者对组织的了解需要一个过程</td></tr>
<tr><td>3. 不易吸收优秀人才和新鲜血液</td><td>3. 容易被应聘者的表面现象所蒙蔽</td></tr>
</table>

(三)招聘信息的发布

选择好招聘渠道以后,旅游企业就应该进行招聘信息的发布。招聘信息按照发布媒体的不同,可划分为广播、电视、报纸、杂志和网络等。

1. 广播与电视

在我国,旅游企业使用广播与电视发布招聘信息并不多。其主要原因是:第一,电视广告费用相当昂贵,仅用于招聘成本太高;第二,广播和电视在受众面前停留的时间有限,也不能被"剪下来"保存;第三,广播和电视的受众多,易于吸引过多的应聘者参与,从而加大招聘与录用工作的难度,同时在旅游企业招聘人数一定的情况下,众多的应聘者,也会产生较多的落选者,容易引起他们的不满,对旅游企业的公众形象会产生影响。因此,广播和电视主要用于招聘旅游企业的高级管理人才。

2. 报纸

报纸是旅游企业发布招聘信息时使用最为频繁的媒体,因为报纸的费用比电视广告的成本要低得多,但同样能吸引众多的申请者。其主要优点是:可以在不同时间、地点被多个不同的读者阅读,能够方便地复印抄写。

3. 行业或专业杂志

行业或专业杂志是旅游企业招聘专业的管理人员和技术人员的最佳选择。因为行业或专业杂志的读者,大多是与行业有关的专业人员,所以招聘广告的针对性就更强些。当旅游企业在这类杂志上发布招聘信息时,就会被目标公众所接受。

4. 网络

网络广告是一种新型的广告形式,将是未来招聘的一种时尚。旅游企业在网络上发布广告主要有两种途径：一种是在企业自身的网站上发布招聘广告，这可以将企业的每一个空缺岗位逐一列出，必要时还可以作适当的描述，可以清晰地罗列对应聘人员的资格要求，上述内容可以不受篇幅的限制，并且招聘广告发布的费用相当低，但是这类广告是否被有效地发布，与旅游企业自身的知名度和网站的知名度密切相关。因此只有名声较大的旅游企业才能很好地运用这种途径。另一种是在门户网站或者专业的招聘网站上发布招聘广告，这种广告的费用比前一种方式高，篇幅也有所限制，所以这类广告的内容要简明扼要，尤其是联系方式要清晰可见。

（四）甄选测试

在旅游企业公关人员招聘过程中，人员甄选是重要的一环。目前饭店常用的人员甄选技术有笔试、面试、管理评价中心技术、心理测试。

1. 笔试

笔试主要用于测验应聘者的基本知识、专业知识、管理知识以及综合分析能力、文字表达能力等。笔试的优点在于它花费时间少、效率高、成本低，对报考者知识、技术、能力的考查信度和效度较高，成绩评价较客观，因此笔试至今仍是旅游企业使用频率较高的人才选拔方法。

2. 面试

面试是由一个或多个人发起的搜集信息和评价求职者是否具备职位任职资格的对话过程。目前饭店招聘中通常使用非结构化面试、结构化面试、情境模拟面试和压力面试四种方法。

3. 管理评价中心技术

管理评价中心技术是近年来新兴的一种选拔高级管理人员和专业人才的人员甄选方法，它采用情境性的测评方法对被试者的特定行为进行观察和评价。测试人员根据岗位需求设置各种不同的模拟工作场景，让候选人参与，并考查他们的实际行为表现，以此作为人员甄选的依据。

4. 心理测试

心理测试是通过一系列的心理学方法来测量应试者的智力水平和性格特征的一种科学方法。旅游企业常用的心理测试方法有身体能力测试、人格测试、兴趣测试、成就测试等。

【职场案例】

案例一：国宾酒店招聘公关部经理

北京国宾酒店是一家拥有 500 余间客房的五星级国际型酒店，该酒店坐落于正在高速发展的京西商圈，距离天安门广场仅十分钟的车程，便捷的交通可使客人轻松抵达周边的高等学府、政府部门及高科技园区，优越的地理位置为商人、旅客的出行提供了方便。

工作地点：北京

工作经验：3～5 年

最低学历：本科

职位描述/要求：

1. 根据酒店市场公关总体战略计划，制定具体的公关目标和预算。准备能够达到目标的工作计划并保证公关部员工对计划有明确的了解。

2. 定期对比目标计划实现的实际情况并及时加以改正。

3. 协助销售部总监计划实施所有邮寄活动，并且检查执行情况。

4. 保证公关部工作手册的执行和用于工作的指导和培训中。

5. 保证酒店的标志手册及时更新并确保正确使用。

6. 进行月度的公关总结月报工作。

7. 联络市场销售总监，广告代理和市场部门，监督指导广告、印刷品和公关活动所需要的摄像照片。

8. 保证为广告、印刷和公关活动提供全面的图片需求，及时更新图片库的新图片。

9. 监督管理酒店内部的设计部的工作。

10. 协助和出版酒店通讯。

11. 监测竞争对手的日常活动和行业的动态。

12. 参与制订监管部门支出计划和实施情况。

13. 履行相应的其他被认为需要履行的职责并保证符合公共关系的状态。

联系方式：××××

传真：××××

（资料来源：中国公关网）

案例二："大衣怎样放"——一次公关部长聘任考试

某饭店准备聘用一名公关部长，经笔试筛选后，只剩下七名求职者等待专业技能的面试。面试限定每人在两分钟内对提出的问题做出回答。每一名求职者进入考场，主考官都说："请您把大衣放好，在我面前坐下！"其实房间里除了主考官使用的一桌一椅外，什么也没有。两名求职者不知所措，急得直掉眼泪，一名求职者脱下大衣放在主考官的桌上，然后说："还有什么问题吗？"结果这五名求职者都被淘汰了，原因是他们慌张失措，反应呆板，没有应变能力。第六名求职者听到提问后，环顾室内，先是一愣，旋即脱下大衣，往右手上一搭，躬身施礼，轻声说："既然没有椅子，就不用坐了，谢谢您的关心，我愿听候下一个问题。"此人守中略有攻，处事老练，只是机智不够，可先培养用于内，后则可对外。第七名求职者在听到发问后，眼睛一眨，把自己候坐的椅子搬进来，放在离考官一米远处，脱下大衣，折好放在椅背上。当"时间到"的铃声一响，他即起立致谢，便退出室外，把门关上。此人不用一言一语，却巧妙地回答了问题，被录取为公关部长。

（资料来源：沈莹．现代人力资源管理．北京：北京交通大学出版社，2007）

【情境模拟】

某旅游景区准备成立公关部，需要配备相应的公关人员。并把招聘计划报景区人力资源部，人力资源部首先要在网上发布招聘广告，请你帮助人力资源部起草一份公关部经理的招聘书。

【实战演练】

1. 针对饭店招聘公关经理的要求，帮助设计一些面试的问题，要求能够表现出应聘人员的公关从业素质。

2. 设计旅行社公关人员的招聘流程，并运用角色扮演的形式进行模拟。

工作任务三　旅游企业公关人员的培训

【任务导入】

某旅游景区公关部要制订本年度人员培训计划，公关部经理把这件事交给新分配的大学生小张来做，小张不知道该如何来做，请你从培训目的、培训对象、培训内容、培训时间、培训地点、培训形式、培训组织等方面帮助小张制订一份公关部年度人员培训计划。

【任务分析】

根据旅游企业公关人员的素质要求，结合企业的实际情况对公关人员进行培训，了解公关人员培训计划的内容，掌握培训计划的写作技巧。

【任务实施】

资讯：

1. 不同的旅游企业对公关人员的素质有哪些要求？

2. 公关人员培训包括哪些内容？如何制订培训计划？

3. 如何组织公关人员的培训？

决策：

1. 培训内容如何确定？

2. 决定采用哪种培训形式？

计划：

1. 如何进行人员分配？

2. 时间如何安排？

3. 解决步骤包括哪些？

4. 需要哪些设备和工具？

实施：

1. 对公关人员素质资料进行归纳、总结。

2. 制订公关人员培训计划。

3. 确定公关人员的培训内容。

4. 模拟公关人员培训。

检查：

1. 收集资料是否准确、全面？

2. 培训计划是否科学？

3. 培训内容是否合理？

4. 培训组织是否高效？

评估：

工作任务评估表

考评项目		自我评估	小组评估	教师评估
团队合作 40%	沟通能力			
	协作精神			
工作成果评定 30%	任务方案			
	实施过程			
	工具使用			
	完成情况			
工作态度 20%	工作纪律			
	敬业精神			
	有责任心			
工作角色、创新 10%	角色认知			
	创新精神			
综合评估 100%				

【知识链接】

一、公关人员培训计划的制订

公关人员的培训包括两种：一种是新进公关人员的培训；另一种是在职公关人员的培训。但无论是哪种培训，培训计划所包含的内容是一样的。主要有：

(一)培训目的

对新进公关人员培训的目的，主要是让员工尽快进入工作角色，开展公关工作；对在职公关人员进行培训的目的，主要是提升公关工作能力。

(二)培训对象

可以是饭店新进公关人员，也可以是饭店的在职公关人员。

(三)培训内容

关于培训内容主要有：

1. 知识培训

通过教育培训，要求培训对象掌握一定的公关专业理论、历史与实务知识，以及相关的学科知识。

2. 能力培训

如计算机的使用能力、语言表达能力、形象管理能力、传播与沟通的能力等。

3. 品性培训

主要包括心理品质培训、道德品质培训等。

(四)培训时间

培训时间主要有：

1．日常培训

每天利用班前会进行培训，或利用工作岗位进行随时的指导与培训。

2．定期培训

每个月、每半年或一年时间内，结合工作计划与组织目标，定期对员工进行公关知识与技能的培训。时间长短结合培训内容来确定。

3．不定期培训

根据社会对旅游行业公关人员的培训计划和培训时间安排，不定期对旅游企业的员工进行短期的集中脱产培训。

（五）培训地点

可以选择在饭店进行在岗培训，也可以送出去培训，也可以脱产进行集中培训。

（六）培训形式

可以请人力资源部的培训讲师或公关部经理进行培训，也可以请外面的学者、专家进行培训，也可以看录像。

二、公关人员培训内容的确定

培训内容的确定必须依据培训的目的来确定，不同的培训目的，培训内容也存在差异。一般而言，公关培训的内容有以下几个方面：

（一）公关意识的培训

公关意识，即公共关系意识也理解为公共关系观念、公共关系思想，是一种现代化经营管理和行政管理的思想、观念和原则，是一种开明的经营和管理观念，是一种全新的思维方式和交往方式的体现。

现代公关意识主要包括形象意识、公众意识、沟通意识、信誉意识、服务意识、责任意识、合作意识、创新意识、时效意识、战略意识、审美意识和信息意识。

（二）职业道德与心理素质培训

1．公关人员的职业道德

①奉公守法，遵守公德；

②敬业爱岗，忠于职责；

③坚持原则，处事公正；

④求真务实，高效勤奋；

⑤顾全大局，严守机密；

⑥维护信誉，光大形象；

⑦服务公众，贡献社会；

⑧精研业务，锐意创新。

2．公关人员的心理素质

①自信豁达的风度；

②开放的心理；

③良好的性格；

④广泛的兴趣；

⑤敏锐的思维。

(三)公关人员的业务知识培训

1. 公共关系专业知识

公共关系专业理论包括公共关系的概念、职能、要素、主体、客体、媒介、形象、礼仪等理论知识和实务知识。不具备这些专业知识，凭着好奇心和满腔热血就想搞好公关工作是不可能的，顶多也只能昙花一现。

2. 公共关系的相关知识

公共关系是一门新兴的综合性的边缘学科，相关学科很多，主要有管理学、传播学、社会学、心理学、市场营销学、广告学、美学、交际学、法学、经济学、演讲与写作、摄影、表演等。公共关系人员应广泛涉猎。

3. 公共关系专业技能知识

公共关系是一门实践性非常强的学科，要做好公关工作，公关从业人员必须具备相应的专业技能知识。主要包括宣传资料的设计、年报的编写、新闻报道的写作、摄影与采访技术、演讲、接待、礼仪和调查方法等技能知识。

(四)公关人员能力培训

1. 信息处理能力
2. 语言表达能力
3. 文字写作能力
4. 协调应变能力
5. 社会交往能力
6. 创意策划能力

(五)专项技能培训

1. 服务礼仪的培训

培训内容：公关人员的形象塑造

- 仪表与风度
- 口语、交谈之技巧
- 体语、风度与魅力
- 人际交往礼仪

2. 公关活动知识培训

培训内容：旅游企业公关活动

- 对内公关。目的是加强旅游企业内部人员的合作，借以提升企业的凝聚力和销售业绩，以完成企业的经营目标。
- 对外公关。目的是要强化与新闻媒体间的互动与配合，建立与消费大众之间的良好"客情"关系，借以不断招徕生意。
- 所在社区的公关。目的是建立彼此共生的整体观念，并能秉持"取之于社会，用之于社会"的理念。
- 政府机构的公关。目的是能配合政府政令的推动和整体经济建设计划的开展。

3. 公关接待技巧培训

培训内容：旅游团体接待工作程序要求以及 VIP 接待工作程序要求

- 旅游团体接待工作程序

(1)预订和接待。包括：预报与确认；准备工作；接团。

(2)与旅行社的书信、传真来往和签订合同。

(3)文件档案工作。

- 政府代表团、商务散客、长住客接待工作程序

(1)政府团的接待。

(2)散客订房。

(3)长住客订房。

- 重要客人(VIP)接待工作程序

(1)贵宾抵店前。

(2)贵宾抵店时。

(3)贵宾离店时。

4.公关形象与技巧培训

培训内容：公关形象与技巧

- 公关产生与发展的条件
- 人际交流技巧
- 个体形象再造
- 公众形象探析

5.新闻信息写作培训

培训内容：新闻信息写作

- 公关新闻的结构
- 公关新闻的写作技巧

三、公关人员培训的组织

(一)培训需求分析

需求分析是培训流程中的一个重要链条，代表培训的方向。

进行培训需求分析前首先要进行培训需求调查。调查方法有数据统计法、沟通法和问卷法。

培训需求分析完成后，要撰写《培训需求分析报告》，阐述培训岗位中存在的共性、个性问题及解决方法。

(二)培训课程设置

培训课程设置要有针对性和实用性，遵循"因地制宜""缺什么，补什么"的原则，力争解决培训人员中存在的共性和个性问题，并辅以提高受训人员的基本素质和背景性的广度知识，做到科学合理、对症下药。

培训课程的设置要注意：

1.根据不同的培训目的，设置不同的培训课程。

2.根据部门人员的岗位素质要求，设置不同的课程。

进行课程设置时，要注重授课形式的有机结合。可以将课堂教学、案例教学、现场实习、讨论交流、课堂作业、模拟性练习、做游戏或竞赛、角色扮演、心理测试、小组活动等形式相结合，使培训灵活、新颖。

(三)培训计划制订

培训计划包括培训目的、培训需求分析、受训对象、报到时间、地点、课程安排、授课教师、培训时限、经费预算、培训教具、车辆需求、考核方式等内容。

培训计划制订要求全面、细致、科学,可操作性强。

培训计划编写完成后,报请主管领导审批后执行。

制订培训计划时应注意以下事项:

1. 培训目的是提高人员工作效率还是完成培训工作本身?

2. 培训组织实施前,是否掌握受训人员中存在的共性和个性问题?

3. 是否通过培训提高人员的理论水平和实际工作能力,在日后工作中可将意外事故降低到最小限度?

决定培训授课方法时须注意两点:

1. 讲授是传播知识的最佳方法。

2. 示范是培训技能的最佳方法。

培训结束后,必须检验是否达到原定目标:

1. 培训成果是否达到原定目标?

2. 是否有充足时间,检查受训者的学习进度?

(四)培训组织实施

在计划实施过程中,组织者要严格监控各项工作的进展情况,遇到疑难或特殊情况要及时处理或向上级汇报。

培训准备阶段要做好以下工作:

1. 起草、下发培训活动组织文件(通知、宣传材料);

2. 确定培训活动举行地点;

3. 明确培训活动开始和持续时间;

4. 通知需要参加活动的单位(人员)及注意事项;

5. 培训师资联系或培训;

6. 准备好活动需要分发的学习材料或教材;

7. 培训活动场地的联系及布置;

8. 外地参加培训活动人员住宿、就餐地点预订;

9. 经费预算、物资保障预算;

10. 向有关领导(部门)汇报活动准备情况;

11. 制定培训活动程序册。

培训活动举行前要做好以下工作:

1. 检查各项准备工作任务的落实情况;

2. 组织报到,发听课证,发放培训学员教材、用具,如果收费要进行费用收缴,分发培训活动程序册;

3. 教师、培训人员接待。

培训活动举行阶段要做好以下工作:

1. 培训活动开课前要清点培训人数;

2. 宣布会场纪律、议程,介绍到会领导等;

3. 领导动员讲话；

4. 组织教学、讨论、交流或参观，协调处理培训的有关事项；

5. 加强培训次序管理（到课人数清点、签到，课堂次序管理，业余时间安全）；

6. 后勤服务保障（住宿、就餐）；

7. 培训人员成绩评定；

8. 举行结业典礼，颁发结业证书。

活动收尾阶段要做好以下工作：

1. 进行培训总结；

2. 向培训单位寄发培训学员评定表；

3. 经费物资结算、决算（支付培训外聘教师课时费）。

(五)培训效果评估

培训效果评估是对培训全过程进行一次检验和总结。可以找出组织者有哪些不足和缺点；受训者有哪些收获和提高，为下次更好地培训总结经验教训。

培训效果评估包括两部分：

1. 培训成效评估，包括对授课内容、受训人员、培训需求、组织程度、培训成本等进行评估；

2. 对培训讲师的评估。

(六)其他

培训结束后，必须建立员工培训档案，以备日后考核时作为参考资料。同时对培训情况进行小结，并将培训情况以文件形式进行通报。通报内容应包括：培训的主题、主要课程设置、培训中发现的问题、优秀学员名单，并以附件形式通报全体参训人员测试成绩。

【职场案例】

案例一：公关培训计划

为了打造金港湾这一高端的娱乐品牌，在优质的硬件基础上，建立一个完善的营销管理团队。针对目前公关人员的个人素质及包厢服务的水准，特制订公关培训计划，借以提高公关人员的整体服务质量。

具体培训内容：

一、什么是仪容、仪表、仪态

二、礼仪、礼貌、礼节的概念

三、规范的试台，做台（统一化）

四、如何提高上班时的服务质量

五、签到的方式及台票的购买流程

六、公关部的各项规章制度说明

七、处理客人投诉

八、关于服务质量的总结

以上为培训计划的内容，培训时间及场所另行制订。

（资料来源：http://wenku.baidu.com/）

案例二：晋祠国宾馆公关礼仪培训

时间：2010 年 6 月 30 日—7 月 5 日

下午 5：00—6：00

地点：二楼会议室

参加培训人员：宾馆中层以及管理人员以及全体公关人员

形式：多媒体播放

主讲：金正昆（中国人民大学教授）

培训内容：

01—礼仪就在你身边　　　　（6 月 30 日）

02—人际交往法则（上）　　（7 月 1 日）

03—人际交往法则（下）　　（7 月 2 日）

04—座次礼仪　　　　　　　（7 月 3 日）

05—宴会礼仪　　　　　　　（7 月 4 日）

06—酒水礼仪　　　　　　　（7 月 5 日）

要求：

1. 参加培训人员要严格遵守培训时间，如有特殊情况向总经理请示。

2. 培训期间请关闭手机或是调成振动模式，禁止说话。

3. 各公司于 2010 年 6 月 28 日 16 时前将参加培训人员名单上报总办。

（资料来源：晋祠国宾馆）

【情境模拟】

某饭店拟对在职的公关人员进行公关接待技巧培训，请你以此为主题撰写一份公关培训计划，要求格式规范，内容全面。

【实战演练】

1. 以当地的某家旅行社为背景，撰写一份公关新闻写作培训计划。

2. 制订一份酒店管理公司公关人员培训组织方案。包括培训需求分析、培训课程设置、培训计划制订、培训组织实施、培训效果评估等内容。

3. 以"我的饭店，我公关"为话题，组织一场演讲比赛，培养学生收集信息的能力、口头表达能力和应变能力。

4. 如果让你来主持一个饭店公关人员招聘会，通过面试和笔试来选择公关人员，你会怎么做？请设计一下笔试的问题和面试的内容。

学习情境三

旅游公关接待

●●●● **情境描述**

公关人员是旅游企业的形象代表。其开展公关工作的主要任务之一是做好接待工作。这项工作做得好，会使公众满意，进而对旅游企业产生良好印象；反之，则会使企业声誉受损，进而影响企业形象。本学习情境通过来访接待、电话接待、会议接待、参观接待等工作任务的学习，使学生掌握旅游公关接待的要点与技巧。

●●●● **职业能力目标**

专业能力：

能够熟悉当面接待的流程；

能够掌握当面接待的礼仪；

能够了解电话接待的要求；

能够正确地接听、拨打电话；

能够熟悉会议接待的流程；

能够掌握会议接待的技巧；

能够了解宴会接待的种类与流程；

能够掌握宴会接待的要点。

方法能力：

能够灵活应对各类客人；

能够熟练地应对各种类型的电话；

能够规范、高效地接待各种类型的会议；

能够接待不同类型、不同规格的宴会。

社会能力：

具有敏锐的洞察力和观察力；

具有良好的沟通和语言表达能力；

具有团队合作意识和合作能力；

具有处理和谐人际关系的能力。

工作任务一　来访接待

【任务导入】

某旅行社门市部来了一些客人，要咨询旅游事宜，小王是门市部的一名员工，迅速地接待了客人，面对不同的客人，她灵活应变，业务娴熟，每个客人都满意而归。在短短的几分钟时间内，她就拿了几单业务。小李是新入职的员工，看到小王出色的表现，也非常羡慕，因此，她向小王请教，来了客人，应该如何进行接待？如果你是小王，你如何来告诉小李？

【任务分析】

以某旅游企业为背景，针对来访客人的特点，公关人员在接待工作中应采用一些不同的接待方式。掌握不同客人的接待流程及注意事项，同时要注意接待过程中的礼仪与形象。

【任务实施】

资讯：

1. 来访接待的流程与注意事项有哪些？

2. 接待来访的礼仪包括哪些内容？

3. 针对不同的来访客人，应该采用什么样的接待方式？

决策：

1. 如何接待散客？

2. 如何接待团队客人？

3. 如何接待外宾？

计划：

1. 如何进行人员分工？

2. 如何进行时间安排？

3. 如何进行任务分工？

4. 如何进行角色扮演？

实施：

1. 散客接待训练。

2. 团队客人接待训练。

3. 外宾接待训练。

检查：

1. 接待流程是否规范？

2. 接待礼仪是否到位？

3. 接待方式是否科学、合理？

评估：

工作任务评估表

考评项目		自我评估	小组评估	教师评估
团队合作 40%	沟通能力			
	协作精神			
工作成果评定 30%	任务方案			
	实施过程			
	工具使用			
	完成情况			
工作态度 20%	工作纪律			
	敬业精神			
	有责任心			
工作角色、创新 10%	角色认知			
	创新精神			
综合评估 100%				

【知识链接】

一、旅游接待服务工作的特点

(一)服务的含义

服务是以劳动的直接形式创造使用价值，满足人们需要的一种劳动方式。

(二)接待服务的特点

1. 接待服务与客人消费的同步性

接待服务产品的生产过程与客人消费过程在时间上和空间上是同步进行的。生产过程就是消费过程，消费者也介入生产过程中。一般分为三种不同的表现形式。

一是运动形式的接待服务。例如导游接待服务、前厅接待服务、康乐接待服务、美发美容接待服务等，其生产和消费的同步性表现得最为充分。这种接待服务产品，生产过程就是客人的消费过程，生产一旦结束，接待服务产品就趋于无形了。

二是实物形式的接待服务。从形式上看是先生产后消费，但生产和消费的距离在时间和空间上趋于零。例如厨房烹饪产品，生产后立即送入餐厅消费。这种后台生产、前台消费，可以认为是边生产、边消费。

三是附着形式的接待服务。生产与消费之间的间隔时间很短，如洗衣服务、维修服务等。

以上三种形式消费者都介入服务劳动过程中。

2. 接待服务产品的不可储存性

接待服务是以劳动直接形式创造使用价值，以活劳动消耗为主。客人需要什么样的接待服务，只有当他们到达目的地后，确定需要什么样的服务，接待服务才能开始进行，并按照客人的要求提供具体的服务，其产品就是服务劳动使用价值。

由于提供的服务产品在生产过程中已被客人消费了，产品的价值不能储存，在规定的时间内卖不出去，就自然失去了当天的效用，也就失去了当天的价值。

但是，对于经营管理者及服务者而言，为了维护其服务劳动不致中断，保证其生产和再生产的持续性，储存是需要的，这种储存不是接待服务产品本身，而是服务产品的生产能力。但接待服务产品本身是不可储存的。

3. 接待服务过程的难控性

接待服务是为他人提供的。接待服务者必须根据他人的需要，按照他人的需求，提供最恰当的服务。这就使接待的服务方式具有较大的差异性，服务者既要按行业的性质、特点、等级及物质技术条件提供服务，又要根据客人的好恶、习惯和心理需求等具体情况来提供个性化的服务。接待服务具有明显的感受性和过程的难控性的特征。

(三)旅游接待服务的特点

旅游是一种具有较高文化层次的经济行为，又是具有较强经济性质的文化行为，而旅游接待服务是使旅游者的行为成为现实的一种必要手段。旅游接待服务是以一定的物质资料为凭借，为满足旅游者食、住、行、娱、游、购等各种消费活动所提供的服务。其特点除具有一般接待服务的共同特点外，还有以下四方面的特点：

1. 旅游接待服务范围的广泛性

现代旅游业是一项综合性强、跨度大的服务性行业。旅游接待服务贯穿旅游活动的全过程。例如旅游者准备外出旅游时，需要宣传、咨询服务；参加团队(或散客)旅游时，需要旅行社提供服务；旅游活动开始时，需要交通服务；到达旅游目的地时，需要海关、导游、宾馆饭店等服务；在旅游目的地的旅游活动中，又需要旅游的车(船)、景区(点)、游览、导游、购物、饮食、康乐等一系列服务，直到旅游结束，时时刻刻都离不开接待服务。服务的涉及面广。因此只有加强行业管理，执行旅游服务质量等级标准，搞好宏观调控，注意各行业(部门)间的协调与衔接，才能适应旅游者的消费需求。

2. 旅游接待服务过程的关联性

现代旅游是以客人的旅游活动过程为主线提供服务的。旅游者在旅游活动的不同阶段和不同环节，所需求的各种接待服务是相互联系、相互依存、互为条件的。例如旅行社提供客源组织和游览参观服务，旅游交通提供客运服务，宾馆饭店提供食宿娱乐服务，旅游商店提供购物服务，各游览点提供参观服务等，任何一个环节发生故障或质量问题，都会影响其接待服务的对象。对于一家旅游企业，接待服务过程也是互相关联的。例如饭店前厅、客房、餐饮、娱乐、工程、保安等部门只有密切协作，相互依存和配合，才能获得最佳服务效果。因此，在服务质量等级标准的制定和检查评定中均要从整体效果来衡量。

3. 旅游接待服务方式的多样性

现代旅游者的消费需求具有多样性的特征。这就给旅游接待服务带来接待服务方式的多样性。不仅旅游过程的"六大要素"实现过程中接待服务方式不同，就是同一要素过程的接待服务也各有不同。例如同样是"食"，就有"中吃""西吃""风味小吃"等接待服务方式的不同；同样是"住"，就有星级饭店、商业饭店、度假饭店等接待服务内容的不同；同样是"行"，就有飞机、火车、轮船和汽车的接待服务方式区别。因此，在接待服务方式、内容、特点及要求上有各种不同的接待服务程序和操作规范。

4. 旅游接待服务过程的复杂性

旅游接待服务的对象是人，他们既是消费者又是服务质量的最终评判者，这就使接待服务过程变得异常复杂。主要受以下几方面因素的制约：

（1）客人层次。旅游接待的客人有国家高级官员、海外游客、国内游客，他们的经济条件、消费水平及消费结构、风俗习惯和要求各有差异。

（2）客人需求变换。旅游接待服务是面对个人消费，他们的消费需求各不相同，而又多变。

（3）意外情况。旅游接待服务过程，随时可能发生意外情况。例如宾馆饭店的电梯出故障；车船事故；餐饮食物中毒等都会引起客人身心健康乃至生命安全的问题。这些意外情况或事故，虽然不是直接的接待服务，但处理不妥，会导致整个接待过程的中断。

因此，有必要对客人提供针对性服务，体现"宾客至上"的原则。

二、旅游接待人员礼貌修养

礼貌修养是一个人道德的外在表现形式之一。一个人能否真正做到礼貌待人，这与其礼貌修养程度密切相关。旅游工作者的礼貌修养应表现出六个基本原则：

(一)真诚平等原则

真诚即真心诚实、诚心待人、心口如一，不虚情假意，口是心非。礼节礼貌不是做表面文章，而是要通过礼貌行为来体现对别人的尊重，对他人的诚意。反之，如果把礼节礼貌仅仅看成一种形式，内心并没有认识到对别人应该尊重，那就无法使自己真正做到礼貌待人。对人格的尊重，平等是基础，没有平等的待遇，就有受辱受轻蔑之感，得不到尊重与承认，同样就失去了礼仪的作用。平等是人与人交往时建立感情和友谊的基础，是保持良好人际关系的诀窍。平等交往中要注意不骄狂，不我行我素，不自以为是，不厚此薄彼，不以貌取人，不以地位、职业、权势钱财取人或压人，而应该时时处处平等谦和，不卑不亢，不欺不媚，公平公正。

(二)自信自律原则

自信是社交场合中一份可贵的心理素质，是社交成功的基础。一个有充分自信心的人，才能在交往礼仪中不卑不亢、落落大方，遇到强者不自惭，遇到弱者会同情，遭遇磨难不气馁，碰到侮辱敢挺身还击。自信的原则，也是社交礼仪中的一个健康心理的原则，唯有对自己充满信心，才能在施行礼仪中游刃有余。自律就是自己约束自己，实现自我教育、自我管理、自我反省，在自己的心中有道德修养的尺度和行为准则，表里如一，人前人后一个样，使礼仪举止形成自然习惯，在社交中自然流露。由社会、他人"要我做"变为"我要做""我应当做"。

（三）守信遵时原则

守信就是讲信用。孔子曾言"民无信不立，与明支交，言而有信"。强调的就是守信原则。守信是我们中华民族的传统美德，也是世界上大多数国家的传统习惯。与人约定要守信、守约，答应的事情一定办到，允诺的事要践诺。正所谓"言必信，行必果"。故在社会交往中，没有十分把握就不要轻易许诺。许诺必须做到，所谓"君子一言，驷马难追"就是这个道理。

现代社会生活节奏快，要求一切公共生活不仅应有井然的秩序，还要有准确的时间观念。没有准确时间观念，漫不经心，拖拉缓慢，是人际交往中比较忌讳的。珍惜时间、遵守时间，是尊重别人的表现。迟到、不守时都是对别人的轻视和不尊重。

国际交往中，人们最注重守信的一个礼节就是准时、守时。在旅游服务接待中，规定的迎送时间、服务时间不能延误，凡宾客约定的服务时间，一般不轻易改动，不得已改动，也需提早告知，并解释清楚，尽量避免对方产生误会。

（四）适度合宜原则

适度就是分寸恰当，根据不同的亲疏对象灵活施行运用礼节。与人交往，既要彬彬有礼，又不能唯唯诺诺、低三下四；既要热情大方，又不能过分热情让人消受不起，失之于轻浮诡谀；要自尊但不能自负，要坦诚但不能毫无顾忌，要信任人但不能轻信，要活泼但不能轻浮，要谦虚但不能拘谨，要老练持重但又不能圆滑世故。

合宜指礼仪要坚持因时、因地、因人而异的原则。合宜才能真正体现礼仪的本质，否则就可能"礼多人也怪"。

（五）遵守公德原则

公德是一个社会的公民为维护整个社会生活的正常秩序而共同遵循的最简单、最基本的公共生活准则。公德实际上是社会法律之外的又一种带有约束力、无形强制力的行为规范。在公共场所遵守公德，表现了人与人之间的互相尊重及对社会的责任感、爱心。遵守公德是文明公民应具备的起码的道德品质，也是一种礼仪行为。

公德的内容包括了爱护国家财产、爱护公物、遵守公共秩序、救死扶伤、驱邪扶正、除暴安良、有正义感和同情心，同情弱小受害者，鄙视丑恶现象等。社会公德既反映社会生活本身的规律与内在要求，又吻合了社会绝大多数成员的利益和愿望。因此社会公德对大家都具约束力，是化解矛盾、协调愿望的准则。

（六）理解宽容原则

理解就是善解人意，就是懂得别人的思想、感情、愿望，理解别人的立场、观点、态度。理解是对别人心灵深处的喜、怒、哀、乐，能察言观色，心领神会，能换位思考、体谅别人。

理解别人应重在理解别人的性格气质，理解与自己风格禀性不同，理解自己看不惯、不喜欢的人和事，理解有缺陷、有隐衷、地位低、收入少、有自卑感的人。理解时应注意不主观猜测臆断，曲解别人的意思。只有让人感到你是理解他的，别人才能信赖你，把你当作可信的朋友，与你交往。

宽容是理解的升华，是理解的结果。宽容是人生修养与礼貌修养的较高境界，是一种博大的胸怀和思想，是创造和谐人际关系的法宝。我们不能要求别人都按自己的喜爱、风格、为人处世的方法生活，故不强求人人都使自己满意。宽容常能使失礼者、有错误言行的人们反省，对宽容的举动表示惭愧感激，更加尊重你而愿交往。宽容不是无限的，无限的宽容会丧失原则标准，会纵容错误。对邪恶丑行不能宽容，要与之斗争，否则就会丧失道德标准和人格。

三、旅游服务中的礼节规范

(一)体现在语言上的礼节规范

1. 说好第一句话

首次同客人见面或接触，说第一句话要主动热情，使服务工作一开始就在良好的气氛中进行，给客人留下愉快、亲切的感觉。具体要做到：

(1)称呼恰当——根据接待对象的不同情况称呼客人

①男士一般称先生，未婚妇女称小姐，已婚妇女称太太；

②对于无法确认是否已婚的妇女，不管其年龄多大，均可称女士；

③不知道客人姓氏时，可称"这位先生/这位女士"；

④称呼第三者不可用"他/她"，而要称呼"那位先生或那位小姐"；

⑤只有少数社会名流才能称"夫人"；

⑥对客人称"你的先生/你的太太"是不礼貌的，应称"某先生/某太太"。

(2)问候亲切——根据不同场合选择不同的问候语言

例如与外宾初次相见时应主动说："您好！欢迎到中国来"。"女士们、先生们欢迎你们光临我们餐厅"等。一天中不同时刻遇见宾客可分别说："早上好""下午好""晚上好"。根据工作情况的需要，在使用上述问候语的同时，还应连用一些礼貌服务用语，如"早上好，先生，您有什么吩咐吗？""您好，小姐，要我帮您提行李吗？"并应该注意，不同国家、民族有不同的礼节用语，不可滥用，如"你吃过饭了吗？""你上哪儿去啊？"这类我们中国人当作问候的话不宜对外宾用。

(3)表情自然——面部表情自然大方，不故意做作

①时刻面带微笑；

②精神饱满，不带倦意；

③说话时不可太夸张，不过分喜怒形于色；

④跟客人交谈时，保持恰当的目光，目光停留在客人眼睛和双肩之间的三角区域。

2. 使用简明扼要、自然流畅的语言

同客人交谈、回答客人问题、询问客人需要、处理客人投诉等应选择正确的词句，根据不同场合、情境的变化用词造句，使客人听了顺耳、舒适。例如，服务接待人员在回答宾客问题时，若宾客的语速过快或含混不清，可以亲切地说："对不起，请您说慢一点"；"对不起，请您再说一遍好吗？"而不能说："我们听不懂，你找别人去。"也不能表示出不耐烦、急躁或恐慌的神色，以免造成不必要的误会。对宾客提出的问题要真正明白后再作适当的问答，绝不可以不懂装懂，答非所问；对于一时回答不了的问题，可先向宾客致歉，待查询或请示后再向询问者做出回答；同欧美客人谈话，作承诺的态度要鲜明，不要含糊其词；对宾客过分或无理的要求要沉住气，婉言谢绝。如可以说："很抱歉，我无法满足您的这种要求。""这件事我需要同主管商量一下"等。要时时表现出有教养、有风度，又很热情。

说话时语言要自然流畅，合乎逻辑，简明扼要地表达清楚，不要含混不清，反反复复，以免造成误会。

3. 注意语音语调和语气

同宾客说话要注意语音语调，做到说话清晰、声调温和。多用请求、建议、劝告式的语调和语气，不用命令、训诫式语气。在任何时候都不用简单的否定语言回绝客人的要求，如"不行"、"没有"、"办不到"等。也不要用过高或过低的音调同客人交谈。有时，语音语调还可以表现出一个人的职业岗位特点。例如在导游讲解时，声调要高低搭配，抑扬起伏，顿挫得当。

(二)体现在行为举止方面的礼节规范

1. 礼貌修养和礼貌服务

旅游服务人员必须具有良好的礼貌修养。掌握主要客源国家和地区的风俗习惯和礼仪知识。在接待服务过程中，能够区别不同时间、场合、情景、接待对象和客人风俗，正确运用问候礼节、称呼礼节、应答礼节、迎接礼节、操作礼节，体现旅游服务的水平。

(1)接待客人

接待客人要谦虚有礼、落落大方，表情自然、不卑不亢，既不低三下四，也不过分拘谨。见到客人，主动问好，用词准确，说话得体，语言亲切，态度和蔼，面带微笑。

(2)日常服务

日常服务包括尊重客人风俗习惯和宗教信仰。对客人服饰、面貌、形体、不同习惯和不同宗教信仰的动作、语言，不讥笑，不评头论足。服务操作规范，不大声喧哗、聚众说笑。动作轻稳、不随意打扰客人。进入客房应先敲门，服务操作时不乱翻、乱动客人物品。操作过程中处处体现礼貌。

(3)遵守时间

参加活动、约请宾客或按宾客提出的时间提供某种服务，均应严格遵守时间，不随意拖拉、延误，无失约现象发生。

(4)尊重妇女、照顾老弱

尊重西方客人"女士优先"的习惯。对带小孩的客人特别照顾，未经客人允许，不随意挑逗客人小孩，不随意摸小孩的头部，以免引起宾客的不满。对老弱病残、行动不便的宾客，礼貌尊重，照顾耐心，服务周到。

(5)个人礼貌习惯

旅游服务人员要有良好的习惯。不在工作时吸烟，不在客人面前吃东西、打喷嚏、挖耳、搔痒、脱鞋。上班前不吃葱、蒜等有刺激性味的食物。不饮酒，以免引起客人的不舒适。

(6)需要忌讳的不礼貌行为

不打听外国客人的年龄、私事、收入、婚姻状况、志向等。注意客人对数字、颜色、花卉等方面的忌讳。

2. 举止要求

(1)站姿

男员工站立时两眼正视前方，头微上仰，挺胸收腹，两手自然交叉于背后，双脚分开，与肩同宽或比肩膀略窄。女员工站立时两眼正视前方，头微上仰，挺胸收腹，两手交叉于腹前，右手掌要搭在左手背上，两手的虎口靠拢，指尖微曲，双脚成"V"字形。

（2）坐姿

与宾客交谈或其他活动需要坐下时，要保持上身挺直，坐姿优美端正。入座前轻移座椅、摆好位置，后脚后撤半步，平稳自然坐下。面对客人入座，只坐椅子的2/3，如座位方向与客人不同，应侧身面对客人。坐下后不前俯后仰、身体扭曲，不摇腿跷腿，不将腿放在椅子、沙发扶手或茶几上，给客人以文雅大方的感觉。

（3）行走姿势

行走时步子要自然、稳健、轻便，不能走八字步、丁字步、时装步、小碎步。速度适中，注意前方，防止与人冲撞。路遇客人，面带微笑，主动问好，侧身礼让。引导客人行进，用手指引方向，走在客人左前方或侧身略向客人，保持1.5～2步距离，一般不与客人并排行走。在饭店，除特殊情况外，一律不能走急步，更不能跑。

（4）表情

坚持微笑服务，笑得自然、笑得真诚。眼神运用要准确、得当，不能表情冷漠、反应迟钝。

（5）手势和动作

手势运用要正确、规范、优美、自然。手势要配合语言运用，手势不可太多，动作幅度不宜过大。手势运用要尊重宾客风俗习惯，使宾客能够理解，并体现自己的个人修养。例如，为客人指示方向时应：拇指弯曲，紧贴食指，另四指并拢伸直；手臂伸直，指尖朝所指的方向；男员工出手有力，女员工出手优雅。

（6）人际距离

在和宾客交往过程中，要注意个人空间，一般与客人交谈时，与客人相距60～100厘米。

（7）需要禁止的行为举止

服务过程中不在宾客面前打哈欠、伸懒腰、抠鼻子、挖耳、揉眼；不在宾客面前剔牙、打饱嗝、抓头皮、修指甲、照镜子；不随地吐痰、乱扔果皮、纸屑、烟头、杂物。

(三)体现在个人仪容仪表方面的礼节规范

1. 对服装方面的基本要求

（1）上班在岗穿着制服

制服保持笔挺，不可有皱褶；不可挽起袖子或裤管；衬衫扣子应扣紧，下摆塞入裤内；内衣、紧身衣不可露出制服外；制服应全部穿戴整齐，不可缺少其中一件；非工作需要，不可把制服穿出工作的单位，如饭店。

（2）穿制服要佩戴工号牌

工号牌应佩戴在左胸上方；工号牌应戴在一条直线上，不能歪斜。

（3）保持鞋袜整洁

鞋子要经常刷擦，保持干净；鞋带系好，不可拖拉于脚上；男员工穿深色袜子；女员工穿肉色袜子；袜子应每天更换。

（4）着装禁忌

同宾客交往时，不得袒胸露怀，不得光脚穿凉鞋，也不应穿球鞋、雨鞋、拖鞋，不得戴墨镜等。在不要求穿工作制服的时间和场所中，也不应穿奇装异服、紧身衣、超短裙、有破洞或补丁的衣裤等。

2. 修饰方面的基本要求

对于旅游服务接待工作人员来说，外貌修饰是很必要的。适宜的外貌修饰，会使自己容光焕发，充满活力。但是女员工上岗前化妆应注意：

(1)只能化淡妆；

(2)不可使用味浓、有刺激性的化妆品；

(3)不可使用香水。

女员工上岗前头发修饰应注意：

(1)头发整洁，没有气味、头屑少；

(2)发型优美，发质有光泽，在饭店工作不留过肩长发；

(3)额前头发不可过长挡住视线；

(4)不把头发染成其他颜色。

男员工上岗前头发修饰应注意：

(1)头发整洁，头屑少，没有气味；

(2)发型优美，头发长度不能过眉、过耳、过后衣领。

佩戴饰物时应注意：

(1)上班时间不可戴戒指、耳环、手链、手镯、脚链，耳朵已穿孔者，可戴小的耳钉；

(2)女员工不戴过于花哨的头箍和头花；

(3)手表以不抢眼为宜。

3. 个人卫生方面的基本要求

(1)不可留长指甲，不可涂指甲油，指甲修剪为椭圆形；

(2)双手清洁，不可有污渍、笔迹；

(3)严禁吃有异味的食物，保持口腔清新；

(4)男员工每天都要剃胡须；

(5)经常洗澡，身上不能有异味。

四、接待来访流程

(一)接待来访个人的流程

1. 起立招呼，使用礼貌用语。

2. 让座倒茶。

3. 询问来访人姓名、单位、身份、来访目的、是否预约。

4. 是否安排工作餐或宴请订餐。

5. 接待完毕、礼貌送客。

6. 按宾客身份分送至办公室门口、楼(电梯)口、公司大门口。

7. 填写访客记录，必要时向领导汇报。

(二)接待来访团体的流程

1. 接待准备。了解客人基本情况，确定迎送规格，布置接待环境，做好迎宾安排。

2. 食宿安排。在客人尚未抵达前就安排好食宿，根据客人的民族习俗、身份及要求等，本着交通便利、吃住方便的原则，制订具体安排计划。

3. 迎接客人。一般客人可由业务部门或办公室人员去车站(机场、码头等)迎接，重要客人应安排有关领导前往迎接。迎接时应率先向来宾握手致意，表示欢迎。

4. 安顿客人。客人抵达后，应先安置其休息。如果是本地来宾，可在单位会议室或接待室稍作休息，并提供茶水等；若是远道而来的客人，应先把客人引进事先安排的客房休息。

5. 协调日程。客人食宿安排就绪后，对一般客人可由接待人员出面协调活动日程。接待人员向来宾告别前，应把就餐地点、时间告诉客人，并留下彼此的联系方式，以便随时联系。

6. 组织活动。按照日程安排精心做好各项工作和活动，对客人提出的意见要及时向领导反馈，客人提出的要求要尽可能满足。

7. 安排返程。了解客人离程时间后，要及早预订机票、车船票，安排送行人员和车辆。到达车站（机场、码头）后，要妥善安排好客人的等候休息，等客人登车（机、船）后方可离开。

（三）涉外接待流程

1. 前期准备。确定来访人员人数、姓名、性别、职务、停留时间等（必要时为其出具邀请函）；根据来访人员情况确定参加接待领导，并制定接待日程；客人到达后及时将外文日程发给来访客人。

2. 接站。根据来访人员及行李情况预订车辆，并根据客人姓名准备接机牌；确认来访人员抵达的准确时间。

3. 住宿。选择适宜的宾馆，确定房间标准、房号；确认水果准备及早餐预订。

4. 宴请。确认参加宴请的单位领导及有关负责人，核清人数，准备台签；预订宴会时间、地点、标准，根据客人需要确认饮食禁忌；准备向来宾赠送的礼品。

5. 会谈。定做并悬挂横幅，利用投影制作迎宾标语；准备接待室，包括卫生、通风、空调、座位等；确认参加会谈领导；准备茶水、水果、光盘、国旗、企业画册、礼品、相机、桌签及出席人员名片等；如签署协议，则另外准备中外文协议书、协议夹、签字笔等；查阅来访人员所在公司或机构基本情况，制定会谈提纲供出席领导参阅；联系宣传部门（电视台、校报）及其他有关部门与会；翻译工作（纸、笔及与会谈有关的背景资料）。

6. 参观。确定公司内参观路线，通知到具体各职能部门联系人；确定省、市内参观景点；订车，并确定用车计划。

7. 送站。预购机票、火车票；订车送站。

8. 总结。将来访团组情况进行登记，并记录送出和接收礼品信息；拟定来访团组接待报道，发新闻报道。

五、接待中的注意事项

1. 热情接待。来访者无论身份如何、目的如何，都"来者是客"，都应热情接待。这不仅涉及企业形象问题，同时对工作能否顺利开展也有很大影响。切不可让客人坐"冷板凳"，或以貌取人，言辞不周。客人到来时，接待者要起立，主动握手，表示欢迎。

2. 善于倾听。接待过程中，要善于倾听客人的谈话，在客人讲话过程中，正视对方，适时地以点头表示尊重，且一举一动都要表示出在认真听对方的陈述，切忌让客人有被怠慢的感觉。

3. 尽可能不接电话。在接待客人时，不停地接听电话，打断对方讲话都是一种不礼貌的行为，所以要尽量避免。如有重要电话，应先向客人说"对不起"，在得到客人谅解后再接听，且要长话短说。

4. 尊重与沟通。交谈过程中，不要随意打断、驳斥对方，也不要轻易许诺。不同意对方的观点，要克制情绪，委婉地表达自己的意见。意见一致时也不要喜形于色。同时能马上答复或解决的事不要故意拖延时间，暂不能解决的，应告诉对方一个解决方案，约定一下时间再联系。

5. 难题的处理。如果在交谈中出现某些使自己为难的场面，可以直截了当地拒绝某一要求，也可以含蓄地暗示自己无法做到，请求对方理解。但要注意方式和态度，尽量不要让对方误认为是瞧不起或有能力而不愿意帮忙，如果想结束会见而对方又未察觉，可以婉言告之"对不起，我还有个十分重要的会议"等，也可以用身体语言提示对方，如间隔性地看表等。

【职场案例】

案例一：旅游行业文明服务用语

一　接待语

1. 您早！

2. 您好！

3. 晚上好！

4. 节日好！

5. 请走好！

6. 您好，是否需要提供帮助？

7. 请注意保管好随身携带的物品。

8. 您有什么要求，请随时提出来。

9. 您还有什么问题，我们会尽力帮您解决。

10. 对不起，请让一下。

11. 欢迎您对我们的服务质量提出宝贵意见。

12. 别客气，这是我们分内的事。

13. 没关系，您是我们的客人。

14. 请协助我们，爱护好公共物品。

15. 请稍候，我马上就来。

16. 您有什么事需要帮忙，请打电话×××。

17. 再见，请走好！

二　解释语

18. 对不起，您的心情可以理解，但我们要按规定办。

19. 对不起，这里不能停留，谢谢！

20. 对不起，室内请勿吸烟。

21. 对不起，请不要随地吐痰。

22. 您反映的问题，我核实一下，尽快给您答复。

23. 您说的方言我不明白，请用普通话再讲一遍。

24. 我们服务有不周之处，请多提宝贵意见。

25. 您提的意见很好，我们一定改正。

26. 欢迎下次光临。

27. 不用谢，这是我应该做的。

28. 欢迎下次再来，再见！

三 道歉语

29. 对不起，让您久等了。

30. 对不起，这是我的错，是我考虑不周(或是：是我没把话说清楚)。

31. 刚才的误会，请您谅解。

32. 我服务不周到，请您多多原谅。

33. 对不起，给您添麻烦了。

（资料来源：http：//whly. weinan. gov. cn）

案例二：旅行社门市接待流程

1. 热情、耐心接听、解答客户的咨询。门市部前台员工必须拥有五大素质：好学与自学、热情与微笑、耐心、细心、沟通能力。

2. 记录客户资料。详细记录客户的联系方式、出游线路、出游日期、旅游人数、特别需求。

3. 编制行程及报价。根据客户的要求，联系优秀的地接社或办事处，然后编制线路最优、价格实惠的行程，在 24 小时内及时反馈给游客。

4. 跟踪及反馈。保持一定频率与客户联络，跟踪客户最新出游信息，尽可能按客人需求，调整旅游线路，报价。督促客户及早下单，签约。

5. 接受报名。详尽、如实地向游客说明行程安排、行程标准、注意事项、自费项目等。解释合同条款，签订《组团旅游合同》，正确核对客户姓名及身份证号码，发放旅游包(长线)，全额收款，交财务部入账，填写交款记录，成团。

6. 团体确认。根据客户需求，再次落实团体计划(机票、车辆、住宿、用餐、地陪导游等)，并及时确认团体计划：

A. 机票情况：往返时间、折扣、机型、是否中转、航程、航空公司、机餐。

B. 车辆情况：车型、车龄、车况、正座数、车队、司机情况、接送时间地点、车价。

C. 住宿情况：星级、地段、最近装修时间、硬件标准，软件管理水平、同级竞争情况、经营者特点、经营状况、沟通和讨价还价的能力、各季节的价格及变化情况。

D. 景区情况：门票、折扣情况、自费景点、索道价格、资源品位、特点。

E. 用餐情况：餐标、卫生、地理位置、风味(特餐)、结算、配合、早餐(桌早或自助早)。

7. 选派导游。向导游交代接待计划，确定团队接待重点及服务方向。前台接待人员要熟悉导游的年龄、外形、学历、质量反馈、性格、作业特点、责任心、平常心、金钱观念、突发事故的处理能力，适合的团型，并了解社内导游的安排情况，以便针对客户做出最合适的导游安排。

8. 出游准备。特殊团体要约定时间召开见面会；一般团体在出发前一天，通知客户出发时间、地点出游准备、目的地注意事项、自费项目、送机人联系方式、导游联系方式等。

9. 最终确认。出发前24小时与对方核对计划，对游客特殊要求重点落实，要求对方最终确认。做好保险单，传真给保险公司。

10. 导游出团。要带好以下东西：导游任务单；团体行程表；质量反馈表；游客名单表；旅游帽(短线团)、旅游包，旅游帽(长线团)；及时通知司机，领队集合时间、地点，及出团注意事项；凭任务单上核算，向财务领备用金；第一时间核对机票出发时间，游客姓名，身份证号码；了解当地民俗风情，风景特色。

11. 服务跟踪。细心问候行程中的游客，如有质量投诉情况、及时调整，尽最大努力，为游客提供一个舒适、愉快的旅游环境！

12. 报账归档。团队行程结束，一周内清账。整理该团的原始资料，每月底将该月团队资料登记存档，以备查询。

13. 定期回访。建立客户档案、定期以电话、短信、登门拜访等形式回访客户，建立一个良好的客户群。

14. 总结回顾。团团有总结，认真对待客户的建议，并对建议进行分析、评价、解释；年年有回顾，吸取教训，秉承优良工作经验。

（资料来源：山西商务国际旅行社）

【情境模拟】

某酒店认为VIP客人对酒店的生存和发展至关重要，因此，决定对VIP客人的接待一定要重视，特制定了VIP客人的接待服务程序与标准。如果让你来制定该接待服务程序与标准，你该从哪些方面来制定？

【实战演练】

1. 搜集旅行社、酒店、旅游景区接待服务工作规范，并撰写总结报告。
2. 模拟酒店前台接待人员对团队客人的接待服务流程训练。
3. 某旅行社总公司召开全国分公司经理会议，总公司领导要求公关部做好接待安排，请问应该如何开展工作？

工作任务二　电话接待

【任务导入】

某酒店新来的员工郭红接待客人来电，询问该酒店位置、条件、环境、价格等内容，小郭由于是新员工，在回答客人后，客人还是不满意，正好经理在旁看到，小郭挂断电话后，经理就告诉小郭接听电话和拨打电话的要求及注意事项。如果你是经理，你该如何告诉小郭接听和拨打电话的要求，如何对小郭进行电话接待的业务训练？

【任务分析】

接打电话，是公关人员日常事务的工作，不说时时有，几乎是天天有。郭红因为缺乏接电话的一些基本知识，在接到电话后一是不熟悉酒店的基本情况；二是没有做好记录。因此，要做好此事，小郭还得认真学习接打电话的有关知识，并恰当地运用到实际工作中去。

【任务实施】

资讯：

1. 接听、拨打电话的基本要求有哪些？

2. 接听、拨打电话的程序和技巧是什么？

决策：

1. 如何接听电话？

2. 如何拨打电话？

计划：

1. 如何设计脚本？

2. 如何进行角色分工？

3. 如何进行模拟练习？

实施：

1. 接听、拨打电话的脚本设计。

2. 分组进行接听、拨打电话的练习。

3. 分组进行汇报表演。

4. 教师进行点评，并做总结。

检查：

1. 脚本设计是否科学、合理？

2. 接听、拨打电话的程序是否规范？

3. 电话技巧运用是否恰当？

评估：

工作任务评估表

考 评 项 目		自我评估	小组评估	教师评估
团队合作 40%	沟通能力			
	协作精神			
工作成果评定 30%	任务方案			
	实施过程			
	工具使用			
	完成情况			
工作态度 20%	工作纪律			
	敬业精神			
	有责任心			
工作角色、创新 10%	角色认知			
	创新精神			
综合评估 100%				

【知识链接】

电话作为现代通信工具，广泛地应用于我们的工作、学习、生活当中。公关人员使用电话内外联络，沟通信息。许多客户有时就是通过电话最先接触和了解你以及你所服务的企业，如果公关人员在接打电话时比较随意或是无理，其影响到的不仅仅是你个人，对你所服务的单位也会造成不良影响，严重的会造成公司利益的损害。因此，对每一位公关人员来说，了解接打电话的原则要求，学会处理不同情况下的电话应对技巧都非常必要。

一、接打电话的基本要求

1. 表达规范、准确。由于电话交流无法运用手势、表情等辅助手段，完全依靠语言来进行。因此表达规范、准确非常重要。要做到准确主要是陈述和表达的内容要准确，不能含糊其词，模棱两可，发音要准确。接电话时，理解要准确，不能一知半解；电话记录规范、准确。

2. 礼貌热情，语气清晰委婉。主要是要对外树立良好的形象。

3. 语言简洁明了，节约时间。保证电话的利用效率，降低电话费用。

4. 注意保密。凡涉及保密事项的，一律使用保密电话。

【观点链接 3-1】

电话接待服务规定

为了规范前台员工的电话接待服务，特制定如下规定：

1. 响铃时。电话铃声响起之后，应尽快拿起话筒。在电话铃声响起三声之内必须有人接听电话，以免引起顾客失望或不快。

2. 找人时。来电话指名找人时，应问清对方姓名，如找员工，应礼貌告知对方，上班时间不能转接电话，如有急事，让对方留言并及时转告；如是业务电话，请对方留下电话、姓名、公司名称，并作好详细记录，及时转交给店长或主管。

3. 接听时。一般由前台人员或收银员接听，其他人员一律不准接听电话，新员工对本店情况知之不多时，不要抢接电话，以免一问三不知，给顾客留下不良印象。

4. 声音小。对方说话声音小时，不能大声叫嚷，而要有礼貌地告诉对方"对不起，声音有点小"。

5. 通话时。通话时如果有其他客人进来，不得置之不理，应该点头致意，如果需要与他人讲话，应礼貌地说"请您稍等"，然后捂住话筒，小声交谈。

6. 中断时。通话中突然中断，应立即挂上电话，再次接通后要表示歉意，说明原因。

7. 挂断时。打完电话，不得自己先挂电话，应该等对方挂断之后再轻轻放下话筒。

8. 高峰时。在业务通话高峰时，尽量不要往外打电话，不要占线时间太长。

（资料来源：http://boce.tcsw.cn/new_20546.html）

二、正确接听、拨打电话

(一)正确接听电话的方法

1. 接听电话的程序（见图 3-1）

```
                    ┌─────────────────┐
                    │ 电话铃响三声之内，立 │
                    │ 即接听否则向对方致歉 │
                    └─────────────────┘
                             │
                    ┌─────────────────┐
                    │ 自报单位或部门与姓名 │
                    └─────────────────┘
          找自己                          找领导
                              ┌──────────────────────────┐
                              │ 筛选电话，根据对方单位姓名事项判断是否需要领导接听 │
                              └──────────────────────────┘
                                   领导没接听        领导接听
  ┌──────────┐                                      ┌──────────┐
  │ 用笔记录，最后 │                                      │ 告知领导对方的 │
  │ 将对方讲话要点 │    ┌────────┐ ┌────────┐ ┌────────┐   │ 基本情况及目的 │
  │ 重复以确认   │    │ 事情不需  │ │ 领导不想接 │ │ 领导不在或忙 │   └──────────┘
  └──────────┘    │ 领导处理  │ │ 对方电话  │ │ 碌，不能接听 │
                   └────────┘ └────────┘ └────────┘
                   ┌────────┐ ┌────────┐ ┌──────────────────┐
                   │ 告知对方相关部门 │ │ 有技巧回复 │ │ 向对方说明情况，并致歉   │
                   │ 或人员电话，或请 │ │ 或请其留言 │ │ (1)与其约某个时间再打来  │
                   │ 其留言代为转交  │ └────────┘ │ (2)留言转交          │
                   └────────┘              │ (3)留下对方的单位、姓名、 │
                                          │ 事情，请领导给其回电     │
                                          └──────────────────┘
                        ┌──────────────┐
                        │ 礼貌语结束通话 │
                        └──────────────┘
```

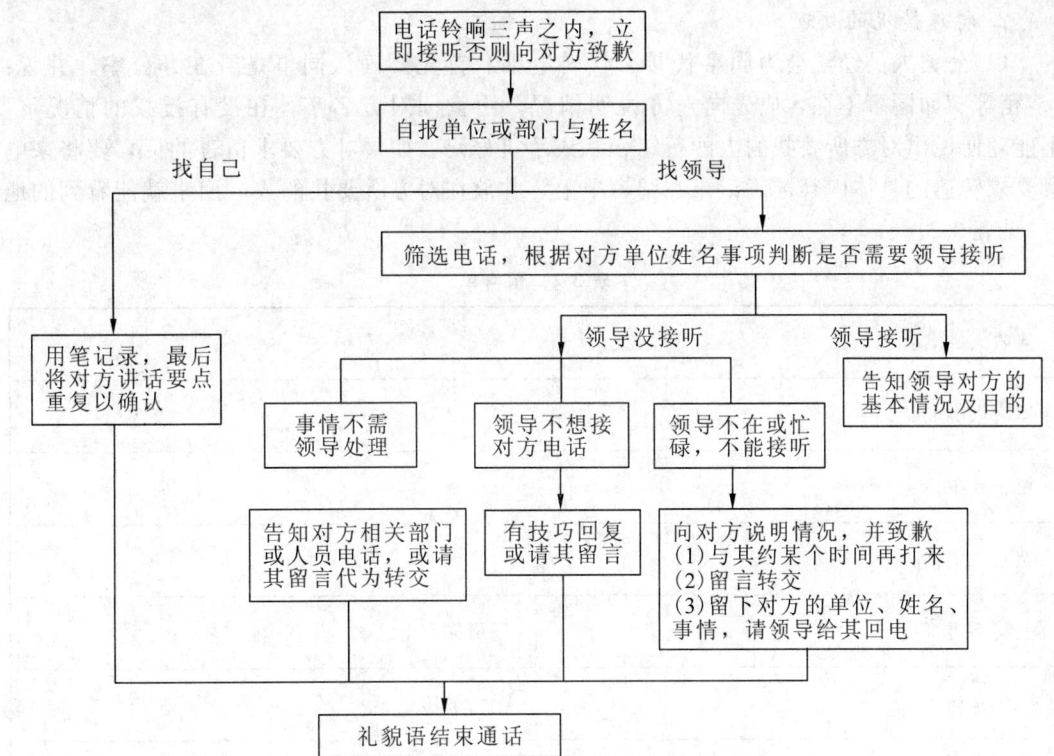

图 3-1　接听电话的程序

接电话的时机，注意一般控制在铃响三声之内接听。否则，被认为失礼，应向对方致歉。

在电话旁，要事先准备好随时会用到的纸和笔。依照"3W"原则对重要的电话内容应做好记录，即"When（什么时间）""Who（对象是谁）""What（什么事）"。电话记录简洁完备。通话时，对对方的谈话有时要作必要的重复和附和，以表示你在认真听对方的电话（见表 3-1）。

表 3-1　电话接听记录表

时间	年　月　日　时　分	来电单位名称	
来电人		来电号码	
来电内容： 1. 2.			
领导批示：			
处理情况：		记录人	

2. 特殊情况的处理

(1)公关人员经常会为同事代接、代转电话。首先要确认同事是否在办公室，并说："请稍等。"如同事不在，应先向对方说明情况，再询问对方名字，在没有授权的情况下，不能随便说出对方所要找的人的行踪、私人手机号码。如果对方要求留言的话，要将来电者要求转达的具体内容准确记录在留言单上。并放在对方所要找的人一回来就能看到的地方(见表 3-2)。

表 3-2   留言单

接收人姓名：	
留言人姓名：	
留言人单位：	
留言人电话：	
□将不再来电	□请你回电
□将来访	□已来访
留言内容：	
记录人：	日期： 月 日 时 分

(2)在与人谈话而电话铃响时，应适时中断话题，并尽快接听。拿起电话第一句话就应该说："对不起，让您久等了。"

(3)遇到帮对方查阅资料，无论时间多短，都应该说一声："让您久等了。"

(4)接打电话时碰上客人来访，如果电话内容并不太重要，应尽快礼貌地中断谈话。如果电话内容比较重要，应告知来访的客人稍等，然后继续通话。

(5)谈话没有结束，对方意外中断通话，可由自己重拨。

(6)如果知道对方打的是长途，可体贴地先询问一下对方："要不要我给你打过去?"

(7)遇到对方打错电话也要礼貌地应对，比较好的回答是："这里是××公司，您好像打错电话了。"

(8)接到顾客抱怨的电话。不管什么情况都要耐心倾听，以消除对方的不满。

(9)一般不要在对方的话没有讲完时就打断对方。如实在有必要打断，则应该说："对不起，打断一下。"

(10)当无法接听电话时，可利用答录机记录信息。

(二)拨打电话

1. 拨打电话的程序(见图 3-2)

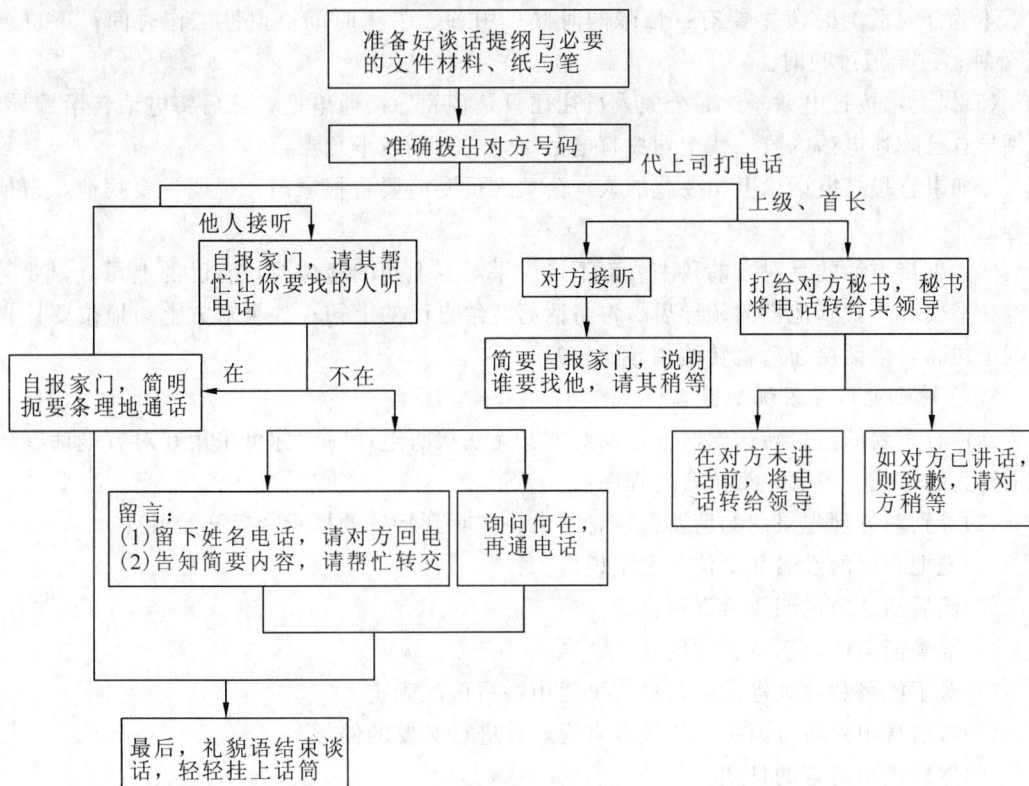

图 3-2　拨打电话的程序

表 3-3　电话拨出记录表

通话人		通话时间		
去电单位		去电号码		接听人
去电内容				
通话结果				
处理意见				
告知部门		告知人		
告知建议				
备注				

2．特殊情况的处理

（1）如果要找的人不在，可以过会儿再打，也可礼貌地请对方代为转达。

（2）拨错了电话，切记要表示歉意，说"对不起，我打错了"、"打扰您了"等。

（3）听不清楚对方说话内容时，应及时告诉对方。例如"听筒好像有问题，听不太清楚，可不可以大声点？"

（4）白天一般宜在上午 8 点以后，节假日应在上午 9 点以后。晚上应在 22 点以前。在无特殊情况下，不宜在中午休息时间和就餐时间打电话，这表示尊重对方的生活习惯和家人。在挂国际长途时，要注意各地的时间差。

不适合通话的时段主要有：忙碌的时候；用餐、午休时间；惯性工作时间；下班前10分钟；过早或过晚时。

（5）代上司拨打电话。这时公关人员往往只是替领导接通电话，然后将电话转给领导，由领导自己陈述电话内容。代上司拨打电话时，要做到以下几点：

①如果直接打电话给上司要找的人，公关人员要简要自报家门，说明谁要找他，请他稍等。

②如果接电话的是对方的秘书或部下，如果对方上司的地位要比自己的上司低，要等对方秘书或部下找到他们的领导后，再将话筒转给自己的上司；如果对方上司地位要比自己的上司高，电话接通后就转给领导比较好。

3. 在对方电话答录机上留言

当你有重要的信息转达给对方，而对方又无法接听电话时，你可采用在对方电话答录机上留言的方式。但要注意留言的程序。

（1）等到对方预先录制的请留言信息结束，在听到特殊的提示音后开始留言。

（2）先把自己的姓名和单位的名字说出。

（3）然后清楚地说明要给谁留言。

（4）准确简洁地说明留言的内容。

（5）对于姓名和地址等重要信息，可运用拼写再次确定。

（6）若信息中要留言数字，尽量慢点说，并进行必要的停顿。

（7）然后说出留言的日期。

（8）挂断之前，要说"谢谢"或其他礼貌用语。

【职场案例】

案例一：晋祠国宾馆前台员工电话接待服务规范

本酒店为了规范前台员工的电话接待服务，特制定如下规定：

1. 响铃时。电话铃声响起之后，应尽快拿起话筒。在电话铃声响起三声之内必须有人接听电话，以免引起顾客失望或不快。

2. 找人时。来电话指名找人时，应问清对方姓名，如找员工，应礼貌告知对方，上班时间不能转接电话，如有急事，让对方留言并及时转告；如是业务电话，请对方留下电话、姓名、公司名称，并做好详细记录，及时转交给经理。

3. 接听时。一般由前台人员接听，其他人员一律不准接听电话，新员工对酒店情况知之不多时，不要抢接电话，以免一问三不知，给顾客留下不良印象。

4. 声音小。对方说话声音小时，不能大声叫嚷，而要有礼貌地告诉对方"对不起，声音有点小"。

5. 通话时。通话时如果有其他客人进来，不得置之不理，应该点头致意，如果需要与他人讲话，应礼貌地说"请您稍等"，然后捂住话筒，小声交谈。

6. 中断时。通话中突然中断，应立即挂上电话，再次接通后要表示歉意，说明原因。

7. 挂断时。打完电话，不得自己先挂电话，应该等对方挂断之后再轻轻放下话筒。

8. 高峰时。在业务通话高峰时，尽量不要往外打电话，不要占线时间太长。

（资料来源：晋祠国宾馆）

案例二：电话转接的技巧

某公司的毛先生是杭州某三星级饭店的商务客人。他每次到杭州，肯定入住这家三星级饭店，并且每次都会提出一些意见和建议。可以说，毛先生是一位既忠实友好又苛刻挑剔的客人。

某天早晨8：00，再次入住的毛先生打电话到总机，询问同公司的王总住在几号房。总机李小姐接到电话后，请毛先生"稍等"，然后在电脑上进行查询。查到王总住在901房间，而且并未要求电话免打扰服务，便对毛先生说"我帮您转过去"，说完就把电话转到了901房间。此时901房间的王先生因昨晚旅途劳累还在休息，接到电话就抱怨下属毛先生不该这样早吵醒他，并为此很生气。

现代饭店管理崇尚CS理论。规范化服务、超前服务如果违背了客人的本意，就说明服务还不到家，还不能让客人满意。客人对服务的要求越来越高，服务永无止境。酒店全体员工都应该具备公关意识，把"宾客至上"的服务宗旨落实到行动上；应站在客人的立场上，为宾客着想，认真揣摩客人的心理，服务到位，真正做到使客人满意。

（资料来源：钟志平．饭店管理案例教材．北京：中国旅游出版社，2010）

【情境模拟】

小刘大学毕业后不久被某酒店聘任为公关人员，上班还不到一个月，一天她桌上的电话骤响，她拿起电话："喂。"对方："郭总在吗？请他听电话。"公关部经理姓王，正在与人谈话。小刘不敢怠慢，赶紧通过分机把谈话传给了他。哪知郭经理一开口，对方就是一顿责怪，搞得他莫名其妙，一番口舌之后才知对方打错了电话。于是，郭经理狠狠批评了小刘，而小刘却满肚子委屈，认为自己不过是转错了电话而已，并非大错，何况对方打错电话是区区小事，不必小题大做。小刘的想法是否对？正确的做法应是怎样的？

【实战演练】

某酒店在2010年被确定为五星级宾馆，并被当地评为优秀酒店。这引起了一些媒体、客户的高度关注，就有关事宜纷纷来电，这可忙坏了公关部人员。

1. 一位电视台广告部的客人要找公关部经理，该经理不在；

2. 一位客户来电咨询广告设计的费用、时间等情况，公关部小张回答或转接；

3. ××报社记者来电，此前，公关部经理曾交代部下不要转给他；

4. ×××旅行社经理来电，反映本次产品宣传画册印刷不好，火气很大。

如果是你，遇到以上情况该如何应对？

工作任务三　会议接待

【任务导入】

某旅行社决定于2010年年底召开年度优秀员工表彰大会，以表彰先进、规划2011年工作。参加表彰大会的有公司邀请的省市的有关领导、公司董事会成员、全国各分公司的领导、全国优秀员工以及旅行社高层管理人员等。会议由公关部职员小张协助总经理组织筹划。总经理让小张写出会议接待方案及具体的议程安排。小张该如何来完成此项任务？

【任务分析】

会议接待方案应该包括会议的准备、会议的议程以及接待礼仪、会议的善后工作安排。会议议程应根据到会主要领导的情况，确定会议主持人；根据会议的主题，确定会议发言人；围绕会议主题，确定题目和方式；根据会议目的，安排主要领导做会议总结。

【任务实施】

资讯：

1. 会议的准备工作都包括哪些内容？

2. 会议的议程包括哪些环节，每个环节中接待人员的工作是什么？

3. 会议善后工作有哪些任务？

决策：

1. 如何制定会议接待方案？

2. 如何确定会议的议程？

计划：

1. 人员如何分工？

2. 完成任务时间如何确定？

3. 如何模拟会议接待工作？

实施：

1. 分组制订会议接待方案。

2. 角色扮演模拟会议议程，进行会议接待工作演习。

3. 教师点评。

检查：

1. 会议接待方案是否科学、全面？

2. 会议议程是否规范？

3. 会议接待工作是否周到、高效？

评估：

工作任务评估表

考评项目		自我评估	小组评估	教师评估
团队合作 40%	沟通能力			
	协作精神			
工作成果评定 30%	任务方案			
	实施过程			
	工具使用			
	完成情况			

续表

考 评 项 目		自我评估	小组评估	教师评估
工作态度 20%	工作纪律			
	敬业精神			
	有责任心			
工作角色、创新 10%	角色认知			
	创新精神			
综合评估 100%				

【知识链接】

一、会议接待准备工作

根据参加会议的人数不同、会议接待的准备工作的内容不同以及会议接待的方式不同，对会议的组织方法，礼仪要求也不同。

(一)根据会议规模，确定接待规格

所谓规格，就是接待的隆重程度和迎接人员的身份安排。确定接待规格，主要依据来客的身份和开会目的，同时还应考虑双方的关系。主要迎接人，一般应与来宾的身份相当。如果是有上下级关系的来宾，则应主要根据来者的目的确定，如参加重大的会议，接待则应隆重些，主要迎接人应当身份高一些；如参加一般会议，接待时派个代表或办公室人员迎接即可。

(二)发放会议通知和会议日程

会议通知必须写明召集人的姓名或组织、单位名称，会议的时间、地点、会议主题以及会议参加者、会务费、应带的材料、联系方式等内容。通知后面要注意附回执，这样可以确定受邀请的人是否参加会议，准备参加会议的是否有其他要求等。对于外地的会议参加者还要附上到达会议地点和住宿宾馆的路线图。这个路线图避免了外地人问路的许多麻烦。

会议日程是会议活动在会期以内每一天的具体安排，它是人们了解会议情况的重要依据。它的形式既可以是文字的也可以是表格的。它可以随会议通知一起发放。

(三)选择会场

选择会场，要根据参加会议的人数和会议的内容来综合考虑。最好是达到以下标准：

1. 大小要适中。会场太大，人数太少，空下的座位太多，松松散散，给与会者一种不景气的感觉；会场太小，人数过多，挤在一起，像乡下人赶集，不仅显得小气，而且也根本无法把会开好。所以，英国的首相丘吉尔曾说："绝对不用太大的房间，而只要一个大小正好的房间。"

2. 地点要合理。短暂召集的会议，一两个小时就散的，可以把会场定在与会人员较集中的地方。超过一天的会议，应尽量把地点定得离与会者住所较近一些，免得与会者来回奔波。

3. 附属设施要齐全。会务人员一定要对会场的照明、通风、卫生、服务、电话、扩音、录音等进行检查，不能够因为"上次会议是从这里开的，没出什么问题"就草率地认为"这回也会同样顺利"。否则，可能会造成损失。

4. 要有停车场。现代社会召集会议，"一双草鞋一把伞"赶来开会的人已经不多了。轿车、摩托车都要有停放处，会才能开得成。

（四）会场的布置

会场的布置包括会场四周的装饰和座席的配置。

一般大型的会议，根据会议内容，在场内悬挂横幅。门口张贴欢迎和庆祝标语。可在会场内摆放适当的轻松盆景、盆花；为使会场更加庄严，主席台上可悬挂国旗、党旗或悬挂国徽、会徽。桌面上如需摆放茶杯、饮料，应擦洗干净，摆放美观、统一。

座席的配置要符合会议的风格和气氛，讲究礼宾次序，主要有以下几种配置方法：

1. 圆桌型。如果是使用圆桌或椭圆形桌子。这种布置使与会者同领导一起围桌而坐，从而消除不平等的感觉。另外，与会者能清楚地看到其他人的面容，因而有利于互相交换意见。这种形式适用于 10～20 人的会议。座次安排应注意来宾或上级领导与企业领导及陪同面对面坐，来宾的最高领导应坐在朝南或朝门的正中位置，企业最高领导与上级领导相对而坐。同级别的对角线相对而坐。

2. 口字型。如果使用长形方桌。这种形式比圆桌型更适用于较多人数的会议。

3. 教室型。这是采用得最多的一种形式，它适用于以传达情况、指示为目的的会议，这时与会者人数比较多，而且与会者之间不需要讨论、交流意见。这种形式主席台与听众席相对而坐。主席台的座次按人员的职务、社会的地位排列。主席的座位以第一排正中间的席位为上，其余按左为下右为上的原则依次排列。

（五）准备会议资料

会务组应该准备有关会议议题的必要资料，这些资料在整理后放在文件夹中发放给与会者，方便与会者的阅读和做好发言准备。

（六）会议前的接待礼仪

会议的接待礼仪主要是接待人员个人仪容仪表的准备。作为会议接待人员，要以干净整洁的仪容和庄重得体的仪表展现在参会人员面前。它反映出一个人的精神状态和礼仪素养，是人们交往中的"第一形象"。具体要求是：干净、整洁、卫生、简约、端庄。

（七）会前检查

这是对在准备工作阶段考虑不周或不落实的地方进行的补救。比如检查音像、文件、锦旗等是否准备齐全。

（八）提前进入接待岗位

接待人员应该在与会者到来之前提前进入各自的岗位，并进入工作状态。一般的接待工作分以下几个岗位。

1. 签到。设一张签字台，配上 1～2 名工作人员，如果是要求接待档次比较高，可以派礼仪小姐承担。签字台有毛笔、钢笔和签到本。向客人递钢笔时，应脱下笔套，笔尖对自己，将笔双手递上。如果是毛笔，则应蘸好墨汁后再递上。签到本应精致些，以便保存。如需要发放资料，应礼貌地双手递上。接待人员应经常向会议组织者汇报到会人数。

2. 引座。签到后，会议接待人员应有礼貌地将与会者引入会场就座。对重要领导应先引入休息室，由企业领导亲自作陪，会议开始前几分钟再到主席台就座。

3. 接待。与会者坐下后，接待人员应递茶，或递上毛巾、水果，热情向与会者解答各种问题，满足各种要求，提供尽可能周到的服务。

【观点链接 3-2】

会议准备工作的注意事项

在会议前的准备工作中，我们需要注意以下这几方面：

WHEN——会议开始时间、持续时间。你要告诉所有的参会人员，会议开始的时间和要进行多长时间。这样能够让参加会议的人员很好地安排自己的工作。

WHERE——会议地点确认。是指会议在什么地点进行，要注意会议室的布局是不是适合这个会议的进行。

WHO——会议出席人。会议有哪些人物来参加，公司这边谁来出席，是不是已经请到了适合外部的嘉宾来出席这个会议。

WHAT——会议议题。就是要讨论哪些问题。

OTHERS——接送服务、会议设备及资料、公司纪念品等。会议物品的准备，就是根据这次会议的类型、目的，需要哪些物品。比如纸、笔、笔记本、投影仪等，是不是需要用咖啡、小点心等。

（资料来源：http：//www.wmlyw.com/huiyi/95.html）

二、会议接待中服务礼仪

会议进行中的服务要做到稳重、大方、敏捷、及时。

倒茶服务人员注意观察每一位与会者，以便及时为其添茶水。倒水要动作轻盈、快捷、规范。杯盖的内口不能接触桌面，手指不能印在杯口上，不能发生杯盖碰撞的声音。一般是左手拿开杯盖，右手提水壶，将热开水准确倒入杯里，不能让茶水溅到桌面上或与会者身上。杯子放在与会者桌上的右上方。如果操作不慎，出了差错，应不动声色地尽快处理，不能惊动其他人，不能慌慌张张，来回奔跑，将与会者的注意力引到自己身上，否则，这将是极大的工作失误。

其他服务会议按拟定的程序进行，应紧凑，不要出现冷场的局面。这就要求各个工作人员"严阵以待"，做好各项准备工作。例如，会议进行第一项：全体起立、奏国歌。这时音响应立即播放出国歌。又如，大会宣布颁发荣誉证书，组织人员应迅速将受奖人员排好队，礼仪小姐把领导从主席座席上引出来，另有礼仪小姐将证书一一递上，由领导颁发给受奖者。为使会场上的活动有条不紊，必要时应将有关人员组织起来进行模拟训练，避免会场上出现混乱。

如果与会者有电话或有人要相告特别重要的事，服务人员应走到他身边，轻声转告他。如果要通知主席台上的领导，最好用字条传递通知，避免无关人员在台上频繁走动和耳语，分散与会者注意力。

做好会后服务的准备。会议进行之中，就应为会后服务做好准备。例如，会后要照相，就应提前将场地、椅子等布置好，摄影师做好摄影的准备。另外，会后的用车也应在会议结束前妥善安排。

三、会后服务

会议结束后，全部接待人员应分工明确地做好善后处理工作。

组织活动会议结束后，有时还会安排一些活动。例如联欢会、会餐、参观、照相等，这些工作很烦琐，应有一位领导统一指挥和协调，而且这位领导要有很强的组织能力才能胜任，同时其他接待人员要积极配合，各负其责，做好自己分内的工作，以保证活动计划的顺利实施。

送别根据情况安排好与会者的交通工具，使其愉快、及时地踏上归程。

最后还要清理会议文件。根据保密原则，回收有关文件资料。整理会议纪要。撰写与发布新闻报道。主卷归档。并进行会议总结。

【职场案例】

案例一：旅行社接待会议接待流程

一　会议资料准备

1. 会议资料（由主办单位提供，其中文字资料，由承办单位按会务组要求根据参会人数印刷）

2. 会议资料（主办单位提供）

3. 领导发言稿（主办单位提供）

4.《报到册》、《会议指南》、《会议日程》、参会者到达消息

5. 项目执行情况资料（主办单位提供）

6. 展板所属图片（主办单位提供）

7. 广告牌设计稿

8. 欢迎布标、会议室布标

9. 会议礼品（按参会人数准备）

10. 会议代表证

11. 会议用餐券

二　设备及设施准备

1. 投影仪、多媒体电脑一台

2. 广告牌按设计稿制作好，根据要求准备

3. 会议室一间（根据入会人数）

4. 车辆准备

5. 麦克风3只

6. 定制领导座次牌（名单由主办单位提供）

7. 会议形式（座谈及课桌形式）

8. 照相机一台

9. 摄影机一台（由专业人员操作）

三　会前准备工作程序

1. 根据会务组要求，代表报到前两天，会议室会场布置（或分组讨论）（会标、广告牌、灯光、音响、多媒体、投影仪、电源、桌椅、茶杯及服务员安排）落实到位。

2. 根据酒店提供的房况表，报到前两天与先到达的会务组人员协商确定会务组房间，选定领导、专家及主要代表入住的楼层、房间类型、房号、需要放置的水果种类及特殊安全保卫工作。

3. 提前两天检查餐厅环境卫生，桌椅摆设、餐具的完好程度，再次落实菜单及服务到位情况。

4. 提前两天完成会议所需的代表证、发放的资料、签到表、就餐卡、广告牌、商家展板及宣传设备的摆设位置，电源、灯光亮度、通道畅通等情况，会间摄影、摄像设备、人员的准备。

5. 与酒店保安部组成会议安全组，在会议期间加强门卫、楼层行查，杜绝安全隐患的发生。

6. 在大堂、楼层、餐厅、会议室、电梯等处贴上会议指示箭头。

四 会议其他费用开支预算

1. 代表证：1～3元/张

2. 广告牌：万通板，1米×2米板17元/块；会议室主席台背景1.9米×5.7米，需用万通板6块；徽标、刻字按字数、尺寸、颜色收费、制作费约500元

3. 展板：根据主办方要求，由我方代办，费用按时结算

4. 临时用车：别克商务车(900元/天)，瑞风商务车(700元/天)，桑塔纳(450元/天)，11座金杯车(500元/天)

5. 宴会标准(由主办方定标准)

6. 水果

7. 纪念品

8. 资料打印、复印

9. 照相、摄像

10. 其他

五 会场布置

1. 布标

2. 按会议规定的摆设形式及要求布置好会场

3. 设立会务人员发放会议用品及文件

4. 确定会场摄影点和时间

六 人员安排

1. 根据会议人数需求安排会务接待小组，(如住房登记员、财务人员、票务、考察咨询)引导人员(至房间、餐厅、电梯、会议室)

2. 会议全程督导人员，负责落实会议室布置、茶水供应及服务

3. 摄影组：根据会议需求安排摄影人员

4. 车辆小组：根据会议实到人数，落实车况好、驾驶技术好的配套车辆。此小组负责会议临时接待服务工作。例如：专家、领导临时出行，就餐、会见等活动的车辆

5. 旅游接待小组：根据参加考察人数安排每车一位优秀导游，负责代表的服务

6. 生活小组：此小组负责会议用餐的时间、人数及相关的一些服务，确保代表会议期间的生活服务

七   发票的开具

在会议前通知上注明由我方承办、会议期间我方根据代表需要，开具正式发票及酒店的住宿发票。

八   会议接站

1. 会议报到当天，安排全天候接站，机场设立两块醒目接站牌，一块设在正门出站口，另一块设在提取行李出口处。火车站设一块醒目接站牌

2. 人员及车辆安排

(1)人员：机场设1～2人(领导、专家除外)；

(2)接站车辆：根据会务组要求派车；

(3)领导、专家由会务组统一安排，根据航班、车次，派专人专车接送，需要送花、护照的提前安排，保证准确安全接待。

九   会议报到

1. 在酒店大堂设"报到处"、"收费处"、"考察咨询处"、"票务处"

2. 报到登记时，填写姓名、单位、职务、身份证号码、通信地址、电话、收费金额、入住金额、入住天数、房间号、考察线路等

3. 提醒代表贵重品免费寄存总台、保管好个人财物，耐心、细致地解说会议报到须知及有关事宜，及时妥善处理好代表要求

4. 根据会务组要求传达通知、指示，准确发放会议资料、纪念品、餐券、考察乘车券

5. 代表报到后，由行李员引导入住，同时办理行李寄存

6. 当天打印会议通讯录并与会务老师校对，及时发给代表

7. 会务组24小时有专职会议，随时接待安排参会代表

十   会议期间

1. 要求酒店落实叫早服务

2. 准确统计用餐人数并安排代表用餐，及时解决会议期间临时发生的问题，确保会议正常进行

3. 会议室布置情况落实

4. 安排好旅游选种、落实返程机、车票的登记

5. 及时统计票务预订情况、考察人数、行程立即同旅行社计调反馈

6. 与酒店公司财务人员协调好票据的开取

7. 准备统计返程的人数、时间、日期、确定代表返程

十一   会议考察

1. 考察期间为每位代表办理10万元的人身保险

2. 考察的整个行程中，我方派人员全程陪同、确保考察顺利进行

3. 要求每个环节的接待人员做好严格的保密工作、确保代表的人身安全

4. 承诺确保代表返程机、车票，并根据返程时间及方向分批送行，确保顺利返程

十二   会议结束工作

1. 会议结算

(1)我方向会务给出书面报告，交会务组审核。并列《会议结算清单》，包括此会议的

实际人数、天数、实际用餐人数、用餐标准、考察人数及会议期间其他费用开支，我方承诺快捷、准确无误；

（2）向会务组提供所需发票；

（3）返还会务组附加的会议利润；

（4）我方本着多年的办公经验，为会务组在各项费用开支中，争取最大的利益。

2. 会议返程

（1）我方根据代表返程机、车票时间及方向，分批送站，我方承诺确保代表顺利返程；

（2）我方可根据会务组需要派专人、专车、提供满意的送站服务，并向会务组赠送精美礼品；

（3）我方向代表全面征求意见，了解此会议的满意程度，并向会务组反馈。

（资料来源：http：//www.17u.com）

案例二：会议接待计划书

一、会议举办地点（主办方指定酒店）

二、会议时间：20××年×月×日

三、会议室安排：会议公司与主办方协商，按主办方要求办理（音响、多媒体、鲜花、水果、香烟、茶水）

四、会议保障措施

A. 接站：如提前告知航班、火车次的客人，安排举姓名牌接站。

如未告知行程的代表，会议公司安排全天候（两天）机场 、车站举会议牌接站。

接站负责人：×××　电话：××××××

B. 入住：由会议公司统一安排报到入住。

会场负责人：×××　电话：××××××

会议工作人员 3 名（佩戴工作证）。

C. 会议资料：由报到时统一领取。

D. 集体照：由会议主办方通知，会议公司安排时间。

E. 会议礼品、证件及通讯录制作：由会议主办方提出要求，会议公司负责执行。

F. 媒体、记者邀请：由会议主办方通知，会议公司安排。

G. 招待酒会、茶憩、点心、饮品及 VCD 制作：由会议公司安排。

H. 停车：由会议公司与酒店协调解决。

I. 返程票务：由报到时会务组统一办理。

J. 会后考察线路：由会议公司旅游接待部安排。

五、发票出具：由会议公司出具规范会议公司税务发票

六、会后服务：会议结束，会议主办撤出后，因事滞留客人由会议公司负责接待，直到离开为止

（资料来源：晋祠国宾馆）

【情境模拟】

某旅行社承担一项重要的会议接待与组织任务，公关部的小李负责去火车站接站，在接到客人回单位的途中，小李向客人详细地介绍了本地的旅游胜地和风土人情，并谈到了

自己的家庭和收入情况，同时又询问客人这方面的情况。你觉得小李从火车站接到客人后的谈吐如何？如果你是小李，你会如何做呢？

【实战演练】

1. 某酒店将召开建店 10 周年庆典大会，邀请了省里、市里的有关领导、各兄弟酒店的领导等，与会 100 人左右，如何做好会议的接站报到工作？并将方案做成 PPT 演示文档。

2. 某旅游景区正在召开由各部门经理参加的内部会议，营销部经理在谈到本部门上半年的销售业绩时因为过于激动，他用力一挥手，不料刚续上茶水的茶杯被打翻了，开水全泼到了旁边公关部经理的手上。请问公关部经理该如何处理此事？

工作任务四　宴请接待

【任务导入】

某酒店要召开 20 周年庆典活动，公司决定让公关部来承担此项任务，具体负责编印酒店宣传册，召开庆典大会、新闻发布会、联欢晚会等。这期间，有一项重要的任务由今年刚分配到酒店的公关人员黄小丽负责，那就是活动期间所有的宴请接待安排。小丽首先向庆典活动要了一份庆典活动安排，然后根据活动的内容挑出那些需要宴请的项目，打印出一份清单，并提出了相关建议，提交给了公关部的经理，经理看完宴请清单，好好将小丽表扬了一番，其中不乏"肯动脑子"、"工作认真"、"很有主动性、创造性"之类的评语，小丽的积极性大增。根据邀请回执，小丽安排好了宴会席次、桌次，考虑到有少数民族代表出席，还专门审查了菜单，并察看了宴会大厅的面积、音响设备、贵宾休息室……你认为小丽宴请工作做得如何？如果你是小丽，你会如何来做？

【任务分析】

宴请接待是公关人员一项重要的工作任务，不仅要制订宴请接待方案，而且要做好会议的筹备工作，安排好宴请接待的程序，掌握宴请接待的技巧。

【任务实施】

资讯：

1. 宴请接待工作方案包括哪些内容？
2. 宴请接待的筹备要做好哪些工作？
3. 宴请接待包括哪些程序和内容？
4. 宴请接待的技巧有哪些？

决策：

1. 宴请的形式如何确定？
2. 宴请的座次如何安排？
3. 宴请的接待方案如何写作？

计划：

1. 工作进程如何安排？

2. 任务如何分工？

3. 时间如何安排？

4. 相互之间如何配合、衔接？

实施：

1. 讨论宴会的形式。

2. 确定宴会的座次安排。

3. 撰写宴会接待方案。

4. 模拟演示小丽在宴会中的接待。

检查：

1. 宴会形式是否恰当？

2. 宴会座次安排是否合理？

3. 宴会接待方案是否科学、可行？

4. 接待技巧运用是否灵活、适当？

评估：

工作任务评估表

考　评　项　目		自我评估	小组评估	教师评估
团队合作 40%	沟通能力			
	协作精神			
工作成果评定 30%	任务方案			
	实施过程			
	工具使用			
	完成情况			
工作态度 20%	工作纪律			
	敬业精神			
	有责任心			
工作角色、创新 10%	角色认知			
	创新精神			
综合评估 100%				

【知识链接】

宴请接待是旅游企业公关人员的重要工作任务之一。特别是对外宾的宴请更是要注意宴请的形式，组织实施宴请接待任务。

一、常见的几种宴请形式

（一）宴会（Banquet）

宴会为正餐，坐下进食，由招待员顺次上菜。宴会有国宴、正式宴会、便宴之分。按举行的时间，又有早宴（早餐）、午宴、晚宴之分。其隆重程度，出席规格以及菜肴的品种与质量等均有区别。一般来说，晚上举行的宴会较之白天举行的更为隆重。

（二）招待会(Reception)

招待会是指各种不备正餐较为灵活的宴请形式，备有食品、酒水饮料，通常都不排席位，可以自由活动。常见的有：冷餐会、酒会。

（三）茶会(Tea Party)

茶会是一种简便的招待形式。举行的时间一般在 16：00（亦有上午 10：00 举行）。不排席位，但如是为某贵宾举行的活动，入座时，有意识地将主宾同主人安排坐到一起，其他人随意就座。

（四）工作进餐(Dinner)

按用餐时间分为工作早餐、工作午餐、工作晚餐，是现代国际交往中经常采用的一种非正式宴请形式（有的时候由参加者各自付费），利用进餐时间，边吃边谈问题。

二、宴请接待的内容

（一）确定宴请目的、名义、对象、范围与形式

宴请的目的是多种多样的，可以是为某一个人，也可以为某一事件，还可以根据需要举办一些日常的宴请活动。

确定邀请名义和对象主要是根据主、客双方的身份，也就是说主、客身份应该对等。身份低使人感到冷淡，规格过高亦无必要。

邀请范围是指请哪些方面人士，请到哪一级别，请多少人，主人一方请什么人出来作陪。这都要考虑多方因素，如宴请的性质、主宾的身份、国际惯例、对方对我方的做法等。各方面都要想到，不能只顾一面。

邀请范围与规模确定之后，即可草拟具体邀请名单。被邀请人的姓名、职务、称呼、甚至对方是否有配偶都要准确。

宴请采取何种形式，在很大程度上取决于当地的习惯做法。一般来说，正式、规格高、人数少的以宴会为宜，人数多则以冷餐会或酒会更为合适，妇女界活动多用茶会。

（二）确定宴请时间、地点

宴请的时间应对主、客双方都合适。小型宴请应首先征询主宾意见，最好当面约请，也可用电话联系。主宾同意后，时间即被认为最后确定，可以按此约请其他宾客。

宴请地点的选择。正式隆重的活动，一般安排在宾馆内举行，其余则按活动性质、规模大小、形式、对方意愿及实际可能而定。

（三）发出邀请和请柬格式

各种宴请活动，一般均发请柬，这既是礼貌，也是对客人起提醒、备忘之用。便宴经约妥后，可发也可不发请柬。工作进餐一般不发请柬。

请柬一般提前三天或一周发出（有的地方须提前一个月），以便被邀请人及早安排。已经口头约妥的活动，仍应补送请柬，在请柬右上方或下方注上"To remind"（备忘）字样。需安排座位的宴请活动，为确切掌握出席情况，往往要求被邀者答复能否出席。因此，请柬上一般用法文缩写注上 R．S．V．P．（请答复）字样，如只需不出席者答复，则可注上 Regrets only（因故不能出席请答复），并注明电话号码。也可以在请柬发出后，用电话询

问能否出席。

请柬内容包括活动形式、举行的时间及地点、主人的姓名（如以单位名义邀请，则用单位名称）。请柬行文不用标点符号，所提到的人名、单位名、节日名称都应用全称。中文请柬行文中不提被邀请人姓名（其姓名写在请柬信封上），主人姓名放在落款处。请柬格式与行文中外文本，差异较大，注意不能生硬照译。请柬可以印刷也可以手写，但手写字迹要美观、清晰。

请柬信封上被邀请人姓名、职务书写要准确。请柬发出后，应及时落实出席情况，准确记载，以安排并调整席位。即使是不安排席位的活动，也应对出席率有所估计。

（四）订菜

宴请的酒菜根据活动形式和规格，在规定的预算标准以内安排。选菜不以主人的爱好为准，主要考虑主宾的喜好与禁忌，例如，伊斯兰教徒用清真席，不用酒，甚至不用任何带酒精的饮料；印度教徒不能用牛肉；佛教僧侣和一些教徒吃素；也有因身体原因不能吃某种食品的。如果宴会上有个别人有特殊需要，也可以单独为其上菜。

大型宴请，则应照顾到各个方面。菜肴道数和分量都要适宜，如果可能的话，尽量用有地方特色的食品招待，用本地产的名酒。无论哪一种宴请，事先均应开列菜单，并征求主管负责人的同意。获准后，如是宴会，即可印制菜单，菜单一桌两三份，至少一份，讲究的也可每人一份。

（五）席位安排

正式宴会一般均排席位，也可只安排部分客人的席位，其他人只安排桌次或自由入座。无论采用哪种做法，都要在入席前通知每一个出席者，使大家心中有数，现场还要有人引导。大型的宴会，最好是排席位，以免混乱。

国际上的习惯，桌次高低以离主桌位置远近而定，右高左低。桌数较多时，要摆桌次牌。同一桌上，席位高低以离主人的座位远近而定。外国习惯，男女穿插安排，以女主人为准，主宾在女主人右上方，主宾夫人在男主人右上方。我国习惯按各人本身职务排列以便于谈话，如夫人出席，通常把女方排在一起，即主宾坐男主人右上方，其夫人坐女主人右上方。两桌以上的宴会，其他各桌第一主人的位置可以与主桌主人位置同向，也可以以面对主桌的位置为主位。

礼宾次序是排席位的主要依据。在排席位之前，要把已经落实出席的主、客双方出席名单分别按礼宾次序开列出来。遇特殊情况，可灵活处理。如遇主宾身份高于主人，为表示对他的尊重，可以把主宾摆在主人的位置上，而主人则坐在主宾位置上，第二主人坐在主宾的左侧。但也可按常规安排。如果本国出席人员中有身份高于主人者，譬如部长请客，总理或副总理出席，可以由身份高者坐主位，主人坐身份高者左侧，但少数国家亦有将身份高者安排到其他席位上。主宾有夫人，而主人的夫人又不能出席，通常可以请其他身份相当的妇女作第二主人。如无适当身份的妇女出席，也可以把主宾夫妇安排在主人的左右两侧。

席位排妥后着手写座位卡。卡片用钢笔或毛笔书写，字应尽量写得大些，以便于辨认。便宴、家宴可以不放座位卡，但主人对客人的座位也要有大致安排。

（六）现场布置

宴会厅和休息厅的布置取决于活动的性质和形式。正式活动场所的布置应该严肃、庄重、大方。不要用霓虹灯装饰，可以少量点缀鲜花、刻花等。

宴会可以用圆桌也可以用长桌或方桌。一桌以上的宴会，桌子之间的距离要适当，各个座位之间也要距离相等。如安排有乐队演奏，不要离得太近，乐声宜轻。宴会休息厅通常放小茶几或小圆桌，与酒会布置类同，如人数少，也可按客厅布置。

冷餐会的菜台用长方桌，通常靠四周陈设，也可根据宴会厅情况，摆在房间的中间。如坐下用餐，可摆四五人一桌的方桌或圆桌。座位要略多于全体宾客人数，以便客人自由就座。

酒会一般摆小圆桌或茶几，以便放花瓶、烟灰缸、干果、小吃等，也可在四周放些椅子，供妇女和年老体弱者就座。

(七)餐具的准备

根据宴请人数和酒、菜的道数准备足够的餐具。餐桌上的一切用品都要十分清洁卫生。桌布、餐巾都应洗干净并熨平。玻璃杯、酒杯、筷子、刀叉、碗碟，在宴会之前都应洗净擦亮。如果是宴会，应该准备每道菜撤换用的菜盘。

中餐用筷子、盘、碗、匙、小碟、酱油碟等。水杯放在菜盘上方，右上方放酒杯，酒杯数目和种类应与所上酒品种对应。餐巾叠成花插在水杯中，或平放在菜盘上。若宴请外国宾客，除筷子外，还摆上刀叉。酱油、醋、辣油等作料，通常一桌数份。公筷、公勺应备有筷、勺座。其中一套摆在主人面前。餐桌上应备有烟灰缸、牙签。

西餐具的摆设与中餐不同。西餐具有刀、叉、匙、盘、杯等。刀分食用刀、鱼刀、肉刀(刀口有锯齿，用以切牛排、猪排)、奶油刀、水果刀；叉分食用叉、鱼叉、龙虾叉；匙有汤匙、茶匙等；杯的种类更多，茶杯、咖啡杯均为瓷器，并配小碟，水杯、酒杯多为玻璃制品，不同的酒使用的酒杯规格亦不相同。宴会上几道酒，就配有几种酒杯。公用刀叉规格一般大于食用刀叉。西餐具的摆法是：正面放食盘(汤盘)，左手放叉右手放刀。食盘上方放匙(汤匙及甜食匙)，再上方放酒杯，右起烈酒杯或开胃酒杯、葡萄酒杯、香槟酒杯、啤酒杯(水杯)。餐巾插在水杯内或摆在食盘上。面包奶油盘在左上方。吃正餐，刀叉数目应与菜的道数相等，按上菜顺序由外至里排列，刀口向内。用餐时应按此顺序取用。撤盘时，一并撤去使用过的刀叉。

(八)宴请程序及现场工作

1. 主办方一般在门口迎接客人。正式隆重的宴请活动，主办方以及其他主要陪同人员要排列成行迎宾，通常称为迎宾线。与客人握手后，由工作人员引进休息厅。如无休息厅则直接进入宴会厅，但不入座。休息厅内有相应身份的人员照料客人。由招待员送饮料。

宴会开始后，由主办方领导陪同主宾进入宴会厅，全体客人就座，宴会即开始。如休息厅较小，或宴会规模大，也可以请主桌以外的客人先入座，贵宾席最后入座。

如有正式讲话，一般正式宴会可在热菜之后甜食之前由主人讲话，接着由客人讲话。也有一入席双方即讲话的。冷餐会和酒会讲话时间则更灵活。

吃完水果，主人与主宾起立，宴会即告结束。

2. 工作人员应提前到现场检查准备工作。事先将座位卡及菜单摆上。座位卡置于酒杯或平摆于餐具上方，勿置于餐盘内。菜单一般放在餐具右侧。

席位的通知，除请柬上注明外，现场还可：

(1)在宴会厅前陈列宴会简图,图上注明每人的位置;

(2)用卡片写上出席者姓名和席次,发给本人;

(3)印出全场席位示意图,标出出席者姓名和席次,发与本人;

(4)印出全场席位图,包括全体出席者位置,每人发一张。这些做法各有特点,人多的宴会宜采用后者,便于通知。各种通知卡片,可利用客人在休息厅时分发。有的国家是在客人从衣帽间出来时,由服务员用托盘将其卡片递上。如果是口头通知,则由交际工作人员在休息厅通知每位客人。

如有讲话,要落实讲话稿。通常双方事先交换讲话稿,举办宴会的一方先提供。代表团访问,欢迎宴会东道国先提供;答谢宴会则由代表团先提供。双方讲话由何人翻译,一般事先谈妥。

【职场案例】

案例一:李云的尽心

李云是一家宾馆公关部工作人员,中午要随总经理和公关销售部有一个工作午餐会,主要是研究未来一年宾馆市场推广工作的计划。这不是一个很正式的会议,主要是利用午餐时间彼此沟通一下。李云知道晚上宾馆要正式宴请国内最大的客户张总裁等一行人,答谢他们一年来给予的支持,她已经提前安排好了菜单。午餐是自助餐的形式,与总经理一起吃饭,李云可不想失分,在取食物时,她选择了一些都是一口能吃下去的食物,放弃了她平时喜爱的大虾等需要用手才能吃掉的美食。她知道自己可能随时要记录老板的指示,没有时间去补妆,而总经理是法国人,又十分讲究。

下午回到办公室,李云再次落实了宴会厅和菜单,为晚上的正式宴请做准备。算了算宾主双方共有8位,李云安排了桌卡,因为是熟人,又只有几个客人,所以没有送请柬,可是她还是不放心,就又拿起了电话,找到了对方公关部李经理,详细说明了晚宴的地点和时间,又认真地询问了他们老总的饮食习惯。李经理告诉说他们的老总是山西人,不太喜欢海鲜,非常爱吃面食。李云听后,又给餐饮部打电话,重新调整了晚宴的菜单。

李云提前半小时到餐饮部,看看晚宴安排的情况并在现场做点准备工作。她找到领班经理,再次讲了重点事项,又和他共同检查了宴会的准备。宴会厅分内、外两间,外边是会客室,是主人接待客人小坐的地方,已经准备好了鲜花和茶点,里边是宴会的房间,中餐式宴会的圆桌上已经摆放好各种餐具。

李云知道对着门口桌子上方的位子是主人位,但为了慎重从事,还是征求了领班经理的意见。从带来的桌卡中先挑出写着自己老板名字的桌卡放在主人位上。再将对方老总的桌卡放在主人位子的右边。想到客户公司的第二把手也很重要,就将他的桌卡放在主人位子的左边。李云又将自己的顶头上司公关销售部经理的桌卡放在桌子的下首正位上,再将客户公司的两位业务主管的桌卡,分放在他的左、右两边。为了便于沟通,李云就将自己的位子与公关销售部经理的位子放在了同一方向的位置。

应该说晚宴的一切准备工作就绪了。李云看了看时间还差一刻钟,就来酒店的大堂内等候。提前10分钟看到了总经理一行人到了酒店门口,李云就在送他们到宴会厅时简单地汇报了安排。李云随即又返回到了酒店大堂,等待着张总裁一行人的到来。几乎分秒不差。她迎接的客人准时到达。

晚宴按李云精心安排的情况顺利进行着，宾主双方笑逐颜开，客户不断夸奖菜的味道不错。正合他们的胃口。这时领班经理带领服务员像表演节目一样端上了山西刀削面。客人看到后立即哈哈大笑起来，高兴地说道，你们的工作做得真细致。李云的总经理也很高兴地说，这都是李云的功劳。

看到宾主满意，李云心里暗自总结着经验，下午根据客人的口味调整菜单，去掉了鲍鱼等名贵菜，不仅省钱，还获得了客人的好感。

（资料来源：http：//www.100waimao.com，有删改）

案例二：宴请照旧进行

某酒店906单间标准客房。美籍华人钟先生焦虑不安地来回踱步。钟先生的太太着衣下床欲行，但右脚几乎无法点地，表情痛苦。"疼痛加剧了？"钟先生问道。钟太太点了点头，见此情景，钟先生脑海里出现了几组画面：

1. 某设计院计算站，钟先生与中国同行紧张而愉快地合作；

2. 在欢送钟先生夫妇的宴会上，钟先生向中国同行发出邀请：已在下榻酒店的宴会厅预订了一桌酒席，作为本次离华前的答谢；

3. 昨晚与太太外出散步，为避让一辆自行车，钟太太踝关节处扭伤。医院医生叮咛："无大碍，但肿胀会加剧，多休息，会痊愈。"

钟先生坐到沙发上对妻子说："我每次离开中国时，都想设宴答谢这里的同事，但每次都行色匆匆。我们的基础设计已圆满结束，又适逢这次你来，正是我们设宴答谢的最好时机。唉，你这脚……"

钟先生征询了太太的意见后，挂通了酒店大堂服务总台的电话。

总台被告知：906房间客人意欲将原订在18楼宴会厅的酒席，照菜单不变，改为"客房服务"。如果906房间太小设宴有困难，愿更换毗邻最近的套房，但仍实行送餐服务。

总台旋即电告餐饮部经理。经理觉得蹊跷，是否客人对18楼宴会厅有所禁忌，抑或另有原因？但在单间标准客房布台设宴会安排十余人就餐，这在本酒店无先例呀！

餐饮部经理为此敲响了906房间。

面对钟太太的脚伤和钟先生道出的原委，餐饮部经理思忖了一会儿说道："依906房间布台设宴，房间太小，服务员上菜、斟酒、换果盘等，没有回旋的余地；如果按先生的要求，换一间套房当然可以做到，我想这样一来增加不必要的费用——当然这对先生来说不是什么问题；二来只解决了宴请的场所，换套房总还有走动，钟太太不是仍然不便吗？""如果你们不介意的话，我们可以用轮椅送夫人去18楼宴会厅，你们意下如何？"餐饮部经理又补充说道。

钟先生夫妇大喜过望，连忙首肯。

于是，餐饮部经理与有关部门联系，找出了一辆尘封已久的轮椅，让人擦拭一新。

当晚6时整，钟太太面带微笑安坐在轮椅车上，手捧一束酒店送的鲜花，由餐饮部经理推送至18楼宴会厅。舒适的环境，优质的服务，色、香、味、型、饰俱佳的珍馐美味，令人赏心悦目，精神爽快。经理首先为大家敬酒，表示祝愿。钟太太的身旁还多了一位专伺服务的小姐。

席间，餐饮部经理在远处注意到钟太太坐的轮椅车比座椅矮，搬来一把椅子，让两位服务小姐小心翼翼地把钟太太换扶到椅子上。宾主频频举杯。畅叙友情，对酒店的优质服

务也交口称赞……

次日，酒店大门口中，酒店管理人员为钟先生夫妇送行。大堂副经理特意在卖品部买来一把雕饰精美的手杖赠予钟太太，并祝其早日康复。钟先生告诉大家，不久还将来中国做工程施工图设计，一定再次光临。

（资料来源：http：//www.hotelmemo.cn）

【情境模拟】

1. 某旅游协会要招待旅游行业的总经理举行新年宴会，如果这项任务交给你来做，请你帮助设计一个宴请活动接待方案。包括宴会接待应该做哪些准备工作？在接待过程中应该注意哪些细节？活动结束后该做些什么？

2. 一位姓张的先生在某酒店订了 20 桌婚宴，时间安排在 2010 年 5 月 18 日 17：00 至 20：00 左右，地点在该酒店的多功能厅。但在 5 月 16 日，该酒店接到市政府的一个紧急政治任务：全省将有一个 300 人的重要会议安排在该酒店多功能厅举行，时间是 2010 年 5 月 18 日 14：00 至 16：30。本来会议时间与婚宴时间并不互相冲突，但就在会议举行前一天，会务组突然告诉酒店，会议时间可能会延长 1 小时，至 17：30 结束。问题：此时，如果你是一位酒店公关人员，应该怎么来缓解这个时间上的冲突？

【实战演练】

1. 宴会开始前，身份高于主办方领导的来宾到来，如何重新调整席座？

2. 宴会开始时，临时增加了客人，如何应对？

3. 宴会进行过程中，气氛比较沉闷，作为公关人员该如何做？

4. 就餐过程中，客人不慎打翻酒水等，你该如何处理？

5. 宴会上，你的领导或客人醉酒，你如何应对？

学习情境四

旅游信息传播

●●●●● **情境描述**

　　本学习情境以旅游企业为背景，通过旅游企业新闻传播、广告宣传、企业内部自控媒介传播等工作任务的训练，使学生掌握旅游企业信息传播的技能，能够实现旅游企业与公众之间有效地进行信息传播。

●●●●● **职业能力目标**

　　专业能力：

　　能制订新闻发布计划；

　　能撰写新闻通讯稿；

　　能撰写各种专题性新闻稿件；

　　能安排记者采访；

　　能组织新闻发布活动；

　　能够设计广告宣传主题；

　　能够制作旅游企业宣传广告；

　　能编写组织内部刊物；

　　能编写组织对外宣传册。

　　方法能力：

　　能够针对旅游企业的实际情况适时发布新闻；

　　能够掌握设计制作公关宣传广告的方法与技巧；

　　能够根据信息传播的内容选择恰当的内部传播媒介。

　　社会能力：

　　具备良好的语言表达能力；

　　具有和谐的人际沟通能力；

　　具有一定的活动组织能力；

　　具有一定的创新能力。

工作任务一　旅游企业新闻传播

【任务导入】

某饭店的厨师参加全国厨艺大赛，荣获金奖，饭店想利用本次机会向社会宣传自己，决定召开一次新闻发布会，饭店公关部承担此项工作，如果你是饭店公关部的一名公关人员，这项任务交给你来做，你会从哪些方面来做好准备工作？

【任务分析】

要完成此项任务，必须对新闻发布的相关知识进行了解，然后确定要做哪些工作，每项工作需要如何分工、协调、配合，然后进行准备，同时进行演练，以保证新闻发布会的顺利进行。

【任务实施】

资讯：

1. 新闻发布的理由是什么？

2. 此项新闻属于什么新闻？如何撰写新闻发布稿？

3. 如何进行新闻发布会的组织？

决策：

1. 是否召开新闻发布会？撰写新闻通讯能否起到相同的作用？

2. 如何撰写新闻通讯稿？

3. 如何召开新闻发布会？如何组织？

计划：

1. 人员如何分工？职责如何确定？

2. 完成任务的地点安排？

3. 完成任务的时间如何确定？

实施：

1. 搜集资料，并对资料进行分析讨论，掌握新闻稿和新闻发布会的相关原理。

2. 分组撰写新闻通讯稿或新闻发布稿。

3. 分组模拟新闻发布会。

4. 教师点评。

检查：

1. 新闻稿写作格式是否规范，要素是否齐全？

2. 新闻发布会的组织是否有序、高效？

评估：

工作任务评估表

考评项目		自我评估	小组评估	教师评估
团队合作 40%	沟通能力			
	协作精神			
工作成果评定 30%	任务方案			
	实施过程			
	工具使用			
	完成情况			
工作态度 20%	工作纪律			
	敬业精神			
	有责任心			
工作角色、创新 10%	角色认知			
	创新精神			
综合评估 100%				

【知识链接】

一、新闻发布计划的制订

中国有句古话："凡事预则立，不预则废。""预"就是事先做好计划或准备。做一切事情，只有事先计划好才有希望取得成功，否则就可能失败。新闻发布会是组织机构在重要关头才会开展的一项重要活动，更要事先制订计划。

(一)制订新闻发布计划的程序

制订新闻发布计划是为了减少新闻发布会的盲目性。但一次新闻发布会究竟是否有必要举行，却要在制订计划之前就要先确定下来。这涉及制订新闻发布计划的程序问题。

在实际工作中，我们大致会遇到两种情况：一种是工作无计划，事到临头往往"抓瞎"。另一种是计划好看不好用，计划成了"聋子的耳朵——摆设"，出现第一种情况的原因很简单，答案也容易寻找：未雨绸缪，事先计划就是了。第二种情况的原因就相对复杂些：或者计划不切实际，或者形势发生突变，或者执行计划出现走样。原因虽然很多，但基本上都可以在计划的科学性上寻找答案：即首先是这项计划的产生过程是否科学，然后才是计划方案是否科学。显然，科学的新闻发布计划是在一个科学的程序之后产生的。

制订新闻发布计划的程序如下：事由—提议—分析—请示—核定—启动。

1. 事由

"无风不起浪"，制订计划总要有它的缘由：近期发生了什么大事或计划做什么大事？这个"大事"应当是与组织机构的发展有直接的重大关系的；或者发生在组织机构内，已经或将要波及社会，比如肯德基由于在食品添加"苏丹红"引起公众的反感，使形象受损，需要通过发布新闻来扭转形象。

2. 提议

制订新闻发布计划的依据是有这方面的提议。"大事"与新闻发布会之间并没有必然的联系。要宣传"大事"可以通过新闻发布会，也可以直接给报社写稿，还可以作广告。只有有了开新闻发布会的提议，计划程序才能开始。提议者可以是最高决策层，也可以是一个部门。当然，公关人员也可以发出召开新闻发布会的提议。

3. 分析

是否进入计划程序要过分析关。召开新闻发布会的提议是否合理？召开新闻发布会是否必要？会产生什么影响？在当前形势下以新闻发布会制造声势是否与整体传播规划相适应？有没有比新闻发布会更合适的形式？公关人员对新闻发布会可能产生的各种影响预先进行分析，可以减少新闻发布活动的盲目性。

4. 请示

公关人员对是否举行新闻发布会和会议的格调向最高管理层提出请示。请示中要说明如果举行，理由是什么？确定什么样的主题？何时能够拿出具体的计划？反对举行新闻发布会，理由是什么？是否需要替代的措施？

5. 核定

组织机构领导审阅上述建议，对是否举行、如何举行新闻发布会做最后审核。

6. 启动

如果领导批准举行新闻发布会，则启动计划程序，开始拟订计划。

(二)新闻发布计划的内容

新闻发布计划的内容，一般包括以下各项：

1. 主题

新闻发布会的主题是根据事件的性质和组织机构的传播目标确定的。它要公布一个与组织机构有关的重大信息；或者阐发组织机构对某个社会问题的看法；或者是澄清一件重大事情的真相内幕。

2. 信息内容

对新闻发布会主题的细化。可以运用新闻的"六要素"(时间、地点、人物、事件起因、经过、结果)理论对信息内容进行概括，并围绕新闻发布主题对重点要素予以强调。而新闻的结构的五部分是标题、导语、主体、背景、结语。两者不能弄混淆了。

3. 传播目标

传播目标分即时目标和长远目标。即时目标：争取几家媒介报道？让多少人知晓？影响哪个层次的公众？长远目标：希望得到哪些方面的社会评价？对公众施加哪些方面的潜在影响？

4. 邀请对象

多少新闻媒介/记者？具体到哪几家？除了新闻媒介外，新闻发布内容还涉及哪些部门或单位？拟邀请其中的哪几家？

5. 会议准备

会议现场的布置，发言人用的新闻发布稿和会上散发的新闻稿的准备，会后新闻报道情况的跟踪与公众反馈信息的收集等，都要写进计划。

6. 主持人与发言人

谁主持新闻发布会？谁担任新闻发言人？主持人一般是公共关系经理，也可以是组织机构的"二把手"；发言人一般是组织机构的"一把手"，必要时可以安排一位或几位专业技术人员，做发言人的现场助手。

7. 时间、地点、经费

在时间安排上，突发性新闻发布会的选择余地不大。但其他新闻发布会最好避开重大节假日，因为越是重大节日，党政领导人的活动往往越是显著，新闻媒介多的是"头条新闻"。但组织机构的新闻发布会可以考虑安排在周末，因为周末一般无重大活动，新闻媒介可能把搜寻"头条新闻"的目光转移到组织机构的活动上来。

新闻发布会的地点可以根据实际需要在内部会议室、本地宾馆和外地举行。新闻发布会的费用也要有一个基本的预算方案。

【观点链接 4-1】

新闻发布会与记者招待会的区别

新闻发布会，也有人把它叫记者招待会，其实这两者是有区别的。

新闻发布会侧重于新闻发布，如企业做出了某项重要的决策、研制生产了某种新产品或推出了某项对社会有重要影响的革新项目。企业若想通过大众媒介把这些信息广泛地传播出去，就可以举办新闻发布会。

记者招待会则有所不同，它不一定是有新闻要发布，它的主要目的是和新闻媒介公众进行沟通。任何企业在与社会各界公众的交往中，都会遇到很多错综复杂的问题，如本单位与外单位发生了法律纠纷，企业受到了顾客的批评、受到了社会舆论的谴责、受到了新闻媒介的公开指责、受到了某一其他社会组织的诬告等。当这些问题发生之后，企业为了挽回影响并争取舆论界的支持，就有必要召开记者执行会。

（资料来源：武汉美游天下文化传媒）

（三）制订新闻发布计划的原则

一个科学的新闻发布计划是新闻发布会成功的首要条件。制订新闻发布计划同样是一件严肃、科学的事情，它要求符合以下原则：

1. 要符合程序

科学的新闻发布计划是在一个科学的程序之后产生的。一个科学的新闻发布计划不仅可以减少新闻发布计划的盲目性，保证每次新闻发布会能发挥它应有的价值，而且可以起到"把门人"的作用，把那些本无价值的新闻发布会挡在计划之外。

2. 要有系统性

新闻发布不是一个孤立的活动，而是组织机构整体传播计划中的一个环节。即使属于突发性新闻发布活动，也应该符合组织机构的整体传播目标。因此制订计划要有系统眼光，从整体上衡量一次新闻发布活动的即时效应和潜在效应；把握其对局部的影响和对全局的意义。而不可"头痛医头，脚痛医脚"，只顾一时轰动而打乱整体计划。

3. 要切合实际

即新闻发布计划要量体裁衣，符合实际：首先新闻发布计划要考虑事实信息本身的新闻价值，避免因夸大事实而拔高新闻发布活动的规模；其次要考虑组织机构的性质和规模，不因随意提高或压低新闻发布会的规格而造成信息和人力、财力的浪费；最后要考虑社会发展趋势，使所发布的信息符合公众的心理需求。

4．要有备用方案

组织机构赖以生存的社会环境处于持续不断的变动之中。一般情况下，社会变化是渐进性的、因果关系清晰的，但有时也会发生骤然巨变。为此，新闻发布计划要有一定的前瞻性，那些对组织机构的发展关系特别重大的新闻发布计划，最好要有备用方案，以防临时出现突发事件。

二、撰写新闻发布稿

新闻稿的撰写是公关人员利用新闻媒介实现对公众施加影响的必要手段，也是与新闻界保持密切联系的纽带。从而，新闻稿的撰写就成为公关人员必须掌握的技术之一。

（一）新闻素材的搜集

撰写新闻稿必须尽力使稿件符合编辑的要求，达到被采用的目的，同时以最佳的写作方式实现公共关系的目标。因此，必须查找现有报纸的内容、电台和电视台的节目，研究它们所经常采用的稿件与被抛弃的稿件在内容、写作方式、用词造句方面的不同点，然后总结出适合自己的写作方法。

选择具有新闻价值的素材是新闻稿被采用的首要因素。只有具有新闻价值的新闻，才能产生轰动效应，毫无新闻价值的资料是不会被新闻单位采用的。新闻一般是对新近发生的与大众有关的事实的报道。新闻价值主要指新闻事实中能够明显引起公众注意和兴趣的特性，如时效性、接近性、特殊性、重要性、新奇性、内幕性等，具备这些特性之一，便可能构成新闻素材。

（二）新闻稿的写作

掌握新闻稿的撰写技巧，是发挥新闻素材作用，写成一篇好的新闻稿子的必需条件。新闻有其独立的写作形式，应该用符合新闻学规范的方式来准备新闻稿件。

首先是新闻稿的基本要素，一个完整的新闻稿件应包括新闻报道的5W1H，即新闻稿的六要素：When（何时）、Where（何地）、Who（何人）、What（何事）、Why（何因）以及How（过程怎样）。英国公共关系学家杰夫金斯则举出公关新闻稿的七要素：主题、组织机构、地点、优点、应用、细节、消息来源。

新闻稿的结构，要严谨，逻辑性强。一般有倒金字塔式、顺时式等。其中倒金字塔式是一种典型的新闻稿结构，即以重要性递减的顺序来安排新闻中的各项要点和事实。这种纯新闻报道的基本结构形式，既有助于记者快速写作新闻，便于编辑制作标题和设计版面，也有助于读者阅读。

1．导语

撰写新闻稿时要注意写好新闻导语，即新闻的开头，常常是整个消息的概述，可以用最简洁的文字把事情的要点和重点提纲挈领浓缩式的交代出来。假如后续无文的话，则这一单段落就概括了整个事件。

导语的关键是个"导"字，它应当起到引导、诱导、前导的作用。也就是说，它应当用简洁的语言，写出最主要、最新鲜、最吸引人的事实，给读者留下深刻的印象。因此，导语的写作要开门见山、中心突出、简明扼要、生动有趣。

2. 主体

新闻主体，即对导语中披露的新闻作进一步的说明，要注意观点明确、层次清楚、精心选材。一般来说，新闻主体应当具备两部分内容：一是对导语提出的主要事实、问题或观点进行具体的阐述或回答，使导语部分的内容借助于一连串丰富的材料而得到进一步的说明和解释，使新闻诸要素更为明确和详尽；二是用附加的次要材料来补充导语中没有涉及的新闻内容，提供新闻背景，说明事件的来龙去脉，使新闻内容充实饱满，主题更加突出。

主体部分常见的结构形式有以下两种：

（1）以事件的重要程度为序组织材料

这就是通常所说的倒金字塔结构。它是一种常见的新闻写作方法，多用于动态新闻。所谓倒金字塔结构，就是大头在上面，小头在下面。具体来说，一篇新闻，先是要把最重要、最新鲜的事实放在导语中，主体部分的内容则依照重要性递减的顺序来安排：较重要的材料往前放，较次要的往后放，最次要的放在最后面。这种叙述方式主题突出，阅读简便，同时便于编辑删节、修改稿件——如有篇幅限制，编辑可以由后往前删，而不影响全篇内容的完整性。

（2）以事件的时间先后为序组织材料

这种主体结构形式，通常是按事件发生的时间顺序来组织材料，事件的开始是新闻稿的开头，事件的结束为新闻稿的结尾。由于这种结构方式能够清楚地反映出新闻事件的来龙去脉、前因后果，使读者对它的全过程有一个鲜明的印象，所以它比较适用于内容较为复杂但线条单一的新闻的写作，如报道节日游行盛况、一些重大事件、一场事故、一次球赛等。这种叙述结构同人的思维取向相吻合，易于人们阅读、理解，尤其适合我国读者的阅读习惯和口味。而这种"从头到尾"写作方法掌握起来也比较容易。

3. 新闻背景

什么是新闻背景？简言之，新闻背景就是有关新闻事件的历史和环境的材料。新闻是对新鲜事物的报道，而新的东西对人们来说往往是陌生的，这就有必要对新闻中的基本事实进行解释和补充说明。只有适当地对事件的来龙去脉、它与周围事物的联系及其相互影响进行"衬托性叙述"，才能显示出事件的意义，才能使生活在不同地区、工作和阅历各不相同的读者排除阅读障碍，对新闻产生兴趣。

4. 结尾

新闻的结尾，要简短，言尽而意未尽，发人深省或设置悬念，为以后的连续报道埋下伏笔。在新闻的结构布局中，结尾并非占据着举足轻重的地位，有些新闻稿有结尾，有新闻稿无结尾。

一般来说，事实叙述清楚了，新闻稿的写作也就大功告成了。这是因为：

（1）多数新闻所采用的倒金字塔结构，是以事件的重要程度为序安排材料的，在这种结构形式中，事实排列完了，新闻也就写完了，实际上没有必要也不便于再加上个尾巴。与其生硬地重复，给人以画蛇添足的感觉，倒不如就此住笔，戛然而止的好。

（2）新闻要求用事实说话，摆完事实通常也就讲完了道理，因而一般不必点题作结论，也无须借结尾之机向读者说明主题或下什么断语。否则就会给人以"意已尽而言不止"的感觉。

（3）从新闻简短的要求来看，很多情况下也不容许特意加个结尾。不写或少写结束语式的结尾，有助于新闻稿文字简约，节奏明快；反之则有可能使新闻文章化，篇幅冗长。

（三）各类新闻发布稿的写作

任何新闻发布会都必须有明确的主题，提倡什么，反对什么，说明什么，都要清清楚楚，明明白白，在新闻发布稿中体现出来，来不得半点含糊。按不同的主题划分，新闻发布稿大致有三种基本的类型：喜庆性新闻发布稿、专业性新闻发布稿和突发性新闻发布稿。

1. 喜庆性新闻发布稿

这类新闻发布稿适用于开业、周年庆典和产品获奖等有喜庆色彩的事件。它的写作要求是：

（1）简介梗概：简明扼要地介绍事情的梗概，细节可以放在答记者问时介绍。

（2）体现价值：体现事件的本来价值，比如"全国第一家"、"同行业第一个金色质奖"。

（3）突出意义：事件有多大的社会意义，比如对公众的价值，对社会环境的益处等。

（4）"一多一少"：自我赞美之词要少，引用专家、社会舆论的赞语要多。

（5）"一低一高"：低调处理个人在事件中的作用，提高团队整体实力和组织形象。

（6）言之有据："全国第一家"的结论有无出处？

以产品获奖为例，喜庆性新闻发布稿一般可以按以下格式撰写：

L900 冷藏车获奖新闻发布稿

（称呼）各位记者朋友：早上好！

（主题）现在，我以激动的心情向各位，并通过各位向关心 L 集团发展的所有朋友宣布：L 集团自行设计、制造的 L900 冷藏车在刚刚结束的世界汽车博览会上获得了银质奖！（展示奖杯）

（意义）这意味我国的特种国产汽车已经领先一步走向世界……

（梗概）L900 冷藏车的研制是从 1996 年开始的……

（评价）L900 在世界汽车博览会上获得的赞誉……

（结束语）L 集团人对荣誉的态度：……

谢谢大家！

2. 专业性新闻发布稿

这类新闻发布稿适用于重大项目开工、科技成果转让、新政策条文实施等。它的写作要求是：

（1）简介梗概：简明扼要地介绍事情的梗概，不要纠缠于技术细节。

（2）阐明标准：项目达到什么标准，20 世纪 90 年代发达国家先进水平还是 21 世纪水准？新政策条文是应急措施还是适应未来需要？

（3）体现个性：与同类项目、技术相比，有何与众不同之处？

（4）突出效益：对项目或科研成果的综合效益进行了怎样的预测？

（5）明示代价：明白地告诉人们采用新成果、新条文需要付出什么代价？

（6）体现权威性：重大项目的论证和科技成果的鉴定是否有权威部门的监督？

（7）做好"翻译"：尽可能把专业技术术语"翻译"成普通公众听懂看懂的"白话"。

以政府办公用品统一采购为例，专业性新闻发布稿一般可以按以下格式撰写：

政府办公用品统一采购新闻发布稿

（称呼）各位记者朋友：早上好！

（主题）现在，我代表S市政府办公厅向各位，并通过各位向关心S市廉政建设的社会各界朋友宣布：S市政府决定自即日起实施政府办公用品统一采购制度！

（梗概）为此，S市政府决定采用新办法，……

（说明）我们所说的政府统一采购，是指……

（效益）据测算，采用新办法后经济效益是……，社会效益是……

（代价）实施新办法需要的条件是……

（结束语）S市政府办公厅欢迎社会各界朋友的监督！

谢谢大家！

3. 突发性新闻发布稿

这类新闻发布稿适用于内部突发危机事件需要说明事实真相、外部突发事件需要表态等。它的写作要求是：

（1）态度在先：属于自己失误的要先作自我批评；对造谣中伤者绝不姑息；对外部突然袭击事件要敢于表态。

（2）说明真相：简要介绍发生的事情、真相如何。

（3）讲清原因：事故是人为的失误，还是形势不可逆转、结局不可抗拒？大致各占几分因素？

（4）总结教训：有哪些知识可以总结？最应当使他人和自己今后警惕的是什么？

（5）亮出措施：拟采取的措施是什么？何时开始实施？

（6）做出承诺：是否能保证今后不再重犯类似错误？

以某化工厂毒气泄漏、引发附近居民中毒事故为例，突发性新闻发布稿一般可以按以下格式撰写：

某化工厂毒气泄漏事故新闻发布稿

（称呼）各位记者朋友：早上好！

（主题）今天请各位来，是要通过各位所在的新闻媒介向社会各界朋友致歉！

（真相）在座的各位可能已经知道，我们厂的××生产车间发生了毒气泄漏的严重事故，目前已经造成的实际损失是……，在这里，也提醒各位注意，目前社会上的某种说法是没有根据的。

（原因）经初步查明，事故的原因是……

（教训）教训是沉痛的，它使我们……

（措施）事故发生后我们采取的措施是……

（结束语）事故已经发生，恶果已经酿成。我们决心……

(四)写作注意事项

新闻有其独立的写作形式，要求言简意赅，只要能将事实讲清楚，句子越短越好，而且要求准确无误和通俗易懂；事件的描写不超过一张纸的篇幅；应避免使用形容词的最高；要避免含糊地概括和最高级形式；不要使用一些陈词滥调；若无实质性的东西，不要随便引用领导人的话；不要对所有报道机构都发通用的新闻稿。此外，还要注意简短、准确、具体、流畅、标题设计、格式的处理等新闻稿写作的具体技巧。

写好一篇新闻稿，还应注意一些技术处理的细节。例如：稿子誊写时，行与行之间应留空，以利于编辑作删改补充；用方格稿纸更好，便于编辑计算字数。稿纸上最好印有机构名称、地址、电话号码、联系人姓名等，便于编辑对稿件内容需要发问或补充时可以及时联络。

新闻稿寄发出去后，还要注意一些小问题。不要纠缠编辑，责问他们是否收到了稿件，是否会采用？如果稿件已被媒介决定采用，不要向编辑索要原稿的清样或复本。此外，不要由于稿件未被采用而怨恨在心，也不要因为你不大赞同媒介对稿中的处理方式而心怀不满。如果确实有些地方编辑弄错了，可以向他指出，但不要就新闻评判的标准和稿中的精要部分在那里与编辑争论不休。因为，有时公关人员和编辑看问题的角度不同，见解也会有所不同。

总之，一篇稿子能否被新闻机构采用，关键在于稿子是否具有新闻价值。同时，应注意写作技巧、表现手法以及技术处理细节，才能以最佳的写作方式实现公共关系的目标。

三、新闻发布会的组织

举办新闻发布会是组织形象的一次"亮相"，因此，必须精心组织。主要包括：会前的筹备、会议程序、会议效果检测三个环节。

(一)会前的筹备

1. 确定新闻发布会的主题

主题是新闻发布会的中心议题。考虑这个主题是否非常重要，是否具有新闻价值，能否对公众产生重大影响，此时召开新闻发布会是否适宜等。

2. 选择会议地点和举办时间

举办新闻发布会，主要考虑要给记者创造各种方便采访的条件。可安排在某一饭店或会议室、公关俱乐部机构等，会场要具备必要的照明设备、视听设备和通信设备等，要安静，不受干扰，交通要方便，要有舒适的座椅以便记录就座。会议的时间要尽量避免节假日、重大社会活动和其他重大新闻发布的日子，以免记者不能参加。会议时间一般宜控制在一小时以内。

3. 选择会议主持人和发言人

对主持人和发言人的要求很高。主持人和发言人必须对提问头脑清醒，反应机敏，有较高的文化修养和口头表达能力。在组织中，会议的主持人一般由较高专业技巧的公关人员担任，会议的发言人由组织或部门的高级领导担任，因为他们清楚组织的整体情况、方针、政策和计划等问题，又具有权威性。

【观点链接 4-2】

如何拥有高媒商——新闻发言五度原则

媒商，是指"媒体智慧"，英文为"Media Quotient"，指企业高层或政府官员与媒体打交道的能力。智商让你具备做事的能力，情商让你具备做人的能力，而媒商则是让你具备做公众人物的能力。媒商这个概念由危机公关专家游昌乔先生于 2006 年率先提出，并由此总结了"新闻发言五度原则"，又称"媒商——新闻发言五度原则"，或"媒商五度原则"。

游昌乔先生所提出的"媒商——新闻发言五度原则"具体指：

一、高度：公众人物善待公众、善待社会，接受媒体监督，是应尽的义务。媒体代表着公众，媒体的背后是公众的知情权。而代表公众，是道德的制高点，无人能够侵犯。

二、态度：人们会原谅一个犯错误的孩子，但不会原谅一个不认识错误的孩子。每个公众人物，在面对媒体时，始终得记住最重要的一件事情：第一是态度；第二是态度；第三还是态度。

三、风度：保持低调谦逊，不要忘本，任何时候都不要得意忘形。

四、气度：得饶人处且饶人。宽容是宽容者的通行证，狭隘是狭隘者的墓志铭。

五、尺度：不要过激反应，不要自我纠结。不要给大家任何理由让自己成为话题，更不要让自己成为关注的焦点。因为只要你在话题中心，就会继续遭受伤害。

（资料来源：http://www.hrgd.cn/content/? 339. html）

4. 准备发言稿和报道提纲

公关人员在会议召开前，应在组织内部统一口径，组织专门小组负责起草发言稿，全面认真收集有关资料，写出准确、生动的发言稿。并写出新闻报道提纲，在会上发给记者作为采访报道的参考。

5. 准备宣传辅助材料

宣传辅助材料要围绕主题准备，尽量做到全面、详细、具体和形象。形式应多样，有口头的、文字的、实物的、照片和模型等。在会议举行时现场摆放或分发，以增强发言人的讲话效果。

6. 择定邀请记者的范围

邀请的记者各方新闻机构都要照顾到，不仅要有报纸记者，还要有电台、电视台的记者，不仅要有文字记者，还应有摄影记者。对记者要一视同仁，不能厚此薄彼。在会议举行前要及时用电话联系落实记者出席情况。

7. 组织参观和宴请的准备

发布会前后，可配合主题组织记者进行参观活动，请记者作进一步的深入来访，这样常常会带来具有重大价值的新闻报道。有关参观活动事宜应在会前就安排好，并派专人接待，介绍情况。会后，如有必要可邀请记者共进工作餐，利用非正式交谈，相互沟通，融洽与新闻界的关系，解决有关发布会没有解决的问题。

8. 制作会议费用预算

应根据所举行新闻发布会的规格和规模制定费用预算，并留有余地，以备急用。费用项目一般有：场租费、会议布置费、印刷品、邮电费、交通费、住宿费、音像器材、相片费、茶点或餐费、礼品、文具用品等。

9. 做好接待工作

组织人员要提前布置好会场、横标、发言人席、记者座位，周围环境要精心设计、安排，营造一种轻松、自然、和谐的会场气氛。培训接待人员和服务人员，要求他们穿戴整洁、适宜，精神饱满、愉快，体现出组织的风格；安排会议的记录、摄影、摄像工作，以备将来的宣传和纪念之用。

(二)会议程序

举办新闻发布会，会议程序要安排得详细、紧凑，避免出现冷场和混乱局面。一般来说，新闻发布会应包括以下程序：

1. 签到

设立签到处，并派专人引导记者前往会场。参加会议的人要在签到簿上签上自己的姓名、单位、职业、联系电话等。

2. 发资料

会议工作人员应将写有姓名和新闻机构名称的标牌发给与会记者，并将会前准备的资料，有礼貌地发给到会的每一位人员。

3. 介绍会议内容

会议开始时要由会议主持人说明举办新闻发布会的原因，所要公布的信息或事件发生的简单经过。

4. 主持人讲话

主持人要充分发挥主持和组织作用，活跃整个会场气氛，并引导记者踊跃提问。提问离主题太远时，要巧妙地将话题引向主题。出现紧张气氛时，能够及时调节缓和，不要随便延长预定会议时间。

5. 回答记者提问

要准确、流利自如地回答记者提出的各种问题，不要随便打断记者的提问，也不要以各种动作、表情和语言对记者表示不满。对于保密的东西或不好回答的东西不要回避，而要婉转、幽默地进行反问或回答，以确保所发布的消息准确无误。

6. 参观和其他安排

会议结束后还应由专人陪同记者参观考察，给记者创造实地采访、摄影、录像等机会，增加记者对会议主题的感性认识。还可举行茶会和酒会，以便个别记者能够单独提问，并能融洽和新闻界的关系。

会议结束，可以向与会者赠送一些特殊意义的小礼品留作纪念。

(三)会议效果检测

新闻发布会结束后，要检验会议的效果是否达到了预期目的。要求做好以下工作：

1. 尽快整理出新闻发布会的记录材料，对会议的组织、布置、主持和回答问题等方面的工作做总结，从中认真汲取经验和不足，并将总结材料归档备查。

2. 搜集到会记者在报纸、电台上的报道，进行归类分析，检查是否达到了会议的预定目标，是否有由于失误而造成的谬误。对检查出的问题，要分析原因，设法弥补失误。

3. 对照会议签到簿，看与会记者是否都发了稿件，并对记者所发稿件的内容及倾向做分析，以此作为以后举办新闻发布会邀请记者范围的参考依据。

4. 收集与会记者以及其他与会代表对招待会的反应，检查招待会接待、安排、提供方便等方面的工作是否有欠妥之处，以便改进今后的工作。

5. 若出现不利本组织的报道，应做出良好的应对策略。若是不正确或歪曲事实的报道，应立即采取行动，说明真相，向报道机构提出更正要求；若报道的虽然是事实，但不利于本组织，且完全是组织内部错误造成的，对此应通过该报道机构表示虚心接受并致歉意，以挽回组织声誉。

【职场案例】

案例一：公关部如何组织编写酒店的新闻稿？

组织编写酒店新闻稿是公关部的一项重要工作内容。酒店的新闻稿是一系列以新闻体裁出现的介绍酒店基本设施服务、运营和管理以及酒店最新消息的文章，它们在一起组成酒店的新闻稿册子，由公关部在新闻发布会，接待国内外记者或其他对外场合时发出。新闻稿的编写要由公关部来完成，主要分为几大项内容：

1. 酒店的基本情况，包括历史背景、服务设施、有关数据参考等。
2. 酒店总经理及若干主要领导者的简历和介绍材料。
3. 酒店管理集团的介绍。
4. 酒店各种新措施、新政策方针的介绍和实施。
5. 酒店重大促销活动或事件。
6. 其他具有新闻性质的活动或事件。

酒店所有的新闻稿件都应由总经理审批通过后，才能向外界发放。公关部要根据酒店的新情况、新发展，随时对新闻稿做必要的改动，保证其准确性和时效性。

编写新闻的公关部人员在具备一定的新闻写作能力，要善于选择合适、新颖的角度写作，文稿简明扼要，不冗长，不夸张，要充分遵循新闻客观性。

（资料来源：http：//blog.ifeng.com/article/7066769.html）

案例二：香格里拉在京酒店筹款15万余元捐助京城打工子弟学校

为了让在京打工人员的子女能够拥有更良好的教学和生活环境，香格里拉酒店集团在京经营的五家酒店通过"2010北京人文关怀慈善月饼礼盒"售卖活动筹得善款共计人民币156 300元，全部定向捐助蒲公英中学和石景山华奥学校，为两校改善基础教学设施。中国大饭店、北京香格里拉饭店、香格里拉北京嘉里中心大酒店、国贸饭店和上东盛贸饭店的工程部都将派出专人前往两所学校，帮助完成相关的建设工作。

香格里拉酒店集团在京经营的酒店自2008年起开始为上述两所学校提供支持和帮助，此次筹款也是香格里拉酒店集团企业社会责任项目中"人文关怀"精神的实践。集团自2009年开始明确提出"香格里拉人文关怀项目"，宗旨是关心他人的今天，让自己的明天更美好，让幸福延续得更长久。因此，香格里拉旗下酒店积极开展各种教育及健康项目，通过各种相关的技能培训和卫生保健计划培育社区成员。

石景山华奥学校是北京中国大饭店和上东盛贸饭店的捐助对象；而蒲公英中学则是北京香格里拉饭店、香格里拉北京嘉里中心大酒店和北京国贸饭店的捐助对象。

蒲公英中学5年前建成，为大兴区的700名左右学生提供食宿并授课。石景山华奥学校建于1997年，为近900名儿童提供从小学到初中的年龄段的教育，课程涵盖音乐、化学、物理、计算机、多媒体等。

香格里拉酒店集团一贯坚持以经济、社会和环境可持续性的方式进行经营，同时平衡各相关利益方之间的关系。集团有专门的企业社会责任委员会。从股东关系、环境、健康及安全、供应链管理和员工等各方面带领企业推陈出新，使香格里拉成为企业公民和可持续发展方面的领导者。香格里拉企业社会责任项目以可持续发展为出发点，由"人文关怀"和"关爱自然"两个核心元素组成。"人文关怀"主要体现在香格里拉人文关怀项目，使弱势群体获得更好的教育及健康服务；"关爱自然"则渗透于香格里拉自然保护项目中，为保护生态多样性以及恢复生态环境做出不懈努力。

（资料来源：www.shangri-la.com）

【情境模拟】

公关员小张为饭店制订了一份关于春节推出新菜品的新闻发布计划，其内容包括以下几个方面：①必须了解各种新闻媒介的特点。②要与新闻界全面合作。③有目的地举行座谈会、新闻发布会，主动帮助记者客观地报道组织的政策和活动。④应当定期地向新闻机构寄发各种新闻资料、提供新闻线索，供记者编辑参考之用。

你认为这份计划正不正确，如果不正确，请你制订一份正确的计划。

【实战演练】

1. 某旅游局将举行一次大型业务交流会，拟邀请新闻记者到现场采访报道，领导安排你负责此项工作，你知道邀请新闻记者的一般程序吗？

2. 王副经理最近被指派为旅游景区的新闻发言人，没有新闻发言人经验的他需要提高这方面的素养。作为一名公关员，你将如何帮他？

3. 某饭店因食品质量问题频出事故，引发消费者的强烈不满。该饭店迅速做出了召开新闻发布会的决定。请你按常规要求为该公司拟写一份新闻发布稿的提纲。

工作任务二　旅游企业广告宣传

【任务导入】

国家旅游局确定 2011 年为"中华文化旅游年"，并提出宣传口号为"游中华，品文化"；"中华文化，魅力之旅"。各地旅游局也想在这种背景下，结合当地的旅游资源和文化特色，设计出当地的宣传口号，如果把这项任务交给你来做，你该如何设计这个宣传口号？当地的酒店、旅行社、旅游景区又该如何响应这些口号？

【任务分析】

以旅游业为背景，了解旅游企业广告宣传的种类，掌握旅游宣传口号设计的原理与要点，能够结合企业的实际情况，制作旅游企业宣传广告。

【任务实施】

资讯：

1. 旅游企业公关广告宣传的类型有哪些？
2. 公关广告宣传的主题如何设计？
3. 制作旅游企业公关广告宣传的步骤有哪些？

决策：

1. 设计什么类型的公关宣传广告？

2. 设计什么样的宣传主题？

3. 如何制定宣传广告？

计划：

1. 人员如何分工？

2. 时间如何安排？

3. 预算如何落实？

4. 任务如何组织？

实施：

1. 资料的搜集、分析、整理。

2. 分组讨论设计旅游宣传主题。

3. 制定旅游企业响应宣传主题的活动。

4. 教师总结。

检查：

1. 宣传主题是否新颖、科学？

2. 企业的活动是否与主题相适应？

评估：

工作任务评估表

考 评 项 目		自我评估	小组评估	教师评估
团队合作 40%	沟通能力			
	协作精神			
工作成果评定 30%	任务方案			
	实施过程			
	工具使用			
	完成情况			
工作态度 20%	工作纪律			
	敬业精神			
	有责任心			
工作角色、创新 10%	角色认知			
	创新精神			
综合评估 100%				

【知识链接】

　　广告宣传活动是旅游企业推销自身形象的一种特殊手段，一般围绕赢得声誉主题、公众服务主题、经济活动主题、人力资源主题、特别事项主题而展开。旅游企业公关广告的制作，要在广泛的市场调研基础上遵循公关传播的原则，搞好广告定位、包装和媒介分析等工作。广告要定位准确，能体现企业营销特色。广告宣传要讲求艺术，易被公众接受，通过树立企业形象来实现提高经营效益的目的。在广告宣传过程中要善于利用各种媒体，通过制造"新闻事件"引起社会和新闻界的关注，从而被媒体广泛报道，这是最理想的免费广告。

一、公关广告的类型

(一)目标广告

目标广告即宣传旅游企业经营目标、经营宗旨、管理哲学、价值观念、企业精神等内容的广告，如中国大酒店的"中外通商之途、殷勤款客之道"的广告形象。

(二)庆典广告

开业之初，介绍旅游企业的经营特色、服务项目、地理位置、风格传统的广告。节日之际，旅游企业也可以向广大公众致贺，向公众发布表示谢意的广告。

(三)信誉广告

传播旅游企业获重大奖项、受表彰、赞誉或星级等级的广告；由于旅游企业失误，向公众公开致歉的广告。采取谦虚的形式，以退为进，扩大旅游企业的声誉。例如，某酒店登载这样一则广告：本酒店烹制的"全鱼宴"深受消费者喜爱，目前供不应求，特向广大消费者致歉，酒店将于近期扩大生产，满足顾客需要。

(四)公益广告

以旅游企业名义发起的，具有重大影响的社会活动，以此塑造旅游企业形象的广告。以公益性、慈善性、服务性为主题，是传播旅游企业勇于承担社会责任，争做优秀公民的广告。例如北京官方所拍的"一日游"打黑公益广告，国家旅游局于2010年拍摄的"品质旅游、伴你远行"公益广告宣传片，招商旅行社拍摄的公益广告交友篇、环保篇、保险篇等，都属于旅游公益广告。

(五)实力广告

向公众展示旅游企业设施设备、服务质量、人才技术等方面实力的广告。例如，武汉某酒店店庆，就列举了一长串曾在该店住宿、留言、题词的政府要员、商贾巨子、社会名流以及该酒店声誉很高的特级厨师和服务师，以此向公众展示自己的实力。

(六)纪念广告

利用具有特殊意义的日子，如"一二·九"、"三八"、"十一"、"五四"等，结合旅游企业举办的相关活动，制作成专题特辑，在报纸上做纪念广告，宣传旅游企业"精神文明"形象。

二、广告宣传主题的设计

公关广告的制作首先要求设计广告宣传主题，主题的构思要新颖。包括广告的调查及题材、时间和表现形式的选择。广告的构思要新颖、形式要不落俗套、主题表现力要强，能给人一种联想、启示，使观众有美的享受。

中国历年旅游主题及宣传口号

年份	旅游主题	宣传口号
1992	中国友好观光年	"游中国、交朋友"
1993	中国山水风光游	"锦绣河山遍中华，名山圣水任君游"

续表

年份	旅游主题	宣 传 口 号
1994	中国文物古迹游	"五千年的风采，伴你中国之旅"；"游东方文物的圣殿：中国"
1995	中国民俗风情游	"中国：56个民族的家"；"众多的民族，各异的风情"
1996	中国度假休闲游	"96中国：崭新的度假天地"
1997	中国旅游年	"游中国：全新的感觉"
1998	中国华夏城乡游	"现代城乡，多彩生活"
1999	中国生态环境游	"返璞归真，怡然自得"
2000	中国神州世纪游	"文明古国，世纪风采"
2001	中国体育健身游	"体育健身游，新世纪的选择"；"遍游山川，强健体魄"
2002	中国民间艺术游	"民间艺术，华夏瑰宝"；"体验民间艺术，丰富旅游生活"
2003	中国烹饪王国游	"游历中华胜境，品尝天堂美食"
2004	中国百姓生活游	"游览名山大川、名胜古迹，体验百姓生活、民风民俗"
2005	中国旅游年	"2008北京——中国欢迎你"；"红色旅游"年
2006	中国乡村游	"新农村、新旅游、新体验、新风尚"
2007	中国和谐城乡游	"魅力乡村、活力城市、和谐中国"
2008	中国奥运旅游年	"北京奥运、相约中国"
2009	中国生态旅游年	"走进绿色旅游、感受生态文明"
2010	中国文化旅游年	"文化旅游、和谐共赢"
2011	中华文化旅游年	"游中华，品文化"；"中华文化，魅力之旅"
2012	中国欢乐健康游	"旅游、欢乐、健康"；"欢乐旅游、尽享健康"；"欢乐中国游、健康伴你行"
2013	中国海洋旅游年	"体验海洋，游览中国"；"海洋旅游，引领未来"；"海洋旅游，精彩无限"
2014	中国智慧旅游年	"美丽中国，智慧旅游"；"智慧旅游，让生活更精彩"；"新科技，旅游新体验"

一个国家、一个地区、一个企业为做好旅游客源市场的招徕工作，都会选定一个整体性主题口号(旅游广告词)来宣传促销。要选定一个既能集中反映产品特色，又能紧紧抓住市场卖点，还通俗易懂、朗朗上口的主题口号，必须做到以下几点：

(一)深入了解旅游产品内涵，找准产品的核心吸引力

核心吸引力是旅游产品所包含的主要内容，是区别于其他产品的主要特色和优势所在。任何一个地区的旅游资源和旅游产品都是多种多样的。如果不分主次，都想推销出去，但事实上会冲散主题，影响促销效果。五台山曾一度提出过清凉胜地、革命圣地，想打避暑、佛教、红色旅游多种品牌，几年过后最终定位于佛教文化，得到了普遍认可。云南的民族风情、文化历史、自然气候、植物生态资源都很丰富，但重点选在了众多少数民族各具特色的民族风情上，推出了"七彩云南"的主题。不难看出，都在努力将自己区别于别人，都在尽力以己之长胜人之短，凭借的就是各自的核心吸引力。

（二）深入了解旅游市场需求，找准产品的市场卖点

旅游宣传主题口号不仅要凝练产品核心吸引力，还要有较强的市场针对性。如果说找准核心吸引力尚有本土优势的话，找准产品卖点则需跳出"庐山"，认识旅游市场需求"真面目"。有时，我们认为应该有卖点的恰恰反映一般，我们没看上眼的倒引起了客人的关注。比如手抓肉，内蒙古人都习以为常，而外地人则可能一生都没有见过这样大块的吃肉方法。又如，现代化建筑能反映今日内蒙古的变化，内蒙古人都愿引以为荣，但推荐给一般的外地游客，他们觉得看高楼大厦不需要到内蒙古来，毕竟认为内蒙古骑马上班的孤陋寡闻者越来越少了。可能围绕草原主题的现代化建设成果更容易引起客人的兴趣，如伊利、蒙牛为代表的现代乳品加工业，鄂尔多斯、鹿王为代表的羊绒加工业，恩格贝为代表的生态建设示范园区，民族文化发展建设成果等；以及大型露天煤矿、东风航天城等；因为这些离开内蒙古是看不到的。

（三）语言表述要准确生动、易懂易记

一般说来，主题口号语言的使用首先要注意准确，量身定做，写谁像谁，让消费者从语言上就能辨别出主题形象。要避免使用"放之四海而皆准"的语句，千万不能像有些主题口号，把地名一换，南方北方都可用，东部西部没区别。其次要注意语言得生动，饱含趣味性，富有想象力，产生感染力。像北京世界之窗"您给我一天时间，我给您一个世界"的主题口号，让消费者听到看到就为之一振。要避免语言平淡无味，游客虽多次接触，就是印象不深。最后要注意语言的凝练，内容精练，语句简练，易懂易记。要避免内容繁多，语言冗长，让人们不愿记、记不住；要避免深奥难懂，有些口号连业内人都需要解释半天才能明白，让普通游客听懂记住得费多大精力、得花多长时间。

【观点链接 4-3】

英语旅游广告语的语言特色

1. 口语化，自然亲切

口语化的语言往往显得亲切、自然，没有压迫感。

如：Passion for Life 激情人生——西班牙旅游局

Discover our True Nature 发现加拿大最真的一面——加拿大旅游局

Savor the Past Seize the Moment 品味过去，把握现在——苏格兰旅游局

2. 代词使用拒绝"第三者"

代词使用第一人称有助于增加广告的人情味，第三人称是不用的因为他的劝说效果最弱。

如：We Fly the World；the World Wants to Fly 飞达五洲，世界以求——美国泛美航空公司

We Are Good，not Fancy 卓尔不俗——新世纪酒店集团

You'll Love The Way We Fly 您会喜欢我们的飞行方式的——德尔塔航空

3. 动词先行，鼓励行动

行为动词有生命和活力的感觉，可以让旅游者的思想运动起来并促成行动，如：Stay With Someone You Know 与您熟识的伴侣同处——假日酒店集团

Visit Malaysia 到马来西亚一游——马来西亚国家旅游局

4. 多用短语简单句，容易记下

City of Gold 黄金之都——澳大利亚墨尔本旅游局

Britain，It's Time 英国之游正是时候——英国旅游管理局

5. 使用祈使句

Use Visa. All You Need 请用维萨卡。满足一切所需——维萨卡公司

6. 大量采用省略句

A Great Way to Fly 非凡之旅——新加坡航空公司

Our World，Your Pace 我们的世界就在您脚下——美国克劳斯特饭店

7. 多用比喻，增强广告的表达功能

Explore the Big Apple 观看大苹果——美国纽约的广告语

（资料来源：撒忠清. 谈英汉旅游广告语的语言特色和创作[J]. 巢湖学院学报，2007，9(1)：107—112）

三、公关广告的制作

(一)制订计划

1. 确定广告目标。包括旅游企业声誉目标、知名度目标、市场占有率目标、获得公众目标等。

2. 确定宣传范围。是对什么地区、哪一类公众进行宣传。

3. 确定宣传中心。广告的目标是提高信誉，可在服务质量上做文章；广告目标若是宣传企业形象，可把宣传重点放在公众对旅游企业和总经理的认知度上。

4. 要选择好媒介。主要是根据媒介的传播层次、传播特点以及自身的广告目标来确定，以达到最佳广告效果的目的。

当向公众传播的信息内容属视觉范围时，不宜选择广播媒介，而应选择电视、电影及幻灯媒介；如果信息内容是听觉范围的，则应选择广播媒介。公关人员应从行业的特点出发，将传播内容的特点与受众的特点紧密结合起来综合考虑，内容简单、时效性强的快讯，选择广播、电视等电子媒介；较复杂的内容，最好选择报纸、杂志等文字媒介；对于专题性大型公关活动盛况的报道及新开业酒店，宜采用电视、电影等传播媒介。

随着互联网的普及，网络媒介已经成为一种新的广告宣传形式，它与其他媒介相比，具有广告信息数字化、广告传播网络化、传播方式的实时交互性、广告对象的广域性、网络广告与营销可以一体化操作等特点，越来越受到旅游企业的欢迎。

5. 要预算好经费。根据广告目标、广告宣传范围和选择的媒体来预算所需资金。

(二)组织实施

落实广告表现手法，是写真、示范、对比、对话、比喻、语言，还是文娱、权威等。表现手法方式不一，其效果也不同，可按照目标确定一种表现手法；其后是制作广告，依据既定广告目标、所选择的广告媒介及广告的预算资金，提出广告制作的基本要求与原则，委托有关部门和人员设计制作。

四、制作公共关系广告的条件

1. 注意掌握公共关系广告创作的原则。即真实性、思想性与艺术性的和谐统一，使之达到一种完美的境界。

2. 重视广告的传播范围和传播效果。最大限度地扩大接触面，反复刊登、反复播放，以连续性的方式深化公众记忆。

3. 避免商业广告的痕迹。注意公共关系广告的目的是宣传旅游企业形象、强化公众好感，即"不是要大家来买我，而是要大家来爱我"。

4. 注重一致性与创新性的结合。所谓一致性，是指酒店的经营目标、经营宗旨、店名、店招牌从不轻易更改。广告的内容却可以花样翻新、富有活力，使公众对旅游企业既感到信任，又认为旅游企业有新的开拓、新的发展。

【职场案例】

案例一：关于进一步加强旅游广告监管的办法

为加强对旅游广告的监管，规范旅行社广告业务的发布，切实保护旅游消费者的合法权益，依据《中华人民共和国广告法》以及《旅行社管理条例》、《旅行社管理条例实施细则》的有关规定，特制定本办法。

第一条：凡在本市行政区域内设立旅行社发布的旅游广告，均适用本办法。

第二条：本办法所称广告业务，是指旅行社通过广播、电视、报纸、期刊、户外、印刷品、互联网等媒体形式，直接或间接宣传、介绍旅游服务项目和内容、招徕旅游者的商业性广告。

第三条：发布旅游广告业务的企业，必须是由旅游行政主管部门依法审批设立的、具有旅行社业务经营资格的旅行社。

旅行社发布广告，其内容涉及所属分社或门市部的，应当注明该分社或门市部的名称、地址和联系电话。

第四条：旅行社之间联合制作、发布旅游业务广告，其宣传内容应当限定在彼此相同的业务范围之内，不得作误导的广告宣传。

第五条：旅游业务广告内容应当真实合法、符合行业道德规范。

（一）旅行社在发布旅游业务广告时，应当注明许可证编号、类别、地址，内容要与其《旅行社业务经营许可证》相一致。

（二）旅行社在发布旅游业务广告时，须以旅行社注册名称发布。

（三）旅行社在发布旅游业务广告时，不得在住宿饭店标准方面出现"准×星"、"相当于×星"等模糊表述。

（四）旅行社在发布旅游业务广告时，不得在广告中出现"豪华旅游"、"当地最好的××"、旅游价格"全包"、"半包"等模糊表述，必须载明提供的服务内容。

（五）旅行社在发布旅游业务广告时，不得出现所谓的"送旅行社责任保险"的提法。

（六）旅行社在发布旅游业务广告时，所使用的荣誉称号，应当是国家权威机构组织并颁发的，在广告中应当注明获得的年度及奖项。

对违反本管理办法的行为，工商和旅游行政主管部门将根据《中华人民共和国广告法》以及《旅行社管理条例》、《旅行社管理条例实施细则》等法规，依法予以查处。

本管理办法，自发布之日起施行。

南京市旅游局　　南京市工商行政管理局

二〇〇六年六月六日

（资料来源：http://www.njyhly.cn）

案例二：世界各地著名旅游地宣传广告语

每个地方都有自己的特色所在，然而它们都会利用一些特别的渠道来介绍自己的地方给全世界，下面就是一些地方在宣传自己旅游地方特色的广告语，你能从这些广告语中感受到这些地方的特色吗？

Spain 西班牙：Everything under the sun 阳光下的一切

New York 纽约：I Love New York 我爱纽约

Pennsylvania 宾夕法尼亚：America Starts Here 美国从这里开始

Hershey, Pennsylvania：The Sweetest Place on Earth 地球上最甜的地方

Detroit，Michigan 底特律（密歇根州）：The Renaissance City 再生的城市

Boston，Massachusetts 波士顿（麻省）：The Bicentennial City 两百年的城市

Quebec 魁北克：It Feels So Different 感觉如此不同

Aruba 阿鲁巴：Our Only Business Is You 我们唯一的事情就是为你服务

瑞士：世界的公园，瑞士、瑞士、还是瑞士

夏威夷：夏威夷是微笑的群岛，这里阳光灿烂

香港：魅力香港、万象之都、动感之都

泰国：Amazing Thailand 神奇的泰国

新加坡：无限的新加坡，无限的旅游业；尽情享受，难以忘怀；新亚洲—新加坡新感觉

澳大利亚：令人心旷神怡的澳大利亚

佛罗里达州：佛罗里达，与众不同

上海：新上海、新感受

桂林：桂林山水甲天下

平遥：华夏第一古县城

北京密云县：山水大观与首都郊野公园——北京旅游卫星城

苏州、杭州：上有天堂、下有苏杭

深圳：畅游深圳，了解中国

海南省：椰风海韵醉游人

宁夏回族自治区：多姿多彩的塞外主题公园

锦绣中华：一步跨进历史，一日畅游中国

中国民俗文化村：24 个村寨，56 个民族

世界之窗：世界与你共欢乐，您给我一天，我给您一个世界

苏州乐园：迪士尼太远，去苏州乐园

宋城：给我一天，还你千年

美国好莱坞宇宙城公园：让游人进入侏罗纪时代

（资料来源：http：//travel.163.com）

【情境模拟】

2010 年，上海世界博览会隆重开幕。山西省通过世博会向世界展示了山西独特的晋人、晋韵、晋文化。为了充分展示山西五千年悠久灿烂的历史文化底蕴和新世纪社会发展

面貌，全方位展现具有浓郁地方特色、充满时代精神的新山西，提出"2010 精彩世博·魅力山西"的宣传口号，同时举办了一系列宣传活动。如果你是一家旅行社的公关人员，如何响应该宣传口号？旅行社应该借此如何宣传自己的企业及企业形象？

【实战演练】

1. 某地举办"食品节"，如果你是一家酒店的公关经理，如何结合"食品节"为自己的酒店设计一个宣传口号？

2. 某旅行社针对暑期学生想组织一批旅行团，如果让你来设计这次活动的主题，你该如何设计？同时设计与主题相配合的宣传口号两条。

3. 以当地的旅游景区为背景，帮助其进行形象定位，并设计宣传口号。

工作任务三 旅游企业自控媒介传播

【任务导入】

某旅行社为了宣传企业，拟设计一本对外宣传册，但由于该企业没有设立公关部，该任务就交给办公室来负责设计制作对外宣传册。如果该旅行社办公室的工作人员向你咨询对外宣传册应该包括哪些内容？在设计制作时应注意哪些事项？你该如何回答呢？

【任务分析】

以某旅游企业为背景，掌握对外宣传册的设计与制作要点。同时了解旅游企业在信息传播中其他自控媒介的使用，结合企业的信息传播内容，能够选择恰当的自控传播媒介，并掌握自控媒介的设计与制作技巧。

【任务实施】

资讯：

1. 对外宣传册的设计与制作应掌握哪些内容？

2. 除对外宣传册外，企业还有哪些自控传播媒介？

3. 如何合理地使用企业自控传播媒介宣传企业形象？

决策：

1. 设计什么样的宣传主题？

2. 确定对外宣传册的内容有哪些？

3. 如何制作对外宣传册？

计划：

1. 如何进行人员分工？

2. 如何进行时间分配？

3. 如何完成任务？

实施：

1. 资料的搜集、分析与整理。

2. 分组设计对外宣传册的主题。

3. 确定对外宣传册的内容。

4. 编排、制作对外宣传册。

5. 对外宣传册作品展示。

6. 其他自控媒介资料的学习。

检查：

1. 宣传册的主题是否新颖、鲜明？

2. 宣传册的内容是否合理？

3. 宣传册的编排设计是否美观？

评估：

工作任务评估表

考评项目		自我评估	小组评估	教师评估
团队合作 40%	沟通能力			
	协作精神			
工作成果评定 30%	任务方案			
	实施过程			
	工具使用			
	完成情况			
工作态度 20%	工作纪律			
	敬业精神			
	有责任心			
工作角色、创新 10%	角色认知			
	创新精神			
综合评估 100%				

【知识链接】

自控媒介宣传是饭店公关宣传的重要手段之一，在旅游企业内部对塑造企业良好形象及内求团结合作上发挥着积极作用。企业内部广播站、宣传橱窗、标语牌、员工刊物、员工守则、有线电视台、企业网站等均属自控媒介。

一、企业自办电台或电视台

随着现代科技的发展，旅游企业为了更好地传播和沟通信息，常建立自己的有线广播系统，有些还有自己的闭路电视系统。它们都具有可控性强、可调动手段多、传播信息及时、迅速等特点，对于及时沟通组织内部信息，强化企业向心力和凝聚力具有重要的作用。例如长城酒店的"长城之声"广播电台，就是一家很有代表性的企业自办电台，在企业管理中发挥着积极的作用。

二、企业书籍与杂志

书籍作为一种文字传播媒介，具有提供信息、教育劝导和娱乐服务等功能。书籍对信息内容的处理有一定深度，具有一定的资料价值和收藏价值。书籍适宜于对某一专题作深入探讨和介绍，具有信息全面、详尽、有深度、便于储存、查阅等特点。

旅游企业公关人员使用杂志媒介可制造和影响舆论，向内外公众提供持续性的信息，还能宣传新风尚，赢得社会的支持和关注。

三、企业报刊与板报

(一)企业报刊

企业报刊是指在本系统、本行业、本单位内部，用于指导学习、工作、交流信息的单本成册或连续性(刊型、报型、半月期、三印张以上)非卖印刷品。也是组织内部信息的重要传播形式。通常以报纸、杂志的形式出现。在编写上，可以考虑根据不同文化层次读者的需求，尽量采用读者喜闻乐见的形式，多刊登一些轻动的、富有知识性的内容，以提高内部刊物的可读性。一期报纸或杂志，从酝酿到印制出来，一般要经过以下六个环节：召开编委会；召集通讯员确定主题；给记者安排任务；通讯员编辑整理来稿、催稿；编辑召开会议进行稿件汇总，核实材料并修改定稿；印制发行。企业报刊的发行对象主要是内部员工，也包括股东、客户和上级部门。发行渠道包括：内部渠道，通过通讯员发送到各部门、各小组；外部渠道，通过推销员发行给客户；展览会和展销会也是重要的发行渠道。

(二)板报或宣传橱窗

在形式与功能上同企业内部报纸相近，共同承担着传递组织机构内部信息的作用。因其具有经济实用、更换方便、美化环境等特点而受到组织的喜爱。在企业内部，宣传栏是常采用的一种内部信息传播形式。

宣传栏的制作没有绝对统一的格式，但一般需要注意以下四方面的内容：

1. 版式

即宣传栏的规格和编排样式。宣传栏的规格一般是横长方形，长与宽的比例可以根据实际需要而定。在版面编排上，要求中心突出、版式灵活、字体多样。每期突出一个主题，包含本期主题的文章放在版面的显眼位置——通常在左上方，相当于报纸的一版头条，并加以强调处理，比如版面占多一些，配一个醒目的大字标题等。其他文字或图形居于从属的地位，篇幅、标题、字体都相对短、小。版式可以横竖相间，富于变化而不零乱。从书写快捷、视觉流畅方面看，正文多选用楷书、魏碑；标题可选用黑体和隶书，以求醒目。

2. 体裁

宣传栏的体裁可以多种多样，大体分为新闻、评论和文艺作品三大类。细分有消息、短评、诗歌、故事、文摘、笑话、谜语、传说、小幽默、漫画，甚至快板书、顺口溜，几乎无所不包。但具体到一版一期，毕竟容量有限，一般以 5～6 种为宜，再多会显得杂乱。但每期都应有新闻报道和评论文章，前者反映组织机构的最新动态，后者进行思想教育和舆论引导。

3. 文字

与公开出版物不同，宣传栏的文字不要求字斟句酌，一板一眼，而是要做到文字明快，少用铺垫性的语句，不加或少加修饰性的词汇；用普通员工读得懂的词句；尽量少用专业术语和文气十足的语言，而使用口吻亲切的口语。

4. 文章结构

宣传栏选用的文章结构比较多样。宣传栏中的文字比报纸更加简练，结构安排上则要精益求精，看起来要干净利落。比如说，可以用标题代替导语，标题之后直接开始正文；正文可以化整为零，独立成篇；文章不一定要有专门的结尾。

(三)布告栏

布告栏是公司向员工传播信息的重要途径，员工应经常留意布告栏上的信息。布告栏所有信息由行政办公室发布，禁止其他员工破坏、修改或增加布告栏信息。

四、宣传册与产品推广手册

宣传册、产品推广手册都是旅游企业为了让社会公众了解企业产品和服务，向社会公众介绍、宣传产品信息的手册。宣传手册、产品推广手册不仅能向客人及社会公众提供旅游企业产品服务信息，宣传企业形象、提高知名度，还为客人提供旅游方面的详细介绍、旅游新动向，为旅游决策提供参考。在设计制作宣传册、产品推广手册时，应图文并茂、简明扼要、突出主题形象，集中反映本企业的文化精神和当地旅游特色。

一个正规的对外宣传册，是由文字资料和图片资料搭配而成的。

(一)文字资料

1. 综合性信息。通过文字和数据反映的组织机构的整体情况。主要向公众介绍组织机构的性质、机构规模、发展历史、地理方位等。这一部分内容很像一个展览会的前言，以概括性很强的文字介绍一个组织机构的全貌。后面的材料则从某个侧面介绍组织机构的功能和特征。

2. 组织机构的特色。在业务上什么特色？能够为社会和公众提供什么样的服务？

3. 组织文化。介绍组织机构的经营宗旨，如"以质量为核心，以市场为导向"；阐述组织的价值观，如"知识为本，利国利民"。

4. 人员素质与技术水平。人员素质可以按学历体现出来，也可以按技术职称显示。反映一个企业技术水平的指标有很多，可以在技术人员的指导下进行客观的阐述。

5. 管理水平。包括管理素质，如平均学历、年龄、工作经历；管理风格，如经验管理、民主管理、目标管理等。

6. 社会评价。对外宣传册的内容一般只涉及正面信息，如历次各类评比的获奖情况，权威人士或领导人的赞誉等。

7. 联系办法。组织机构的通信地址、电话、传真等。

(二)图片资料

1. 领导人在工作的照片。主要领导人的个人照片和领导班子的集体照片。

2. 组织结构图。以图表形式一目了然地展示组织机构自上而下的管理结构：如董事会—董事长—总经理—副总经理(几名)—各科室—各车间。

3. 组织机构的鸟瞰图。模型图或实景摄影照片。

4. 建筑图片。首先是门面建筑，如大门口；其次是主体建筑，如办公大楼。还有物色建筑，如凉亭等。

5. 工作现场的图片。可以是现代化流水线上工人工作的照片，或者实验室的场景。

6. 展示成就的照片。奖状、奖杯、获奖证书，重要领导人和文化名人视察参观的情景等。

7. 文化生活的照片。工人业余活动、文艺活动的情景，画家、书法家专门为本组织机构作的字画等。

对外宣传册制作要注意图文并茂、印制精美，讲求文化艺术品位。简练隽永的文字，精心设计的画面，以及精致的版式和印刷效果等，往往是人们对这类宣传册的期望，因此，但凡有条件印制对外宣传册的组织机构都努力在这些方面下功夫。

五、企业网站

网络传播的信息容量几乎无限，对信息来源也没有太多限制。任何组织或个人都可以通过网络来进行信息的传播。电子公告板公司的网站上的留言本和旅游论坛，所有公司员工均可以以实名或匿名的方式发表和谈论有关事项。发言须遵守国家有关规定。网站管理员有编辑、删除发言的权利。旅游企业在建网站时要注意以下几点：

(一)网站的页面美化

可以借鉴一下欧美企业网站和韩国企业网站。欧美网站设计大气，一般通过 Flash 动画作为主页或者使用 Flash 来展示企业形象，缺点是打开页面比较占带宽，国内的网络不是很好，不建议使用这种设计理念。韩国企业网站注重整体美化效果，看上去比较清淡，这种风格比较适合做旅游、酒店、服装、运动等企业网站。页面的布局、和谐的配色以及页面各板块的层次感都是设计企业网站必须考虑的问题。

(二)网站的功能设置

鉴于旅游行业的特点，网站在功能方面设计相对简单，主要包括企业介绍、业务咨询、产品展示、客户反馈和网络预订等。功能的设计没有唯一的标准，可根据旅游企业自身的需求酌情而定。

(三)网站在搜索引擎中的排名

网站在引擎中的排名越靠前，越有利于宣传企业。竞价排名是企业网站提升访问量的好办法。其实如果网站内容更新及时，服务器运行稳定，想在引擎中排在前面是很有希望的。关键在网站设计的时候要注意关键字的使用，通过指定的关键字让用户访问到自己的页面，所以在网站功能设置的时候要注意优化页面。

六、企业标志系统

作为标志系列的商标、品牌名称和徽记、门面包装与代表色等都是以特定的文字、图案、色彩等符号设计的，向公众提供本企业或产品有别于其他企业或产品的有关信息，形成本企业及其产品的形象标志。

1. 商标，通常以文字、图案或符号构成，具有标记、服务、传播、促销、保护的功能。商标反映了产品的质量和产品生产者或经营者的信誉。在设计商标时，必须突出旅游企业产品的特征和优点，简练、醒目、美观大方、构思新颖、易于识别，同时还应考虑当地消费者的文化风俗。

2. 品牌名称，即产品的牌子。在给酒店或产品定牌子、起名字时，一定要注重语感好，具有独特性，寓意美，且容易为消费者所接受。

3. 徽记，指组织的标志，是组织的"商标"。例如中国旅游的标志源自甘肃武威雷台东汉砖墓出土的"马踏飞燕"，它是我国古代绘画、雕塑、冶炼铸造艺术的结晶，集中代表和体现着炎黄子孙的聪明才智，堪称国宝。用它作为中国旅游的标志，象征着中国旅游业的奋进和前程似锦。

4. 包装是指产品的外衣，主要起保护产品使用价值和促进产品销售的作用。包装涉及产品形象，对顾客具有"第一印象"的作用。包装设计应注重实用性和创意性。

5. 门面是组织的包装。每个组织都会根据自身的特点来设计自己的门面。例如酒店的大厅以及外装修，就是酒店的形象和"脸面"。

6. 代表色，即组织为其自身或其产品选定的有代表意义的色彩。在旅游企业中，产品、建筑、员工服饰、广告宣传等有传播意义的物品，都应使用代表色。代表色一经选定就应相对稳定，设计时应注意其形象内涵、美学效果、情感象征、文化格调等因素。

七、员工手册

许多旅游企业为了帮助员工全面了解饭店，保证员工的权益，明确员工的义务，统一员工的思想，规范员工的行为，提高工作效率和促进管理规范，都要编制员工手册，要求每位员工必须全面了解员工手册各项内容并切实遵行。

有一些旅游企业还特别指出，员工手册自公布之日起生效。作为劳动合同的附件，并与劳动合同具有同等效力。因此，为了规范员工的行为，旅游企业需要把员工必须遵守的内容编制成一个小册子，让员工熟记于心，并切实遵守。

一般情况下，员工手册包括以下内容：

1. 上下班时间的规定。确定员工上下班的时间。如果需要轮班，也要说清楚每班工作的时间。

2. 服装仪容规定。包括仪容、仪表、仪态方面的规定。比如说要求员工上班时间必须穿制服，女员工要化妆上岗等规定。

3. 任用规定。对新员工试用期的规定及薪酬的确定，以及离职时的要求。

4. 打卡规定。要求员工上下班必须打卡，以及处罚规定。

5. 请休假规定。对员工在就职期间的各种休假进行规定，包括正常假期、规定假期、因事请假、旷工等方面的规定。

6. 用餐和住宿规定。对员工用餐时间的规定，以及相应费用的要求。另外对员工住宿也要进行相应的规定。

7. 工资报酬规定。规定每月的发薪日以及调薪的规定。

8. 劳工保险规定。聘用15日后，可参加劳工保险、工会，享受劳保给付及工会福利。

9. 其他规定。其他未尽事项，都可以放在其他规定内。比如说人事管理规定等。

员工行为规范三字经

上班时，莫迟到，	若遗失，及时报；	语言美，声音轻，	帮宾客，排忧难；
须打卡，勿代劳；	更衣柜，要锁好；	禁喊叫，莫高声；	爱公物，保环境；
女员工，发束严，	不私换，防被盗；	讲卫生，整理勤；	讲安全，不放松；
不染发，不披肩，	工作服，换及时；	常保持，口气新；	领导讲，必服从；
上班前，化淡妆，	下班后，不带离；	服务者，礼为先；	不拖延，要完成；
不艳抹，忌浓妆；	上班时，不早走；	说敬语，忌恶言；	交接班，互协作；
男员工，短发型，	下班时，不逗留；	宾客至，微笑迎；	客史记，不可缺；
不遮耳，莫盖颈；	站立正，行走好，	先问好，要热情；	守法纪，遵规章，
戴饰物，要记牢，	不得用，客用道；	对宾客，要周到，	这一条，记心上；
结婚戒，与手表；	吃东西，吹口哨，	用心做，不说NO；	酒店人，自律紧，
着工装，按规定，	不允许，要记牢；	遇客激，勿争辩，	爱岗位，敬业真；
工号牌，要戴正，	工作时，勿会客；	听完后，先致歉；	讲团结，善待人，
员工证，保管好，	打私电，更不可；	效率高，要超前；	争一流，在创新。

　　总之，旅游企业可以利用的自控媒介传播的种类很多，每种媒介所发挥的作用各不相同，公关人员应有针对性地选用。例如自办的内部刊物，主要是为了让员工了解企业政策、经营状况及员工的想法；自办的电子媒介主要用于播发企业新闻、传达企业精神和丰富员工生活。

【职场案例】

案例一：最大的酒店集团——锦江国际酒店启用新网站

　　根据来自锦江国际酒店管理有限公司的消息，锦江国际酒店管理有限公司已经完成新的在线分销战略计划的第一阶段，即：锦江国际酒店新的网站（www.jinjianghotels.com）已开始启用。

　　新网站的特色是将70余家酒店，24 000间客房根据不同星级进行分类，并增加了在线预订功能。为扩大锦江国际酒店在国际市场上的份额，此网站提供四种语言服务：汉语、英语、法语和日语。同时，该网站提供的旗下酒店的图片也具有中国传统文化特色，并提出了与时俱进的理念——"中国，我们的家，与您分享是我们的骄傲"。

　　锦江国际酒店已开始实施网站开发的第二阶段，下一步将推出按品牌标准制作完善的各成员酒店网站。

　　锦江国际酒店：是中国最大的酒店业主及运营商，在全世界主要酒店集团300强中排名第22位，是亚洲最大型的酒店管理公司。锦江国际酒店是锦江国际集团的主要核心产业之一，集团经营范围涵盖旅游、客运物流、实业等。包括正在筹建的酒店，锦江国际酒店在国内投资、管理及特许经营酒店超过220余家，46 000多间客房。

　　（资料来源：姜华，姜锐. 酒店公共关系. 北京：中国人民大学出版社，2009）

案例二：违反《员工手册》两员工被解雇

　　2006年11月6日，原告瞿小姐入职某饭店。2007年1月23日晚，原告由于胃痛难忍，请已经下班回家的同事来接自己。但由于胃痛，她请求同事贾某回到办公室帮其进行在线考勤，作为下班记录。

　　2007年3月16日，瞿某突然收到该饭店的解除劳动合同书面通知。饭店以瞿某违反了公司的《员工手册》规定"唆使他人为自己打卡或替他人打卡"为由，书面通知与瞿某解雇劳动关系。同时，帮其代打卡的同事贾某因替她打卡也被解雇。

2007年4月9日，原告瞿某和贾某以饭店对其做出解雇行为从内容到程序均违反《劳动法》为由，向××市劳动仲裁委员会申请仲裁。

2007年5月25日，××市劳动争议仲裁委员会对原、被告争议做出仲裁裁决，裁决被诉人某饭店向瞿某支付2006年年终奖1 065元，驳回其他诉求。

两人对劳动仲裁不服后，随后又以饭店解雇行为从内容到程序均违反《劳动法》为由向上一级法院提出起诉，7月26日，法院以该原告瞿某在确认理解饭店发放的《员工手册》上签名，驳回有关起诉，两人遂向更高一级的法院提起上诉。

（资料来源：谢红霞. 怎样开饭店. 北京：经济科学出版社，2009）

【情境模拟】

以当地某旅游景区为背景（可以是人文景区，也可以是山水风景区），如果该景区为了宣传自己，要设计制作一本对外宣传册，请你帮忙，你该如何做呢？

【实战演练】

1. 请帮助当地某家宾馆制作一份板报或宣传栏，主题及内容自行选择。

2. 假如某旅行社要请你帮助制定一个宣传网站，应该包括哪些内容？在网页设计时应该注意哪些事项？

3. 以当地的某个小餐馆为背景，帮助其制作一份简易的员工手册。

工作任务四　媒介联络与管理

【任务导入】

某旅游企业为了扩大业务，需要借助网络媒介进行宣传，但是应该选择哪些网络公司，如何对这些网络公司进行评价，如何联系网络媒介，是该公司面临的头等大事。如果公司经理向你来咨询此事，你该如何来做？

【任务分析】

要做好这件事，首先需要了解旅游企业的游客经常接触的网络媒介有哪些？然后再对这些媒介的情况进行调查与评价，选择好恰当的网络媒介后，再根据与媒介联系的技巧落实相关合作事宜。

【任务实施】

资讯：

1. 认识媒介管理的重要性。

2. 了解不同媒体的优、缺点。

3. 媒介关系开拓与管理的要点有哪些？

决策：

1. 如何根据不同媒体的特点选择媒体？

2. 如何进行媒介管理？

计划：

1. 如何进行人员分工？

2. 如何进行时间安排？

3. 如何进行任务分工？

4. 如何进行沟通合作？

实施：

1. 学生根据给定的任务调查了解旅游企业的受众都接触哪些媒体。

2. 对媒体进行分析评价，从媒体性质、媒体的受众、媒体的传播效率收视率以及媒体成本进行分析评价。

3. 分析不同媒体的配合以及媒体投放费用。

4. 撰写一份媒介选择的建议书。

5. 根据所选媒介模拟与选择的网络媒介进行联络。

检查：

1. 媒体选择是否最优？

2. 媒介关系的处理是否恰当？

评估：

工作任务评估表

考 评 项 目		自我评估	小组评估	教师评估
团队合作 40%	沟通能力			
	协作精神			
工作成果评定 30%	任务方案			
	实施过程			
	工具使用			
	完成情况			
工作态度 20%	工作纪律			
	敬业精神			
	有责任心			
工作角色、创新 10%	角色认知			
	创新精神			
综合评估 100%				

【知识链接】

组织声音份额的大小，取决于对媒介资源的占有程度，媒介传播的技巧和水平，某种意义上说也是组织竞争的一部分。复杂多变、良莠不齐的媒体环境一直是相关从业者的最大挑战：如何谋定而动地制定媒体策略，如何进退有度地实施媒介传播；如何恰如其分地处理媒体危机……媒介关系、媒体传播是一个公关基石，也是组织从事公关工作人员的必修课。

一、媒介关系的重要性

媒介关系，是社会组织与新闻界的关系。媒介是社会组织与公众联系的最主要的渠道，也是组织最敏感、最重要的公众之一。

对于公关人员来讲，新闻界公众是具有双重人格的公众，它既是公关人员赖以实现公关目标的重要媒介，又是公关人员尽力去争取的重要公众。新闻媒介有着不可忽视的特性，传递信息快，影响力巨大，威望度高，可以左右社会舆论，影响和引导民意，对社会经济政治的局势变化有着不可忽视的作用。因此，在欧美被看作立法、司法、行政三大权力之后的"第四大权力"。任何组织和个人都不敢忽视新闻媒介这个重要的舆论工具。正所谓，"得之者锦上添花，失之者名声扫地"。

新闻媒介对组织的发展有着举足轻重的作用。

1. 新闻媒介是塑造企业形象的"把关人"。新闻媒介充当着公众的卫士。常常运用手中的宣传工具，利用舆论的力量维护公众的利益，通过记者对企业组织的采访，搜集企业新闻，对企业的生产经营活动和产品质量进行褒贬评价，从而影响组织形象；通过引导社会舆论，扩大组织影响，提高组织知名度美誉度。由于舆论对社会组织的发展有着不可低估的影响，因此，通过新闻媒介传播的舆论，可以给社会组织扬名，也可以给社会组织毁誉。举个最典型的例子，中国各大媒介组织的"中国质量万里行"活动，使假冒伪劣产品在社会上曝光，假冒伪劣产品成了过街老鼠，从而保护了生产名优产品的厂家，维护了消费者的合法权益。

2. 组织与外界沟通的中介。新闻媒介为组织发放广告，介绍新产品，传播新技术；为组织召开新闻发布会，扩大其影响力，提高其知名度和美誉度。特别是现代媒介形态的多样化，已使公共关系活动的宗旨通过不同的方式传送给公众，再加上新闻传播媒体已经成为现代公众主要的信息渠道，人们通过它理解支持社会组织更为自然便捷。组织的传播活动必须通过新闻传播工作人员才能得到实现。因此，与新闻界人士建立一个广泛的良好的关系，是成功运用大众媒介的必要前提。

3. 对组织有着反馈信息的功能。新闻媒介可帮助和监督企业的经营管理活动，对企业的管理人员，销售人员和广大的员工起着鼓舞士气和教育警戒的作用。因此，任何组织和企业都应该重视新闻界这个批评监督作用，把舆论的反应作为一种参照系数，来矫正修改自己的言行。

媒介关系的好坏，关系到组织企业在社会公众心目中的形象和知名度、美誉度。因此妥善处理媒介关系，关系重大，关系到一个企业组织的信誉名声生存灭亡，公共关系人员必须竭尽全力地处理好此关系。

【观点链接 4-4】

把关人理论

"把关人"理论是由美国社会心理学家、传播学四大先驱之一的卢因率先提出的。他在《群体生活的渠道》(1947年)一文中,首先提出"把关"(gatekeeping)一词。他指出:"信息总是沿着含有门区的某些渠道流动,在那里,或是根据公正无私的规定,或是根据'守门人'的个人意见,对信息或商品是否被允许进入渠道或继续在渠道里流动做出决定。""把关人"既可以指个人,如信源、记者、编辑等,也可以指媒介组织。

在传播学中,"把关人"是一种普遍存在的现象。在传播者与受众之间,"把关人"起着决定继续或中止信息传递的作用。把关人可以是个人,也可以是集体。从整个社会的角度来看,传播媒介是全社会信息流通的把关人;从传媒内部来看,不同的媒介具有不同的把关人,从报纸、广播、电视等传统大众媒介来看,在新闻信息的提供、采集、写作、编辑和报道的全过程中存在着许多的把关人,其中,编辑对新闻信息的取舍是最重要的。

把关人的把关行为可以分为抑制与疏导。前者是指把关人准予某些新闻信息流通的行为,后者则是指禁止一些新闻信息流通或将其暂时搁置的行为。

(资料来源:邓榕.传播学"把关"行为的理论分析[J].长沙大学学报,2007,21(6): 124—125)

二、洞察媒体

(一)内部传播媒介

组织内部沟通对于企业发展壮大来说更为重要。内部沟通媒介是企业内各种信息传递的载体,选用恰当,有助于沟通目标的实现。一般而言,企业内部沟通包括书面、口头、图像以及它们的组合等手段。

1. 书面媒介

(1)组织的报刊

组织报刊是多种定期刊物。目前它已由原来的辅助地位变成一项主要的沟通媒介。组织报刊的影响效果,以前被认为是间接的,现在已被认为是直接的了。正如华尔街报馆发表的一种看法所说:"组织报刊是一匹可以工作的马,而不仅仅是只有管理者传声筒的无形价值。"一般而言,组织报刊应反映"企业希望雇员知道的"和"雇员希望知道的内容"。调查结果表明,雇员关心的事主要是企业计划、企业的经营状况及一些与职业相关的问题。

(2)时事手册、信息手册、产品手册和书籍

这是四种辅助性出版物,对前述组织报刊的沟通起补充作用,但绝不能取代报刊。

这几种出版物对企业内部沟通所起的具体作用体现在三个方面:①教育的作用。主要是指向新员工和访问人员详细说明企业内部规章制度和遵守制度的好处,同时教育新员工注重集体精神的培养;②参考价值。这些出版物能使员工容易查找需要的专门信息,如,保险计划、养老计划、建设系统、医疗方案、利润分享、住房管理及安全、娱乐项目及设备、教育培训计划以及组织方针程序等;③帮助员工了解企业文化。出版物中对企业的哲学观念、价值观念和行为准则有较详细的说明,有利于员工了解。

（3）信件

信件越来越成为组织与雇员进行直接而迅速沟通的手段。有时为了筹措资金和平息政治抗争，向员工们写信是个较好的办法。

私人信件对组织刊物也是一种补充，它为总经理提供了一个与雇员交谈式的沟通的机会。信件方式既经济又直接而且还具有保密性质。因此，给人印象深刻，速度快而且能打动人。

还有一种重要的信件是组织信件，是组织与其他组织进行沟通的重要手段。组织信件有利于组织之间形成良好的关系。

（4）公告和标语

公告板在企业组织内部一直都得到了充分利用。并且可能还会继续被利用，公告可用来发表确切消息，驱散谣言；还可用于制作各种通知。标语与公告属同类型沟通媒介。标语的主题一般是有关安全、健康、生产和治安等方面的内容。这种类型的媒介作用不可低估，特别是在安全宣传方面。

（5）电脑

电脑作为一种新技术的产物，已成为一种新的沟通媒介。电脑有可能在下个世纪替代组织出版物的作用。这必然要求各层管理者都能熟练掌握电脑使用技巧。

电脑作为新的沟通媒介，具有与其他媒介不同的特点。例如，信息不间断且与员工直接接触；信息灵活多样，适用范围广；随时可以调用和检索文件；可以按照使用者希望的方式提供信息等。

2. 口头媒介

口头媒介传递了人与人之间的大部分信息。它的方式也有多样化的趋势。

（1）小道消息

虽然不是一种正式媒介，但传递信息的速度却十分惊人。凯斯·戴维斯（Keith Davis）曾在（哈佛商业评论）上举过这样一个例子："一管理人员的妻子头天深夜十一点生了孩子，到第二天下午两点，管理层中46％的人知道了此事。"

小道消息传播的范围越大，内含虚假的内容就越多，甚至会变成谣言。因此管理者应及时控制小道消息的传播范围，或及时地采取行动，平息谣言，减少损失。从根本上消除小道消息的负作用，只有设法周全现有沟通计划，否则小道消息就会乘"虚"而入。

（2）会议

组织内多种会议的召开，使人们可以进行彼此的双向沟通。例如，工作小组会议，质量管理会议，每周各部门例会等。会议召开的目的是设定一定目标，有计划地与雇员进行沟通，实现企业内管理者与员工之间。员工与员工之间的顺利、融洽的沟通。

（3）演讲

每个企业都有一些思路灵活，善于辞令的员工。可以事先拟定题目（就员工们争论的重大问题表明立场和观点），挑选演讲者，然后选择地点，向员工进行演讲。演讲是与员工就特定问题进行沟通的有效办法。另外，演讲还有其他方面的优点。例如，面对面地直接接触，说服力较强；始终保持双向信息沟通；为演讲者个人和组织获得威望等。

（4）电视会议

电视会议是在通信技术提高的情况下，对会议与演讲媒介的一种补充，或者说是其延伸。例如，演讲者无法参加会议，可以用电视转播，几个城市内容相似的会议，可以用电视免去集中所有人员或重复会议的麻烦。

(5)闭路电视

闭路电视的采用弥补了企业组织内沟通的许多不足，并使员工们产生了强烈的集体主义感。例如英国通用汽车公司每个新装配厂都建有闭路电视系统，一共有 60 个组织中心，每个中心有 32 名员工。通用汽车公司沟通领导人阿尔维·史密斯(Alvie L. Smith)说："每一个中心可分解为十六人一组在房间里观看、这个数字大体与工作小组的平均人数相同。这样，可以使雇员们产生一种强烈的集体观念，他们仍是为完成共同目标的任务小组。"

3.图像媒介

上述电视会议、闭路电视，主要是通过听觉实现的，因此仍然列为口头沟通范畴。图像媒介沟通是指利用图像技术和人们的视觉进行信息传递。

(1)电影和幻灯片

公司组织赞助、委托制作电影和幻灯片，可在雇员们心中树立正确的观念、态度、使他们产生合理动机和行为。调查表明，有 99% 的人认为电影与幻灯片能够比出版物提供更多的信息。

(2)陈列和展览

所有的企业组织都有会客室、展览室、餐厅和休息室等。本质上说，这些场所能起到陈列与展览的作用。陈列和展览的主要内容是贸易展览和会议。贸易展览不但具有市场和销售的功能，而且还具有其他用意。例如展现组织经营状况，引起人们询问，掌握更多的信息；获得反馈信息等。

陈列和展览在某种程度上具有与电影、幻灯片类似的功能。它的目标是诱使参观者在陈列前流连忘返，对陈列信息感兴趣。激发参观者。

(二)外部信息传播媒介

组织与外部进行沟通的一般媒介是报纸、杂志、行业刊物、广播、电视、电报、书籍等。外部媒介也就是大众传播媒介，它面对的是普通的或具有专业水准的个人或组织。企业可以通过借助于这些外部媒介与社会各种组织和个人进行信息传播与沟通。

外部沟通媒介具有较大的吸纳信息与传播信息的能力。对于一个组织来说，关键在于考虑怎样使信息更具有"魅力"，引起大众的注意，从而达到与大众沟通的目的。

1.报纸。报纸是指用文字形式表达的以刊载新闻为主的定期的连续印刷出版物。具有固定名称，通常以散页形式发行。在印刷媒介中，它的传播速度最快，发行量最大，技术简单、成本低廉，与社会生活的关系最为密切，具有很强的政治性和权威性。从内容上看，它信息量大，涉及面广，由于按板块编排，其可选择性强，便于携带，便于保存，它不受时空限制，具有剪辑收藏价值。它的弱点是受传者文化水平的制约，影响信息的接收，印刷质量也影响受众情绪，其生动性和即时性不如广播和电视。因此，时间性和形象性极强的信息不宜依靠报纸来传递。

2.杂志。又叫期刊，是指以文字形式表达的、以刊载各类文章为主的定期的连续印刷的出版物。具有固定名称，通常装订成册发行。其对所传播的信息探讨较为深入；专业性强，便于对某一具体问题进行研究；对象性强，便于向特定公众传播信息；周期性强，它定期出版，成本成册，易于保存和检索；印刷精美的杂志还能满足人们的审美需求。它的弱点是：信息针对性太强，不易普及；出版有周期，信息传播的即时性不够；对受众文化水平要求较高。如今一些综合性人文期刊，正不断吸收报纸的优点，贴近生活，缩短周期，收到了很好的传播效果。报纸杂志化、杂志报纸化现象，已引起传媒界普遍的关注。

3. 广播。广播是利用有线和无线电波传播信息的媒介形式，它传播信息即时性强，有受时空限制；机动性强，可以随身携带，边干边听从而有利于信息广泛及时地传播开去；普及性强，受众面广，对文化水平的要求较低，信息普及率较高。其弱点是：由于信息事先按固定时间编排，不得随意变更，除非随时录下，否则信息稍纵即逝。另外，广播虽有听觉冲击，但没有视觉享受，生动形象性较差，有时还受到多音字、多意字的干扰，影响传播效率。

4. 电视。电视是通过电能，以声音图像为主的传播形式。它形式上生动具体，感染力强，易于产生轰动效应；过程上迅速及时，可随时传递各类最新信息；效果上广泛而普及，老少皆宜，雅俗共赏。其弱点是：信息传播深度不够，不易携带不便收藏，受众选择余地较小，利用电视传媒传播信息费用较高。

5. 互联网。互联网被称为继报纸、广播、电视三大传统媒体之后的"第四媒体"。基于互联网的网络媒体集三大传统媒体的诸多优势为一体，是跨媒体的数字化媒体。网络媒体新闻传播除具有三大传统媒体新闻传播的"共性"特点之外，还具有鲜明的"个性"特点，主要有：传播范围最广：全球性；保留时间长：全天候（常年）；信息数据庞大：全面性；开放性强：全方位；操作方便简单：傻瓜化；交互性沟通性强：全动态；成本低、效率高：最经济；强烈的感官性：全接触。

三、媒介关系开拓与管理

（一）获取媒体档案资料

要做好媒体关系，首先必须建立媒体档案资料库，那么应该怎样获取媒体档案资料呢，这里介绍几种常见的方法：

方法一：新闻发布会收集法

开新闻发布会除了发布游戏产品相关信息以外，还有一个主要的目的就是收集媒体信息，你可以设计一个媒体签到表，包含媒体基本信息，其中最重要的就是详细地址和联系人电话，这是以后拜访的依据和电话沟通的前提，参考格式如下：

媒体签到表

编号	姓名	媒体名称	性质	单位名称	职务	电话	E-mail	QQ/MSN	签名

方法二：媒体直接索取法

从媒体拿不到联系人名单的主要原因有：关系不到位，要名单时才找人家；不经常拜访，媒体对你不熟悉；没有给媒体提供到位的合作；没有找对人；没有下功夫建立一个内线或者说是铁杆关系，你不可能总是向总编去要这个联系人的，在相关领域工作半年以上就应该能从各媒体处拿到媒体联系人名单，否则即是不合格的媒介人员。

方法三：同行索取法

可以肯定地说，成功的社会组织，它们手中肯定有媒体联系人名单，平时如果建立好相应的人际关系，就能从同行中获得这些媒体的联系人名单。

方法四：行业聚会法

各种线上线下行业聚会，如 QQ 群等。就有机会认识媒体人员，适时地交换名片，就能最自然地获得相关资料。

【观点链接 4-5】

媒介经理的职责

1. 积极了解客户的各项需求，提供最优的媒体策略，独立完成媒体投放计划；

2. 搜集相关媒介资料并进行分析、整理，及时把握媒体最新动向；

3. 定期进行工作总结；

4. 各种软文等稿件的媒体发放及传播监控；

5. 根据客户需求，提供其产品市场开拓如软文发布、促销、展会、新闻发布会、座谈会等方面的公关支持；

6. 组织、协调客户要求的各种公关传播活动；

7. 维护媒体关系，与媒体建立长期稳定的合作关系；

8. 培养新媒介，为其日常工作提供良好的指导与支持；

9. 参与制订及实施公司新闻传播计划，实施新闻宣传的监督和效果评估（稿件质量评估）。

（资料来源：http：//www.yunying.cn/work/work_information/5483.html）

(二)建立媒体档案资料库

仅仅知道这些资料还远远不够，为了维护好庞大的媒体关系网，建立一个媒体档案资料库是必不可少的。掌握足够的媒体信息，不仅能预防危机，还能赢得社会公众对组织的信任，也自然能提高组织的知名度和美誉度。

很多人认为，媒体档案资料库就是联系方式而已，那可就大错特错了。它应该详细地记载媒体人的联系方式、爱好、生日等资料。只有这样，社会组织才能从各方面与媒体进行情感的沟通。譬如媒体人的接待中的细节如何把握，接车接机要注意什么，宴请时怎样点菜（符合媒体人胃口，注意控制费用，桌面上还要显得大方隆重而节俭），资料的提供等都需要详尽地考虑和规范，形成制度。

(三)如何善待媒体记者

组织的媒体公关人员和新闻工作者在一个互相依赖和互惠互利的关系中运作，在各自的切身利益中，有时候操纵，有时候合作。但是新闻媒体受到从业人员的操纵并不是经常的，仅仅是偶尔，这是因为媒体从业人员可能有更多的资源，它追求公正、公平。

而对于组织和媒体公关人员来说，合适的态度是把媒体关系看作是一种投资，善待媒体，善待记者，最终让媒体善待企业。

1. 开诚布公。与新闻界打交道的时候最重要的就是诚实。如果因为某种合法的理由，不能说真话，那么最好什么也别说。许多新闻记者指出，随着时间的推移，好消息和坏消息是会过去的。如果在坏消息上是诚实的，那么它们在好消息上就更有可能被信任。

虽然一些大的社会组织纷纷成立媒体关系部或公关部，但是媒体很多时候还是喜欢绕过它们，直接找到自己的采访对象和线索。因为它们不能直接转达媒体的采访意图，可能造成时间上的延误、原意上的误差，有时更可能被公司内的部门直接或当场拒绝。此时要谨记：对记者要以诚相待。

2. 不要得罪媒体。不要有过激的行为，避免得罪媒体，要有承受媒体"翻手为云，覆手为雨"的能力。如果有记者突然登门造访（有的还带着隐藏摄像机），千万不要与记者发生冲突，即使对方来者不善，也要好好接待。否则记者正好借题发挥，你就成了被整治的对象。"商场上没有永远的敌人，也没有永远的朋友"，同样适用于和媒体打交道。在西方，有些人臭名昭著，就是因为他得罪了媒体（间接地得罪了公众），因此媒体不再想和他合作，直接或间接地逮着机会就"修理"他。如果双方沟通良好，你就不必担心会处于挨打的局面。一旦你交上了媒体这个好朋友，你将终生受用。尤其是在危急关头，在媒体圈有个记者朋友会有意想不到的好处。关键时刻他会帮你护短，或写出跟别人的角度不一样的报道。

3. 使对方变得重要。当众叫记者的名字。克林顿当总统时，在 CNN 的白宫记者会上，他从来都是自己站在讲台上，旁边没有任何新闻官员和助手，亲自点记者的名回答问题。在与记者面对面时，你还可以提他的文章、书，给予肯定及赞美。当然不要忘记，采访结束时要表示想与他保持联络，必要时协助他进行其他的采访，如提供一些有用的线索等。

4. 严守职业道德。媒体公关人员不仅应该坚守自身的职业道德，还应自觉地用新闻工作的职业规范和职业道德来要求、约束自己，在向新闻媒体介绍情况、提供信息、递送新闻稿件等新闻联络工作中，应本着实事求是的原则，自觉维护新闻的客观真实性，在增加与媒介公众相互了解的基础上，正确地引导记者，争取他们的理解和支持。只有在这种基础上的合作才可能成为真正长久的合作。

（四）与媒介打交道的注意事项

1. 千万不可轻视小媒体记者。现在有很多致命的消息是首先从小报记者那传出来的。此外，随着记者人才市场的逐渐形成，记者的流动性将加快，谁能断定优秀的小报记者哪一天不会变成大报强势媒体的名记者呢？

2. 接待工作要做好。对待前来采访的记者无论大小一定要一视同仁，有条件的企业可安排接送，被采访企业负责记者采访来回的吃、住、行费用，这在业内也基本上是"行规"。热心点的企业甚至可以安排专人陪同记者采访，以随时了解采访需求，及时满足其合理的要求，尽量避免厚此薄彼情况的发生，即使有些需要重点特殊关照的媒体，也要做得有些"技巧"，不为其他人所知，一旦组织让敏感的记者觉得自己受到了冷遇，心中必然会产生严重的失衡心理，表现在行动上就不会积极合作，该发表的稿件迟迟不发，或干脆不发，拖延发表的时间，错过企业事先安排好的活动计划，影响宣传效果。

3. 在记者面前要积极树立自己的良好形象。如果想让记者接受你的理念，首先就要让他接受你这个人，让他信任你、喜欢你、佩服你，甚至崇拜你。当记者采访一些企业家，如果谈起这位企业家处处显露出崇拜的神色，语言用的是"一个神人""非常佩服"等字眼，那么这个企业家在记者心目中的形象就非常成功了。所以，作为一个组织的负责人，在任何情况下面对记者时，都要做到客气（使记者感受到尊重）、诚恳、自信和幽默。

4. 微笑着忍受。当组织的公关活动开始的时候，不要指望一切都尽如人意。最初的媒体宣传不见得能投你所好。也许你花大量的时间向媒体记者或者编辑介绍组织的经营理念，也许只有大约一半的时间他们会正确领会你的意思。他们可能常常漏掉事实，他们可能常常引用错误，当然也浪费了你的宝贵时间。那这样的公关活动你还想进行下去吗？答案是肯定的。因为任何的报道都是好的，即使报道本身不那么尽如人意。因为长期而言，人们记住的是你的公司的名字，而不是某个蹩脚编辑记者的错误。

5. 绝不说"无可奉告"。任何情况下，都不能使用"无可奉告"进行回答。要有礼貌而诚实地对待媒体，如果你不能回答，告诉他们为什么。回答"无可奉告"对于媒体来说，最通常的解释是"掩盖真相"，其结果是在说"我可能知道或者可能不知道这一事实，但我不告诉你"。媒体的任务是持续搜集公众感兴趣的信息，"无可奉告"的回答通常会引起记者们进一步的攻击。

如果所问的问题确实超出了你的知识或管理范围之外，你不能回答某一问题，在这种情况下，可以给记者们一个诚实的答案。回答："对不起，我现在不能回答这个问题，因为事情太突然，目前还不是太了解"，或者："对不起，那超出了我的职责范围，我不适合对这方面发言。"倘若你是真诚的，记者们会赏识你的回答，并且他将不再问进一步的问题。

6. 急记者之所需。如果记者有需要，组织应该伸出援手，急他们之所需，当他们的参谋和助手！通常情况下，组织有很多调研报告和行业资料，这是记者没有的，而对于市场和产品，记者也是很陌生的，特别是对于刚入行的记者。给他们及时提供一些他们需要的资料，从而拓宽了他们的视野。这样可以为企业与记者之间建立真诚的友谊。

7. 积极配合媒体的工作。媒体对组织有无良好印象，在很大程度上要看组织与媒体是否配合协调。一个良好的媒体公共关系，需要组织不仅从行动上配合，而且也需要组织讲究一些技巧，媒体与组织交往过程中才不至于出现误差，对组织理念理解不透。

【职场案例】

案例一：放大了的品牌效应

一个旅游景区的品牌力量来源于什么？不断打造。而不断打造靠的就是媒体，媒体的宣传十分重要。例如，千岛湖过去叫作"嘉陵江水库"，因为是中国第一座自己设计的水力发电厂，是人工湖水。千岛湖出名首先靠媒体，媒体为什么关注？就来自于1994年3月31号发生的震惊全世界的"94331事件"，首先大家认识千岛湖是一个杀过人的人工湖。但是为什么到现在，人们再听到千岛湖却会想，这个地方是风景非常好、生态非常好的。千岛湖啤酒，由于有"千岛湖"三个字它的价值一下子翻了15倍，从八千万元一下子和日本的企业合资变成15个亿的价值。这就是一个品牌的力量。所谓的"五指营销法"里面，把中指给媒体了，中指可以撑起一片天。如果一个旅游景区要走出区域，走出国门肯定要靠媒体，媒体的作用是什么呢？放大了品牌效应。

（资料来源：http://www.langhh.com/list/426.html）

案例二：旅游业与新闻媒体合作共赢

旅游目的地形象的虚拟性、旅游产品的不可移动性，需要借助新闻媒体来传播，来广而告之，图文并茂的旅游新闻资讯、优美的旅游文章让潜在的旅游消费者知晓、了解、偏爱，进而选择旅游目的地，达成了旅游的愿望，新闻媒体架起了旅游业者与消费者之间的桥梁。另外，旅游是一种快乐、健康的生活方式，随着人们生活水平的不断提高和闲暇时间的增多，旅游已经普及为一种大众化消费和家庭必需性消费。旅游消费者是新闻媒体庞大的读者群、受众群，旅游是各主流媒体不可或缺的内容板块，同时旅游企业投放的广告也是各新闻媒体的重要收入来源之一。

近年来，山东旅游界与新闻媒体开展了全方位合作，以"好客山东"品牌为统领，重点做好旅游的形象宣传、产品宣传和产业宣传，取得了良好的效果。

一是进一步加大与中央、省级主流媒体的合作力度，充分发挥主流媒体的引领作用，配合山东省举办的贺年会、休闲汇等重要活动，宣传和推广好客山东。新华社 2011 年播发重点通稿达 50 余篇，休闲汇活动刊发为《新华每日电讯》头条，发《"高铁时代"山东旅游业发展对策》等 3 条内参。与《大众日报》联合推出《大众旅游》周刊，与《齐鲁晚报》合作推出《玩周刊》，与《中国旅游报》联合推出《好客山东》专版，与省电台、电视台、旅游世界杂志社、《老年生活报》等媒体联合推出旅游专题或专栏，大力营造全社会了解旅游、关注旅游、参与旅游的舆论氛围；与京津、长三角等我省重点客源市场都市类媒体合作，以"联合推介，捆绑营销"的方式，推介山东旅游品牌产品和经典线路。

二是在山东省旅游局的指导下，各城市分别与当地报纸、电台、电视台、网络等媒体合作，建立市级宣传平台，扩大了山东省旅游宣传的覆盖面，形成了联动叠加宣传效应。

三是拓展与网络媒体的合作，在"贺年会""休闲汇""三个一百"评选、专项旅游产品等宣传中，各大网络媒体发挥了重要的作用。

四是山东省旅游局联合 17 城市实行"联合推介、捆绑营销"的办法，把全省分散的旅游宣传促销资金集中起来，在央视和一些主流媒体集中打造"好客山东"品牌，既展示山东的旅游品牌形象，同时又展示各城市、旅游企业的品牌形象，取得了很好的效果。

（资料来源：http://paper.dzwww.com/dzrb/content/20120604/Articel12006MT.htm）

【情境模拟】

某旅行社的公关部近日正在为树立企业良好的形象、推广健康旅游的研发工作配合相关部门开展系列活动。小张作为公关部的职员之一，主要负责新闻媒介的选择和利用，他认为选择媒介的基本原则包括根据传播对象的特点和需求选择媒介，以及根据费用情况选择媒介，你认为他的看法是否全面？为什么？

【实战演练】

1. 选择你所在地区的一家公司，如果你被受聘为这家公司的媒介经理，你的工作职责有哪些？请你根据该公司的实际情况制订一份媒介宣传计划书。

2. 有人用"一管就死，一放就乱"来说明我国媒介规范的尴尬处境。在现实社会背景下，如何有效地规范我国媒介。对此，你有何看法？

学习情境五

旅游关系沟通与协调

●●●● **情境描述**

　　作为一名公关从业人员，一个非常重要的工作职责就是协调好饭店内外公众的关系，通过协调与内部公众的关系，提高员工对组织的凝聚力和向心力；通过协调与外部公众的关系，树立饭店的企业形象，为饭店生存和发展营造一个良好环境。本学习情境通过内部公众关系沟通与协调、外部公众关系沟通与协调两项工作任务的学习与实践，使学生能够掌握与公众沟通与协调的内容，利用沟通与协调技巧为旅游企业建立良好的公众关系。

●●●● **职业能力目标**

专业能力：

能够了解饭店内部关系的障碍；

掌握协调饭店内部关系的方法；

能够有效地与内部公众沟通；

能够熟悉饭店外部关系的内容；

能够掌握协调饭店外部关系的技巧。

方法能力：

能够灵活运用各种沟通协调手段处理好饭店内外关系；

能够恰当地使用沟通技巧与内外公众沟通。

社会能力：

具有强烈的职业意识；

具有良好的沟通能力；

具有敏锐的观察力；

具有一定的分析判断力；

具有强烈的责任心；

具有一定的合作精神。

工作任务一　旅游企业内部公众关系沟通与协调

【任务导入】

某酒店近期由于内部员工与实习生之间矛盾频繁出现，导致该酒店的员工在工作中情绪不佳，影响了对客服务效果。酒店决定召开一次内部员工与实习生之间的关系协调会，如果你是该酒店的公关经理，你该如何协调双方的关系？如果你是学校的管理人员，你如何与酒店沟通？

【任务分析】

以当地的酒店为背景，协调员工之间的关系。实习生在实习期间，也是酒店的员工，作为一名新员工，如何与老员工沟通？酒店如何协调新老员工之间的矛盾？学校的管理人员如何与酒店沟通？

【任务实施】

资讯：

1. 内部公众包括哪几类？

2. 与内部公众沟通协调的方式有哪些？

3. 旅游企业如何与员工沟通？

4. 旅游企业如何协调部门之间的关系？

决策：

1. 确定与员工沟通的方式。

2. 决定协调矛盾的措施。

计划：

1. 制订行动方案。

2. 对人员进行分工并确定其职责。

实施：

1. 分组讨论与员工沟通协调的方式。

2. 制定沟通协调的措施。

3. 召开沟通协调会。

4. 总结经验教训。

检查：

1. 沟通方式是否恰当？沟通措施是否得力？

2. 行动方案是否可行？沟通效果是否达到？

评估：

工作任务评估表

考 评 项 目		自我评估	小组评估	教师评估
团队合作 40%	沟通能力			
	协作精神			
工作成果评定 30%	任务方案			
	实施过程			
	工具使用			
	完成情况			
工作态度 20%	工作纪律			
	敬业精神			
	有责任心			
工作角色、创新 10%	角色认知			
	创新精神			
综合评估 100%				

【知识链接】

旅游企业内部公共关系是通过一系列传播沟通活动,使企业与其内部公众相互理解、相互协调、相互支持。它对于改善旅游企业内部公共关系状况、提高企业凝聚力具有不可忽视的独特功能。

一、内部沟通协调的范围与形式

(一)旅游企业内部沟通协调的范围

旅游企业内部存在着员工与员工之间的关系、员工与管理者之间的关系、同级管理者之间的关系、上下级管理者之间的关系、与股东的关系。这五大关系中都存在着信息沟通问题。但沟通协调的范围主要有以下三种:

1. 协调领导与员工的关系

旅游企业领导是企业的决策人,把握着企业的发展方向,一般都具有丰富的经验、科学的态度和决断的魄力。但旅游企业领导是管理者,而员工是被管理者,客观上双方共处于一个既相矛盾又相联系的统一体,产生隔阂是不可避免的。如果经过市场调查、多方论证后出台的科学决策,员工不理解、不支持,甚至其行动与此背道而驰,后果将不堪设想。即便是再科学的行动决策,也是无效的。

因此,协调领导与员工的关系是企业得以顺利发展的关键。公共关系人员应随时沟通信息,上情下传、下情上达,成为领导与员工携手并肩实现奋斗目标的桥梁。

2. 协调旅游企业内部管理层之间的关系

旅游企业各个部门面对的公众及工作特点、运作规律等都各不相同,沟通不够,往往会引发这样或那样的矛盾;如果化解不及时,全优服务就可能会因某一环节的失调而功亏一篑，甚至造成严重的后果，使个人利益受损、企业形象受挫。

协调好旅游企业内部管理层之间的关系，首先应明确职责、权限，严明规章制度，既分工负责又协调配合，使管理层次清楚；然后建立和疏通信息渠道，沟通信息，避免产生误会。

3. 协调与股东的关系

所谓股东关系就是企业与投资者的关系，股东关系中所包含的公众一般有三类，一类是人数众多的股票持有者，他们虽然不直接掌握企业的经营权，但十分关心企业的盈利状况；一类是董事会，董事会成员一般占有较多股份，他们或是社会名流，由股东选举产生，代表股东管理企业；一类是专业的金融舆论专家，如证券分析家、股票经纪人、投资银行家以及金融新闻工作者，他们对广大投资者的判断具有影响力。

股东关系涉及旅游企业的"财源"，因此与企业的生存和发展休戚相关。股东关系的基本目的，是争取股东和潜在的投资者，创造有利的投资环境和气氛，稳定已有的股东队伍，吸引新的投资者，扩大企业的财源。

(二)旅游企业内部沟通协调的形式

1. 信息流向

员工之间、同级管理者之间、企业与股东之间主要以横向沟通为主，而员工与管理者之间、上下级管理者之间主要以纵向沟通为主。

2. 信息沟通中双方角色是否变换

员工之间、同级管理者之间、企业与股东之间主要以双向沟通为主，此种方式可以使信息沟通更加充分，使管理者的决策得到全面贯彻，并能及时反馈信息，使员工之间、同级管理者之间、企业与股东之间的关系更加融洽。但由于双向沟通所需时间较长，不利于决策快速有效地实施。员工与管理者、上下级管理者之间主要以单向沟通为主，有利于保证酒店决策快速、及时地得以贯彻执行。

3. 沟通方法

员工之间主要以口头沟通为主，能充分、迅速地交换意见，形式灵活、简单。而员工与管理者、同级管理者、上下级管理者之间、企业与股东之间主要以书面沟通为主，信息可以作为档案材料和参考资料长期保存下来，便于查阅，有一定的严肃性和规范性。旅游企业服务项目的调整和服务产品的变化都需要书面沟通。

4. 沟通渠道

员工与员工之间主要以非正式沟通为主，受沟通方式的约束较小，能获得一些正式沟通难以获得的信息，而后几种则主要采用正式沟通方式，信息来源较为稳定且具权威性，有利于保持管理者与员工之间，以及管理者内部之间的权限分工。

二、员工关系的沟通与协调

员工关系包括了旅游企业内部的上、下、左、右关系，是最重要的内部公共关系。无论是内部公共关系，还是外部公共关系，都是从健康良好的员工关系开始的。员工是企业赖以生存的细胞，是企业与外部公众接触的触角。

因此，一切公共关系首先是要团结自己的员工，依靠自己的员工，并且尽可能让每个员工在公共关系的第一线发挥良好的作用。只有具备了健康良好的员工关系，专职的公共关系人员才不会孤军奋战，因为旅游企业的每一个员工都是有形无形的公共关系人员。我们可以从图 5-1 的服务价值链中看到员工关系的重要性。

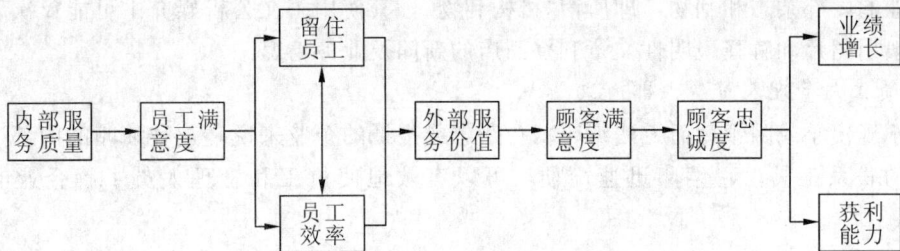

图 5-1　服务价值链

从图 5-1 中，我们可以看出顾客、员工、企业价值的关系。内部服务质量驱动员工满意；员工满意导致员工价值实现，进而达到员工忠诚；员工价值实现导致外部服务价值提升；外部服务价值提升导致顾客满意；顾客满意导致顾客价值实现，进而达到顾客忠诚；顾客价值实现导致企业价值实现。

因此，旅游企业一定要处理好与员工的关系。常见的方法主要有：

(一)营造良好的工作环境

员工都有追求上下左右关系融洽、个人心情舒畅、能力得以充分发挥的工作环境的愿望。旅游企业要正确协调酒店与员工之间的关系；要尊重、信任员工；要善于处理人际关系，促进上下沟通，要通过各种手段倾听民意，沟通思想感情，减少摩擦，创造良好的工作环境；要搞好员工的全面培训，重视激励工作。

(二)掌握与员工沟通的方法

美国的一项调查显示，只有 1% 的员工认为企业的事情与己无关，其余的人都表示渴望掌握企业的最新动态，了解企业的内情。由此可见，旅游企业公共关系人员应及时通报企业动态，让员工了解企业内情。常见的方法有：

1. 开会

这是把内情告诉员工的最佳方法之一。举行有意义的、简短而又有重点的会议，对增进管理者与员工之间的了解是极有好处的。员工大会给予管理者以表演的机会，可以激发员工的热诚并促进合作精神，还能够消除员工心里的疑虑。小型会议为双方创造了充分交换意见的机会，管理者可借此了解员工，评估部属。当然，会议的次数和时间长度都以不影响机构的正常业务运行为前提。

2. 员工手册

旅游企业可以编印员工手册，人手一册。内容包括规章、政策、义务、权利、禁止事项以及有关企业的产品、服务、历史和组织等的介绍。

3. 活页印刷品

由于员工手册具有一次定型的局限性，国外许多企业都另编活页的印刷品来增添新的信息，等于随时补充员工手册。活页印刷品所费无多，可以寄给每一位员工，也可放在工资袋里分发。

4. 公告牌(墙报)

公告牌是最古老也是最常用的工具之一，它报道新闻供人阅读，其最大的特点就是能够迅速把企业内部新闻公之于众。

5. 杂志和报纸

企业的内部杂志和刊物，即所谓"机构刊物"，其使用率在公告媒介中可能仅次于公告牌。一般用图片和解释说明性文章刊登酒店的新闻及业务情况。

6. 员工与管理人员的内部通讯

对于规模小或因预算而无法编印精巧杂志或报纸的企业来说，这种油印的内部通讯是很有用的联系工具。它编印迅速简便，可以有效地使员工和管理人员了解企业的最新动态。

7. 给员工的信

总经理给员工写信，告知企业内情并请教和讨论有关业务，是一种比较容易获得员工信赖的联系手段。但如果仅在紧急情况下利用这种方法，员工会认为企业只有在遭遇困难时才想到他们，其效果会大减。相反，如果次数频繁，又会显得平淡无奇而失去作用。

8. 财务报告

员工对企业经营现状，尤其是对切身的福利有影响的问题特别关心，因而要编印确实而具体的财务报告发给员工阅读。国外有些企业甚至把股东年度报告简要地印发给员工，以增加对员工的影响力。

9. 海报

海报主要用来提醒员工们注意安全、减少浪费及报道重要事项。像所有好的广告牌一样，海报的份数不可太多。同时应该避免在同一个地方贴得太久，因为日久天长，员工们会熟视无睹或根本不会注意。

(三)通过各种活动增强员工对企业的归属感

旅游企业是劳动力密集型的企业。为了使众多员工时刻以最佳的状态齐心协力地工作，就要使他们具有一种与企业共荣辱的归属感。员工的归属感是员工必备的心理素质，它要求企业公共关系人员做出不懈的努力进行培养。

1. 企业通过广告、捐款等形式参加一些社会公益活动，如赞助国际国内的重大体育比赛、慈善福利与救灾活动等，以提高旅游企业在社会上的知名度和良好的声誉，激发员工的自豪感。

2. 经常召开员工会议，简要介绍企业近况并听取员工的建议，让普通员工也参与企业的重大决策，从而使他们成为企业的主人翁。

3. 逢年过节，尤其是遇到企业周年庆典，应该举办员工聚会、展览会、成果报告会等，展现和表彰企业近年来的发展成就，同时感谢员工的支持与合作，以鼓舞士气。

4. 设立员工意见箱，让员工畅其"怨"言，对这些怨言要予以解释，至少要做到有"问"必答，并保证把员工的抱怨(比如对上级的不满)作为企业机密予以保密，以避免泄露后员工受到打击报复。

5. 经常举办舞会、郊游、体育比赛等各种文娱活动，以联络、协调员工之间的感情和关系。

6. 定期邀请员工家属来企业参观访问，向他们介绍企业的历史和成就，感谢他们以往的支持，以取得今后更多的帮助。

7. 企业应有自己的口号、歌曲、徽章及制服等，这种形式上的统一可以增强员工心理、精神上的归属感。

8. 在员工的工作环境、健康保健以及食堂伙食等方面，也要经常予以必要的重视和关心。

三、股东关系的沟通与协调

(一)与股东联系的方式

1. 写信

企业应从股东购买第一只股票开始，就发出欢迎信与他建立通信联系，即使他抛出最后一只股票，也要发出告别信，表示遗憾和歉意。

2. 年终总结报告

年终总结报告是旅游企业与股东信息交流的主要手段，也是企业向股东汇报一年来经营情况的最重要手段。年终报告的内容应该尽量详尽无遗。

3. 寄新落成的设施的照片

这样能使股东充分了解企业最新设施的信息。

4. 召开会议

遇到企业周年庆典、新企业开张及重大决策性问题时，可以邀请主要股东前来参加庆贺或讨论。

5. 个人拜访

有些重大问题如涉及几个重要股东时，企业代表应前去登门拜访。

6. 电话联系

经常与股东进行电话联系，可以使股东感受到企业的重视与温暖。

(二)年终报告的编制

年终报告是旅游企业与股东信息交流的主要手段，在一定程度上甚至关系企业的命运，因此撰写年终报告是公共关系人员的重要职责。

1. 年终总结报告的预先准备

年终总结报告的许多统计资料，尤其是年终总结报告的重心——决算资料，往往不到年末的最后一分钟是拿不出来的，但报告的编写却不能等到决算资料出来后才开始，应该早做准备。大多数企业都在分发年终总结报告之前 6 个月就开始着手准备了。

2. 年终总结报告的编排方法

年终总结报告要把酒店负责人致股东函、盈亏统计表等放在前面，而将有关的统计图表和必要的说明书放在后面。中间可加上其他的内容，如企业一般新闻、其他图表、照片以及新的服务设施的画面等，以增加年终总结报告的吸引力和可读性。

3. 注意写好致股东的信函

许多年终总结报告的开头往往是企业领导给股东们的信函，这是向股东报告情况的最有效方法。信不能太长，要避免冗杂、夸张，要用一般股东都能理解的文字。信中除了报告企业的一般业务外，也要说明盈利记录、股利政策、业务改进成果、新的服务设施、企业远景等。报告中还应该坦诚地检讨企业经营中的不足并对企业发展有贡献的股东表示慰勉之意。

4. 尽量多使用图表而少用文字

用清楚明白的图片做说明，比长篇大论的文字和数据构成的报告更容易引起阅读兴趣，也容易使人看懂。画面不要太复杂，一张图表最好不要有三条以上的主线，否则对股东无益，反而会使他们感到迷惑。

5. 年终总结报告的印刷装帧

公共关系人员应该凭着自己对股东的了解，并参照其他企业的做法把年终总结报告的印刷装帧做到高雅、美观、充实而适当。

6. 年终总结报告的分发

在分发年终总结报告时，应该同时在当地报纸、广播、电视的工商新闻栏里发播新闻。分发形式一般是邮寄给股东，也有在股东会上分发的。年终总结报告应该大量印刷以备索取。如果企业正准备加强股票发行或鼓励员工购买的话，那么员工也就是潜在股东了，自然也应该把年终总结报告分发到他们手中。

(三)股东年会的召开

股东年会召开的目的是使股东们对企业管理层一年来的经营管理进行审核，这关系到企业的未来。开好股东年会，意义十分重大。

根据公共关系的成功经验和公共关系专家的意见，开好股东年会，应注意以下问题：

1. 通知书

通知书和邀请书的行文应该郑重其事，印刷质量必须精致。通知书和邀请书应该尽早寄出，至少在会议召开前两个星期送到股东手里，便于他们安排时间，准时赴会。另外，有关会议召开的信息最好先在一些传播媒介披露，以示郑重。

2. 会场

会议地点的选择，应考虑股东们交通是否便利。场所应尽可能高雅、舒适、设备齐全。大多数股东年会都选择在旅游风景地召开。

3. 议程

会议必须按程序进行，不能形式主义地走过场，要让股东充分意识到，这一天是由他们来决定一切。另外，会议主持人必须掌握好时间，使会议进行得迅速而有效。会后，可依照股东的意愿组织游览活动。

4. 设施

应事先做好会议所需的准备工作，如布置横幅标语、展览厅等，尤其是音像设施，一定要注意不要让它发出刺耳的声音。会议安排不当会引起股东们的不满，从而导致股东们对酒店组织能力的怀疑。

5. 茶点宴会

提供点心、举行便宴和聚餐，应做出妥善合理的安排，既不要奢侈浪费，也不要过于简陋。

6. 新闻报道

邀请大众传播媒介，至少要把当地各主要新闻机构的记者请来，专门设置记者席，并派专人负责接待，向他们提供有关的情况和材料，随时为他们的采访提供方便。

7. 善始善终

把大会的每一个议程及每一位股东的每一句发言都记录下来，并立即整理好，争取在股东还没有离开以前分发到每一位与会股东手上。如果有些股东没有参加，则务必把会议的全部过程和内容写成简报，及时通报他们。

旅游企业公共关系部门在处理股东关系时，有一个既定的方针目标，就是想方设法鼓励股东关心企业的经营活动，把股东利益与企业利益尽可能紧密地结合起来，使股东成为企业经营活动中积极的支持者。

四、部门关系的沟通与协调

处理好企业内部各职能部门之间的关系是企业内部公共关系关注的重要课题之一。企业部门关系是否协调，直接关系到企业经营管理水平的高低。因此，公关部门要通过各种方法和措施，对影响部门协调的因素进行调节与控制，使其在服务工作、服务时间、服务意识上能相互和谐一致，默契合作，顺利而有效地如期完成任务。

(一)影响部门协调的因素

1. 工作性质影响部门协调

旅游企业工作十分烦琐复杂，使各部门的工作具有专业性的分工，各部门在业务经营上有不同的目的、任务与作用，不同的服务时间与过程，从而会影响部门之间的协调。

虽然各部门有各自的目的和任务，但部门目标的实现不等于企业整体目标的实现，往往有的部门在竭力实现本部门目标时对其他部门毫不顾及，影响到其他部门甚至企业整体目标的顺利实现。

2. 组织结构影响部门协调

企业各个部门是企业的中层组织，这样的组织结构本身对各部门之间关系的协调有至关重要的影响。

首先，各部门机构独立，容易产生各自为政、无须连接的弊端，使得部门之间产生隔阂，难以取得默契配合。

其次，如果部门之间职责不清，权限不明，利益不均，就会影响到它们的关系协调。职责不清往往是不充分履行义务和推卸责任的借口；权限不明会直接影响到职责的履行；利益不均容易产生部门之间的对立情绪。这可能是组织机构设置时的问题，也可能是机构运行时逐渐产生的问题，还可能是二者兼而有之。

最后，部门自身内部的不协调、调整部门或增设新的部门，都会给部门之间的协调带来影响。

3. 部门内部人际关系的协调对部门之间的协调具有很大的影响

由于部门员工的经历不同、所处环境各异以及受教育程度的差别等，他们各有自己的观念，对具体事情会持不同的意见。若不正确对待，往往会各持一端，互不相让，从而影响工作上的配合。

个人或集体之间的利益冲突，部门成员为各自利益或部门的利益形成局部冲突，直接影响部门之间和谐一致的工作。

非正式组织的存在既有积极作用，又有消极作用，它的消极作用会影响部门之间的互相支持配合。

4. 来自管理本身的因素对部门协调有着直接的影响

信息系统不灵敏，将使各部门之间信息沟通不畅。信息就是生命，企业信息系统呆滞，信息不灵通，势必影响部门之间的紧密合作。

规章制度不完善，或有完善的制度而没有认真地实施，致使部门之间发生分歧，无章可循、无规可依，或有章不循、有规不依。

上层管理者调节控制的方法不当、措施不力，会导致执行中不能协调共进。

(二)旅游企业部门关系协调的方法

部门协调的目的在于充分发挥各部门的潜力，使旅游企业更具活力，更富有应变能力，从而为提高企业的服务质量与经济效益提供可靠的保证。部门协调所要采取的措施很多，这里仅从公共关系的角度突出强调如下几点：

1. 确定旅游企业的总目标

各部门之间是否协调，关系到能否实现旅游企业的总目标；反过来，只有让中层管理者和其他员工都深刻地认识到企业的总目标，才能协调好部门之间的关系，使各部门自觉地为之努力，并且将员工个人目标融入其中，使其成为企业紧密团结的内聚力与不断前进的动力。

2. 建立以公共关系部为中心的信息系统

公共关系部要采用内部刊物、员工手册、黑板报、照片宣传栏、闭路电视、内部广播系统以及会议、座谈、文娱活动等沟通手段，及时向企业各职能部门传递有关信息，保证经营、服务规格的协调一致，促进管理，提高企业的总体管理水平。

3. 增进了解，创造融洽气氛

利用各种渠道、各种形式，增进管理者之间、员工之间、管理者与员工之间的相互了解，创造和谐融洽的工作环境与气氛。可利用的沟通方法如节日联欢、茶话会、组织旅游活动和文娱体育活动等。同时，要重视旅游企业内非正式组织的作用，扬其长、避其短，使其为部门协调服务。

4. 健全企业的规章制度

明确各部门各岗位的职责、权限和利益，以避免由于职责不清、权限不明、利益不均而引起的摩擦、纠纷与冲突。要制定和完善服务规程，使企业服务规范化、系列化、系统化，使各部门在服务内容、服务时间、服务过程上相互协调，使各个服务环节有序地协调进行，形成完整的服务体系。

【职场案例】

案例一：企业内刊：旅游人的精神家园

企业内刊是企业文化承载的载体，也是企业信息上通下达的沟通渠道和舆论宣传阵地，是旅游人的精神家园。如何发挥好内刊的作用，为企业文化建设和游客提供贴身服务？海南康泰国际旅行社有限公司坚持走品牌化建设之路，注重企业文化建设，打造"海南旅游品牌"。

2005年海南康泰国际旅行社有限公司成立后就创办了名为"海南康泰国际旅行社"内部刊物，一年一期，由各部门整理供稿，行政部负责组稿，遇到重大事件还有加刊，目前已出版了11期。该旅行社一直注重企业文化建设和内部员工管理，办刊初期，刊物版式内容比较简单，随着公司品牌的树立及影响力的不断提升，版面内容也在不断完善，目前有头版新闻、企业大事记、内部管理、企业文化、案例分析和产品专版等版面。内部刊物既是对企业自身管理、发展、企业文化的梳理和总结，也是作为对外展示的一个窗口。每期印 5000 份，如遇企业重大事件也会加刊和加印，刊物属于内部传阅，包括海南基地公司及各地分公司；外部赠阅，合作组团社客户，供应商等，每年淡季推介会时都将赠送给组团社。

（资料来源：http://www.toptour.cn/detail/info67477.htm）

案例二：某旅行社内部沟通的规定

公司实行透明管理，尽可能地使各种沟通渠道畅通，以达到信息有效传达的目的。

第一条　例会是公司的主要沟通手法。公司定期召开员工例会、总经理室例会、各部门例会。

1. 员工例会。员工例会每半年召开一次，全体员工参加，由行政办公室召集。主要议程为通报目前旅游市场情况；公司内部经营情况；各部门营业情况；嘉奖优秀员工。

2. 总经理室例会。总经理室例会每月召开一次，由总经理、副总经理、总经理助理、各部门经理参加，由总经理召集。主要议程为探讨目前旅游市场动态、探讨公司经营情况、探讨公司营销策略。同时将会议记录存档。

3. 部门例会。部门例会每周召开一次，一般于周六下班前召开，部门全体员工参加，由部门经理召集。主要议程为总结本周工作，布置下周工作，探讨部门经营方法。会议记录必须于下周一上交到客户服务中心。

4. 股东大会。股东大会按中华人民共和国公司法和本公司章程执行。

5. 董事会。董事会按中华人民共和国公司法和本公司章程执行。

第二条　临时会议是公司员工沟通临时事项、突发事项、特殊事项的方式。包括旅游产品促销会、新线路或新产品介绍会、特惠团队说明会、公司通报会议等，由行政办公室召集有关人员参加。

第三条　电子公告板

电子公告板指公司的网站上的留言本和旅游论坛，所有公司员工均可以以实名或匿名的方式发表和谈论有关事项。发言须遵守国家有关规定。网站管理员有编辑、删除发言的权利。

第四条　布告栏

布告栏是公司向员工传播信息的重要途径，员工应经常留意布告栏上的信息。布告栏所有信息由行政办公室发布，禁止其他员工破坏、修改或增加布告栏信息。

第五条　总经理信箱

公司设立总经理电子信箱，任何员工均可以以实名或匿名方式向总经理发表意见和建议。

第六条　内部刊物

公司创建内部刊物作为员工沟通和企业文化建设的方式。全体员工可以在内部刊物上投稿，刊登信息。各部门必须配合客户服务中心做好组稿工作。

（资料来源：山西商务国际旅行社）

【情境模拟】

某酒店由于近期谣传企业经营状况不佳，导致许多员工思想产生波动，想跳槽，工作上不能集中精力，错误频出。如果你是该酒店的公关部经理，你会如何处理此事？用什么方式与员工进行沟通？

【实战演练】

1. 某旅游景区属于股份有限公司，为了加强与股东的关系，决定在年终组织一次活动，你认为组织什么样的活动可以促进股东关系的提高？活动的内容包括哪些？

2. 某旅行社各部门之间近期由于关系比较紧张导致对客服务出现失误，游客投诉不断增加，旅行社决定召开一次部门协调会，如果让你来负责本次协调会的组织工作，你应该从哪开始入手？

工作任务二　旅游企业外部公众关系沟通与协调

【任务导入】

张女士到某旅行社报名某地旅游，工作人员向她推荐旅游线路、服务标准，张女士接受了。张女士交付旅游团款，旅行社出具旅游发票后，旅行社工作人员告知张女士，每一位旅游者在境外必须参加自费项目，做护照的费用也由旅游者直接交给公安部门。张女士认为旅行社工作人员有意隐瞒事实真相，存在欺诈行为。因此，向旅行社提出投诉。如果你是该旅行社的公关人员，领导把处理此事的任务交给你来做，你会如何处理？

【任务分析】

以旅游企业的投诉为背景，了解顾客投诉的原因，了解客人投诉的表达方式，掌握投诉处理的原则与程序，训练处理投诉的技巧。同时了解旅游企业外部其他公众关系，并能够运用沟通协调技巧处理好与其他外部公众的关系。

【任务实施】

资讯：

1. 企业的外部公众包括哪几类？
2. 如何处理顾客的投诉？
3. 如何与其他外部公众进行沟通？

决策：

1. 处理投诉的原则。
2. 处理投诉的程序与技巧。

计划：

1. 落实处理投诉的人员。
2. 制定处理投诉的措施。

实施：

1. 分组讨论处理投诉的措施。
2. 设计处理投诉的脚本并进行人员分工。

3. 运用角色扮演模拟处理投诉的过程。

4. 填写投诉处理表。

检查：

1. 投诉处理措施是否得力？

2. 投诉处理程序是否规范？

3. 投诉技巧运用是否灵活、恰当？

4. 投诉处理表格填写是否及时？

5. 投诉处理效果是否高效？

评估：

工作任务评估表

考 评 项 目		自我评估	小组评估	教师评估
团队合作 40%	沟通能力			
	协作精神			
工作成果评定 30%	任务方案			
	实施过程			
	工具使用			
	完成情况			
工作态度 20%	工作纪律			
	敬业精神			
	有责任心			
工作角色、创新 10%	角色认知			
	创新精神			
综合评估 100%				

【知识链接】

旅游企业的外部环境，包括本企业与社会其他行业和企业之间的关系、与同行业其他竞争对手之间的关系、与宾客之间的关系三大关系。因此，旅游企业外部公众关系也存在信息沟通问题。

一、外部沟通协调的范围与形式

现代社会是社会化的大生产，旅游企业必须面对错综复杂的外部环境。因此，协调旅游企业与外部环境的关系，公共关系人员是排头兵。旅游企业公共关系的重要工作就是运用丰富多彩的组织手段和传播技巧，为企业编织起一条条连接社会各界朋友的纽带。

(一)旅游企业外部沟通协调的范围

公关协调是旅游企业与外部环境沟通的最具艺术性的环节，主要包括以下内容：

1. 协调与顾客的关系

从公共关系的角度讲，顾客是旅游企业的行动公众，是公共关系重要的工作对象。做好这部分公众的工作，旅游企业既可获得经济效益，又可获得社会效益。只有始终如一地把顾客放在首位，满足他们的各种需求，才能在顾客心目中树立起良好的形象，从而稳定客源队伍，维系良好的顾客关系。

2. 协调与合作者的关系

旅游企业是一个关联度非常高的产业，它涉及的产业范围非常广。要完成一项旅游活动，必须得到各行各业的配合与支持。业内包括：旅游景区（景点）、旅游区（旅游度假区、水利旅游区、历史文化名城等）、旅行社、旅游饭店（宾馆、酒店等）、主题公园（游乐园、森林公园、地质公园等）、旅游交通（旅游公司、车队、集散中心等）；业外包括：政府机关、城建交通、媒体、服务业、工商界、文艺界、体育界、科技界、教育界、商贸业等；其他产业包括：土地、地质、文物、环保、水利、林业、农业、宗教、海洋、健康等；旅游客源地包括：当地专业传媒、当地知名旅行社、当地大型节庆会展策划管理部门、当地旅游局、旅游协会、旅行社协会、当地自驾游组织等。

3. 协调与竞争者的关系

景区与景区、旅行社与旅行社、酒店与酒店之间都是同行，是竞争者，但同行不是冤家，而应是合作的伙伴。重大问题应通过诚挚的协商，尽可能避免不必要的误会。要善于学习别人的长处，以人之长，补己之短，使自己不断完善起来。竞争的规律是优胜劣汰，竞争者之间既是朋友又是对手，在不伤害对方的前提下，采取正大光明的竞争手段无可厚非。

4. 协调与政府部门的关系

政府是国家的职能机关，是旅游企业的权力公众，对企业起着重要的领导作用。公共关系人员要协助旅游企业领导理解、领会、掌握国家的政策、法令和法规；争取主管部门的支持，最大限度地用足、用活、用好政策；要持续不断地将企业信息反馈到有关政府部门，加强与政府部门的感情联络，以加深他们对企业工作的了解，从而成为旅游企业发展的积极支持者。

5. 协调与媒介部门的关系

媒介关系是指旅游企业与新闻传播机构及其工作人员的相互关系。媒介公众被称为"无冕之王"，是一种特殊的公众，具有双重性。一方面，新闻媒介是旅游企业与公众实现广泛、有效沟通的必经渠道，具有工具性；另一方面，新闻媒介又是旅游企业必须特别重视的公众，具有对象性。新闻媒介不仅是旅游企业输出信息与输入信息的主要通道，而且是旅游企业获得社会舆论支持的重要中介。与新闻媒介处理好关系，赢得新闻媒介对旅游企业的了解、理解和支持，通过新闻界实现与公众的广泛沟通，就能形成对旅游企业有利的舆论氛围，提高旅游企业对社会的影响力。

6. 协调与社区的关系

社区关系是指旅游企业与所在地的地方政府、社会团体、单位、居民之间的睦邻关系。任何旅游企业都生存于一定的社区之中，企业的活动和员工的生活与社区有着千丝万缕的联系。旅游企业的生存发展依赖于所在社区的各种社会服务，如交通、水电供应、治安保卫、消防等；企业员工及家属都生活于所在社区，他们的日常生活依赖于社区内的各种公共利益部门，如社区内的商店、学校、医院、文化娱乐场所等；社区是企业劳动力的重要来源，雇用当地的员工，可减少住宿等费用，加强与社区居民的联系；社区还是企业最稳定的顾客和消费者。可见，建立良好的社区关系，争取社区公众的理解、支持与合作，对于旅游企业的生存与发展具有重要意义。

(二)旅游企业外部沟通协调的形式

1. 信息流向

旅游企业与社会其他行业的企业之间是纵向沟通。而旅游企业与同业竞争对手之间、旅游企业与宾客之间是横向沟通。

2. 信息沟通中双方角色是否变换

旅游企业与社会其他行业的企业之间、旅游企业与宾客之间主要是双向沟通。而旅游企业与同业竞争对手之间主要是单向沟通。

3. 沟通方法和沟通渠道方面

旅游企业的主要信息沟通形式是书面的、正式的沟通，这是市场经济法制化的一种客观要求。

二、与顾客关系的沟通与协调

旅游企业要与顾客建立良好的关系，就必须与顾客保持通畅的信息沟通，并及时协调好与顾客的冲突和纠纷。

(一)与顾客沟通的方式

1. 口头联系

这是最常见、最普通的沟通方式。不论是面对面回答顾客提出的问题，还是通过电话向顾客做出解释，都要尽量令其满意，同时积极提供有关旅游企业的信息。

2. 利用私人信件

旅游企业的领导者或公共关系人员要定期或不定期与顾客通信，可以使顾客感到受到企业的重视，感到企业富有人情味，对企业产生好印象。

3. 利用传播媒介

公共关系人员应充分利用各种传播媒介，如报刊、电台、电视、网络向顾客宣传介绍旅游企业情况。另外，也可利用公告栏上的公告等形式，向顾客介绍旅游企业及其产品，或者介绍一种新的、更完美的生活方式和生活观念。

4. 出版顾客刊物

旅游企业可以编辑出版定期或不定期的刊物，使顾客可以及时、详细地了解旅游企业及其产品，从而做出最佳选择。

(二)与顾客协调的方式

1. 协调与顾客关系的理由

顾客与旅游企业发生误解、冲突、纠纷是常见的事情。为此，企业的公共关系人员需要经常处理与顾客的纠纷，以协调旅游企业与顾客之间的关系。

妥善处理纠纷投诉就是设法澄清事实，扭转偏见，将损失降低到最小限度；灵活地运用纠纷处理技巧，还可以将坏事变成好事，既维护旅游企业的声誉，又扩大旅游企业的影响。妥善处理投诉，可以达到如下目的：防止纠纷演变为组织危机；扭转公众的印象；提高服务质量和管理水平。

2. 协调与顾客关系的原则

旅游企业在处理纠纷时，应遵循以下原则：

第一，善意帮助投诉者；

第二，不与投诉者争辩；

第三，维护旅游企业的合法利益。

3. 分析产生纠纷的原因

旅游企业与公众之间产生纠纷的原因有两种：一种是旅游企业自身的工作没做好，或是出现差错缺陷；另一种是部分公众产生误解，或是个别人过于挑剔，甚至恶意诬陷诽谤。

4. 纠纷处理的程序

一是认真倾听投诉者的意见；二是保持冷静；三是表示同情；四是给予关心；五是不转移目标；六是记录要点；七是告知处理方法；八是告知处理时间；九是解决问题；十是检查落实和记录存档。

5. 纠纷处理的技巧

纠纷处理的技巧主要有以下几个方面：

(1)让投诉者"降温"

投诉者投诉时，心中往往充满了怒火，投诉成了维持心理平衡的宣泄机会。在受理投诉者投诉时，应首先耐心倾听，让投诉者通过发泄，使其不平静的心情逐渐平静下来，同时也利于弄清事情的来龙去脉。"降温"就是要创造一种环境，让投诉者自由发泄受压抑的情绪，把火气降下来，恢复到理智的状态。"降温"的环境应是安静幽雅的接待室，投诉者在这里可获得受尊重的感受。受理投诉的公关人员最好是女性，因为女性的微笑能稳定投诉者的情绪，有利于事态的解决。公关人员在接受投诉者投诉时，不要争辩和反驳，以免给当事者留下不接受意见的印象，使其盛怒而去，影响旅游组织的声誉。

(2)在感情和心理上与投诉者保持一致

投诉者在采取了投诉行动后，都希望别人认为他的投诉是正确的，是值得同情的；另外，投诉者又对旅游组织的公关人员有一种戒备心理，他们认为旅游组织的人仅仅是旅游组织利益的代表。针对投诉者的这种心理，要把投诉者看成是一种需要帮助的人，这样才能营造解决问题的气氛。接受投诉的工作人员要以自己一系列实际行动和话语，使客人感到有关部门和人员是尊重和同情他们的，是站在投诉者立场上，真心实意地处理投诉的，从而把不满的情绪转化为感谢的心情。这是解决旅游组织与公众之间纠纷最积极有效的方法。

(3)果断地解决问题

接受旅游者投诉时，要善于分析，听清投诉者的意见、要求，然后迅速果断地处理。公关人员处理投诉的第一个姿态应是：向投诉者表示真诚的感谢，把他(她)的投诉看成是对旅游组织的爱护。如果是自己能够解决的问题，应迅速回复投诉者，告诉处理意见；对一些合理的投诉，即明显是服务或管理工作的失误，应立即向投诉者致歉赔礼，在征得投诉者同意后，做出补偿性处理。所有公众的投诉，应尽量在投诉者离开前得到圆满解决，要把处理旅游者投诉作为重新建立旅游组织声誉的机会。

【观点链接5-1】

旅游投诉处理办法

(2010年1月4日国家旅游局第1次局长办公会议审议通过)

第一章 总 则

第一条 为了维护旅游者和旅游经营者的合法权益，依法公正处理旅游投诉，依据《中华人民共和国消费者权益保护法》《旅行社条例》《导游人员管理条例》和《中国公民出国旅游管理办法》等法律、法规，制定本办法。

第二条 本办法所称旅游投诉，是指旅游者认为旅游经营者损害其合法权益，请求旅游行政管理部门、旅游质量监督管理机构或者旅游执法机构(以下统称"旅游投诉处理机构")，对双方发生的民事争议进行处理的行为。

第三条 旅游投诉处理机构应当在其职责范围内处理旅游投诉。

地方各级旅游行政主管部门应当在本级人民政府的领导下，建立、健全相关行政管理部门共同处理旅游投诉的工作机制。

第四条 旅游投诉处理机构在处理旅游投诉中，发现被投诉人或者其从业人员有违法或犯罪行为的，应当按照法律、法规和规章的规定，做出行政处罚、向有关行政管理部门提出行政处罚建议或者移送司法机关。

第二章 管 辖

第五条 旅游投诉由旅游合同签订地或者被投诉人所在地县级以上地方旅游投诉处理机构管辖。

需要立即制止、纠正被投诉人的损害行为的，应当由损害行为发生地旅游投诉处理机构管辖。

第六条 上级旅游投诉处理机构有权处理下级旅游投诉处理机构管辖的投诉案件。

第七条 发生管辖争议的，旅游投诉处理机构可以协商确定，或者报请共同的上级旅游投诉处理机构指定管辖。

第三章 受 理

第八条 投诉人可以就下列事项向旅游投诉处理机构投诉：

(一)认为旅游经营者违反合同约定的；

(二)因旅游经营者的责任致使投诉人人身、财产受到损害的；

(三)因不可抗力、意外事故致使旅游合同不能履行或者不能完全履行，投诉人与被投诉人发生争议的；

(四)其他损害旅游者合法权益的。

第九条 下列情形不予受理：

(一)人民法院、仲裁机构、其他行政管理部门或者社会调解机构已经受理或者处理的；

(二)旅游投诉处理机构已经做出处理，且没有新情况、新理由的；

（三）不属于旅游投诉处理机构职责范围或者管辖范围的；

（四）超过旅游合同结束之日90天的；

（五）不符合本办法第十条规定的旅游投诉条件的；

（六）本办法规定情形之外的其他经济纠纷。

属于前款第（三）项规定的情形的，旅游投诉处理机构应当及时告知投诉人向有管辖权的旅游投诉处理机构或者有关行政管理部门投诉。

第十条 旅游投诉应当符合下列条件：

（一）投诉人与投诉事项有直接利害关系；

（二）有明确的被投诉人、具体的投诉请求、事实和理由。

第十一条 旅游投诉一般应当采取书面形式，一式两份，并载明下列事项：

（一）投诉人的姓名、性别、国籍、通信地址、邮政编码、联系电话及投诉日期；

（二）被投诉人的名称、所在地；

（三）投诉的要求、理由及相关的事实根据。

第十二条 投诉事项比较简单的，投诉人可以口头投诉，由旅游投诉处理机构进行记录或者登记，并告知被投诉人；对于不符合受理条件的投诉，旅游投诉处理机构可以口头告知投诉人不予受理及其理由，并进行记录或者登记。

第十三条 投诉人委托代理人进行投诉活动的，应当向旅游投诉处理机构提交授权委托书，并载明委托权限。

第十四条 投诉人4人以上，以同一事由投诉同一被投诉人的，为共同投诉。

共同投诉可以由投诉人推选1～3名代表进行投诉。代表人参加旅游投诉处理机构处理投诉过程的行为，对全体投诉人发生效力，但代表人变更、放弃投诉请求或者进行和解，应当经全体投诉人同意。

第十五条 旅游投诉处理机构接到投诉，应当在5个工作日内做出以下处理：

（一）投诉符合本办法的，予以受理；

（二）投诉不符合本办法的，应当向投诉人送达《旅游投诉不予受理通知书》，告知不予受理的理由；

（三）依照有关法律、法规和本办法规定，本机构无管辖权的，应当以《旅游投诉转办通知书》或者《旅游投诉转办函》，将投诉材料转交有管辖权的旅游投诉处理机构或者其他有关行政管理部门，并书面告知投诉人。

第四章 处 理

第十六条 旅游投诉处理机构处理旅游投诉，除本办法另有规定外，实行调解制度。

旅游投诉处理机构应当在查明事实的基础上，遵循自愿、合法的原则进行调解，促使投诉人与被投诉人相互谅解，达成协议。

第十七条 旅游投诉处理机构处理旅游投诉，应当立案办理，填写《旅游投诉立案表》，并附有关投诉材料，在受理投诉之日起5个工作日内，将《旅游投诉受理通知书》和投诉书副本送达被投诉人。

对于事实清楚、应当即时制止或者纠正被投诉人损害行为的，可以不填写《旅游投诉立案表》和向被投诉人送达《旅游投诉受理通知书》，但应当对处理情况进行记录存档。

第十八条　被投诉人应当在接到通知之日起10日内做出书面答复，提出答辩的事实、理由和证据。

第十九条　投诉人和被投诉人应当对自己的投诉或者答辩提供证据。

第二十条　旅游投诉处理机构应当对双方当事人提出的事实、理由及证据进行审查。

旅游投诉处理机构认为有必要收集新的证据，可以根据有关法律、法规的规定，自行收集或者召集有关当事人进行调查。

第二十一条　需要委托其他旅游投诉处理机构协助调查、取证的，应当出具《旅游投诉调查取证委托书》，受委托的旅游投诉处理机构应当予以协助。

第二十二条　对专门性事项需要鉴定或者检测的，可以由当事人双方约定的鉴定或者检测部门鉴定。没有约定的，当事人一方可以自行向法定鉴定或者检测机构申请鉴定或者检测。

鉴定、检测费用按双方约定承担。没有约定的，由鉴定、检测申请方先行承担；达成调解协议后，按调解协议承担。

鉴定、检测的时间不计入投诉处理时间。

第二十三条　在投诉处理过程中，投诉人与被投诉人自行和解的，应当将和解结果告知旅游投诉处理机构；旅游投诉处理机构在核实后应当予以记录并由双方当事人、投诉处理人员签名或者盖章。

第二十四条　旅游投诉处理机构受理投诉后，应当积极安排当事双方进行调解，提出调解方案，促成双方达成调解协议。

第二十五条　旅游投诉处理机构应当在受理旅游投诉之日起60日内，做出以下处理：

（一）双方达成调解协议的，应当制作《旅游投诉调解书》，载明投诉请求、查明的事实、处理过程和调解结果，由当事人双方签字并加盖旅游投诉处理机构印章；

（二）调解不成的，终止调解，旅游投诉处理机构应当向双方当事人出具《旅游投诉终止调解书》。

调解不成的，或者调解书生效后没有执行的，投诉人可以按照国家法律、法规的规定，向仲裁机构申请仲裁或者向人民法院提起诉讼。

第二十六条　在下列情形下，经旅游投诉处理机构调解，投诉人与旅行社不能达成调解协议的，旅游投诉处理机构应当做出划拨旅行社质量保证金赔偿的决定，或向旅游行政管理部门提出划拨旅行社质量保证金的建议：

（一）旅行社因解散、破产或者其他原因造成旅游者预交旅游费用损失的；

（二）因旅行社中止履行旅游合同义务、造成旅游者滞留，而实际发生了交通、食宿或返程等必要及合理费用的。

第二十七条　旅游投诉处理机构应当每季度公布旅游者的投诉信息。

第二十八条　旅游投诉处理机构应当使用统一规范的旅游投诉处理信息系统。

第二十九条　旅游投诉处理机构应当为受理的投诉制作档案并妥善保管相关资料。

第三十条　本办法中有关文书式样，由国家旅游局统一制定。

第五章　附　则

第三十一条　本办法由国家旅游局负责解释。

第三十二条 本办法自 2010 年 7 月 1 日起施行。《旅行社质量保证金暂行规定》《旅行社质量保证金暂行规定实施细则》《旅行社质量保证金赔偿暂行办法》同时废止。

三、与社区关系的沟通与协调

(一)积极履行应尽的义务,做社区"合格公民"

旅游企业作为社区的居民,必须遵守地方法规,服从当地政府的领导,做到安全生产,守法经营,照章纳税,保护环境等。要认真避免或纠正企业行为对社区的不良影响,妥善处理与社区出现的矛盾。有条件的旅游企业,还应将自己的文化、福利设施向社区公众开放。

(二)热心社区事业,争做社区"好公民"

旅游企业要关心和支持社区建设,积极参与社区的各项公益活动,努力为社区出力、做贡献。如赞助社区文化、体育活动;资助养老院、残疾人基金会等社会福利机构的活动;资助社区办学,发展社区教育事业;当社区发生天灾人祸等意外事故时,积极为社区排忧解难等。这样,才会受到社区的欢迎。否则,旅游企业对社区事业毫不关心,"一毛不拔",就不会在社区有好"人缘"。

(三)加强与社区公众的沟通

1. 采用传播方法,经常不断向社区介绍旅游企业的情况,提高企业在社区公众中的美誉度,疏通旅游企业和社区在信息层次上的双向沟通,不断增进企业与社区公众的友好感情,以取得社区对企业更多的支持。具体方法可以是:召开以社区公众为对象的招待会、座谈会和当地员工的家属会议;每逢周年庆典和节日活动,邀请社区代表前来参加;对社区的各种活动也要派人前去参加;邀请社区公众参观企业等。

2. 公共关系人员要深入调查公共关系状态,在社区公众因某些问题对旅游企业产生不满或误解时,要及时沟通、解释,把问题解决在初始阶段。

3. 在发生意外事故时,公共关系人员要善于应变。要及时、全面、真实地把事故的实际情况、造成的原因和处理情况向社区公众传播。

四、与媒介关系的沟通与协调

(一)熟悉新闻媒介

公共关系人员要了解新闻界人士的职业特点,遵守他们的职业准则,尊重他们的职业道德;熟悉各种新闻媒介的报道特色、编辑方针、编辑风格、版面安排、发行时间和渠道以及各自拥有的读者、听众、观众的情况等;掌握基本的新闻写作知识和技巧。只有这样,公关人员在与新闻界打交道时才能做到得心应手。

(二)与新闻媒介保持经常联系

公共关系人员应当加强与新闻媒介的日常交往,广交朋友。如重大节日向新闻界发送贺年片、纪念品,举办各种形式的联谊活动,增加旅游企业公共关系人员与新闻界人士的个人友谊;也可以主动邀请新闻界人士参观,通过让记者了解旅游企业的各方面情况,也可为其提供新闻宣传的机会。

(三)支持新闻界人士的工作

应本着热情友好,实事求是,一视同仁,以诚相待的原则,对记者的采访提供必要的支持和帮助。向新闻界提供的信息应实事求是，不能隐瞒事实真相，欺骗社会公众，尤其是遇到有损旅游企业形象的事情，更应积极与新闻界配合，力争挽回影响，重塑企业形象。

对待新闻媒介要一视同仁，千万不能重大报、轻小报；重电视，轻电台；重名记者，轻小记者。千万不要拒绝记者采访，要为记者设身处地着想，积极主动地为记者安排与旅游企业领导人或有关专家见面，及时为记者提供有价值的信息，以便新闻媒介客观地报道企业的政策和活动。

(四)主动向新闻媒介提供旅游企业信息

公共关系人员应主动向新闻界提供有新闻价值的素材，如旅游企业的周年庆典，企业的重大改革，企业的重要活动等具有一定新闻价值的信息。公共关系人员还应善于通过"制造新闻"去争取引起新闻界的注意，塑造旅游企业的形象。所谓"制造新闻"就是旅游企业以健康正当的手段，有意识地采取既对自己有利，又使社会和公众受惠的行动，去引起社会公众和新闻界的关注。有了好新闻，媒体会主动来为你炒作，既是最好的软广告，又能促进与新闻媒介的关系。

(五)正确对待媒介的批评报道

当媒介发表了不利于旅游企业形象的批评报道后，企业应虚心接受并及时采取补救措施，挽回不良影响，并恳请再予传播，切不可对媒介的批评报道置若罔闻，甚至反唇相讥。如果媒介的批评报道有失实之处，亦应诚恳地向媒介提供真实情况，澄清事实真相，切不可剑拔弩张、兴师问罪，或得理不饶人。

五、与政府关系的沟通与协调

政府是国家权力的执行机关，是国家对社会进行统一管理的权力机构。它既包括不同行政层次，如中央政府和各级地方政府，也包括不同职能部门，如公安管理、司法管理、工商管理、税务管理、海关管理、物价管理等。任何一个旅游企业作为社会的一分子，都不能超越政府的管理，政府关系是各种旅游企业都避不开的一种关系。良好的政府关系，有利于企业赢得政府的信任和特别关照。处理好与政府的关系，组织必须做到以下几点。

(一)做政府的"模范公民"

这是构建良好政府关系的基本要求。政府是社会的管理者，而社会中各种旅游企业五花八门，具体条件和自身素质以及行为方式也千差万别，所以，政府对社会的管理是极其复杂和繁重的工作。政府期望每一个企业都能服从大局、服从管理，做政府的"模范公民"。因此，旅游企业就应当把国家利益放在第一位；应当模范遵守国家的法律、政策；应当替政府着想，为政府分忧。做政府的"模范公民"，是协调企业与政府关系的有效原则和方法，是公共关系协调中"公众第一"原则在政府关系协调上的体现。

(二)熟悉政府颁布的有关政策、法规

目前，政府对旅游组织的行政干预减少，主要通过政策、法规来管理企业，企业的一切活动都必须在国家政策、法律允许的范围内进行。因此，旅游企业必须熟悉政府所颁布的政策、法规，并及时了解政策、法规的变动，根据变化及时修正企业的方针政策和实际行动。此外，政策对于法律来说灵活性、变通性大，熟悉政策，才能灵活运用，并最大限度地使组织受惠。

（三）熟悉政府机构的组织结构及职能

政府机构上至国务院、省、市、县政府，下到街道办事处，其层次各不相同，有的是组织的直接领导，有的是间接领导。旅游企业与政府日常交往的对象是其主管部门或一些相关的具体部门，而并不需要与所有政府部门打交道。熟悉政府机构的内部分工、工作范围、办事程序，并与有关部门的工作人员保持应有的联系，可减少"公文旅行""踢皮球"现象，提高办事效率。

（四）加强与政府的信息交流

旅游企业除了要了解国家的方针、政策、法规外，还应及时将企业的具体情况反馈到政府的有关部门，根据本地区、本部门、本行业的特殊情况，主动提出政策、法律建议，并通过适当的渠道进行宣传、说服工作，尽量争取有利于自身发展的立法、政策。

（五）扩大饭店在政府部门中的影响

旅游企业应把握一切有利时机，扩大企业在政府部门中的信誉和影响，使政府了解企业对社会、国家的贡献和成就。例如利用周年庆典、联谊活动等机会，邀请、安排政府主管部门领导及党政要人出席企业的重要活动，主持仪式或剪彩。通过种种专题活动，提高政府部门对旅游企业的信心和重视程度。

（六）建立与政府官员之间的经常联系

旅游企业领导及公共关系人员要经常以个人身份参加政府机构举办的各种活动，加强与政府官员的私人往来，通过交流了解旅游企业所需的各种信息及政府部门对企业的意见、建议，及时调整自身工作。

六、与竞争者关系的沟通与协调

竞争对手的确可以给旅游企业带来威胁，但合适的对手能够加强而不是削弱企业的竞争地位。应该接受"协同"竞争的思维方式，旅游企业与竞争对手寻求共同利益，就可能达到双方的"互惠互利"。

在与竞争者进行关系协调过程中，应遵循公平竞争、相互学习和彼此沟通的原则。

（一）企业间加强沟通了解，及时通报信息，加强彼此感情

1. 行业会议

行业会议旨在协调同行业内部各旅游企业的关系，争取有利于行业发展的外部环境，指引本行业健康发展。

2. 联谊会

目的是增强各饭店成员的友谊，建立良好的人际关系。

3. 邀请竞争对手参观企业

在保证核心机密不会泄露的情况下，邀请对手参观本饭店，向竞争者表明开放坦诚的态度，有利于进一步消除双方隔膜，增进彼此关系。

4. 期刊交流

利用内部报刊、小册子、简报、通讯等方式交流思想，共同进步。

5. 企业成员间个人联系

比如共同举办联欢晚会、体育比赛和旅游活动等。

　　6. 联合活动

　　有时旅游企业之间需要采取一些短暂的联合行动。比如联合推出新产品、联合承揽某项重大活动、联合经营等。

　　(二)加强合作企业间文化的交流与沟通

　　合作企业之间若存在文化冲突，联盟则很难建立。联盟双方应努力打造一种弥漫于各饭店之间的共同文化氛围，形成共同的价值观、工作作风和文化观念，只有双方在思想上有了共同的认识，联盟体才能真正坚固起来。因此，联盟双方应共同讨论双方的价值体系、行为方式，求同存异，共同发展。

【职场案例】

　　案例一：口头沟通的失误

　　情景一：某大学孙教授打长途电话给某市饭店，告知他同意邀请，明天飞抵该市，前来为饭店讲课。并请届时到机场接一下。该饭店秘书齐小姐接了电话，满口答应。但当孙教授走出机场时，左右环顾，无人接站，等了十几分钟，仍无人前来。孙教授只能叫出租车去该饭店。孙教授前往总台登记，问起总台是否知道他来店，前厅经理说知道，已安排好了。孙教授奇怪地问，怎么没来接站。前厅经理"哦"了一声，连忙道歉说"忘了"。事情是这样的，齐秘书打电话给前厅经理叫他安排孙教授食宿，又叫前厅经理转告车队派车去接。当时总台客人很多，前厅经理匆匆安排了孙教授的住房后，把订车的事忘记转告了。

　　情景二：餐厅预订部接到客人打来，要预订 17 日 3 桌酒席，标准是每桌 1 000 元。四天以后客人陆续步入餐厅，宾客满座。迎宾小姐上前询问，客人说酒席已预订了。一看记录没有。她把餐厅经理叫来，一核对，搞错了，听电话的接待员把"四天后"听成了"十天后"，客人愤愤离去，说再也不上这家饭店吃饭了。

　　情景三：一旅游团队夜间涌入饭店，饭店公关销售部人员趋前迎接。在与领队和陪同的交谈中得知，因气候原因，原定明天的飞机改为火车，提早出发；原计划的早餐改为带盒饭上路。第二天清晨，领队去取盒饭，餐厅说不知道，根本没准备，把值夜班的餐厅经理找来，他说："有这么回事。公关部通知我是明天午餐带盒饭。"客人不满地赶火车去了。事后，公关部经理与餐饮部经理为电话中到底说是"早餐"还是"午餐"争得面红耳赤。

　　以上三种情景差错的原因都在于没有记录或记录不准确。用口头传递经营管理信息的可靠性很差，也很不规范。在餐厅的标准化管理中，用文字传递信息就是很重要的一条，要避免以上差错的发生，应采取以下几个正确的步骤。

　　1. 通电话，必须有电话记录。待对方说完后，重复一遍核实对方所说的内容，并等对方挂了电话后，自己再挂。

　　2. 客人的要求应通过正式的文字形式传递到有关部门。以上"早餐"与"午餐"之事，没文字凭证，既误了客人的餐，事后调查又弄不清责任。

　　3. 宾客的要求如同时涉及饭店内几个部门，应一式几联，以同样的文字传送到有关部门。这样做，利于相互沟通，相互提醒。

　　4. 餐厅内上下级之间，部门与部门之间均应用规范格式的文稿纸来传递指令和信息。国际上餐饮业普遍采用的备忘录(MEMO)就是一种有效的文字形式。

　　因此，用文字传递信息是最有效的方法。不管是在餐饮业还是在其他行业都应该重视这一点，平时的工作交接上要特别注意，还有平时自己的工作当中也要注意用文字来记录信息，这样就可以防止自己本身遗忘一些东西。一旦信息没有传达到位，就有可能引起顾客的投诉或不满，所以无论是在什么情况下都应该养成这种用文字传递信息的好习惯。

（资料来源：谢红霞. 中国新公关组织形象塑造. 北京：经济管理出版社，2004）

案例二：与同行合作塑造企业形象

北京贵宾楼饭店 1994 年年底成功地主办了第 66 届"世界一流酒店组织"年会，名声大振。

世界一流酒店组织成立于 1928 年，是世界上最早的环球性宣传、促销、预订网络机构，现有成员饭店 270 家，分布在 50 多个国家和地区，代表着世界上最高档、最豪华、最优秀的饭店潮流。

该组织每年举办一次年会，总结上一年的工作，反馈市场信息，交流工作经验，以求共同促进、共同发展。年会的地点不固定，一般是在头一年年会上决定下一年的会址。而得到会议的主办权如同申办奥运会一样，非同一般。申办城市首先要提交申请，阐述其接待计划，然后经大会讨论决定。在 1993 年的年会上，以北京贵宾楼饭店、广州白天鹅宾馆为首的中国代表团经过多方努力，在众多的申办城市中终于赢得了 1994 年一流酒店组织年会的主办权。主席先生决定 1994 年 11 月 16 日至 20 日在北京举行。

与会者都是一流酒店组织成员酒店的董事长、总经理等显赫人士，他们当中 80% 的人未到过中国，对中国悠久的历史、灿烂的文化及飞速发展的现状了解甚微。因此，接待好此次会议，不仅仅关系到贵宾楼，更重要的是：它是向专业人士和社会公众展示中国酒店管理状况；体现北京旅游事业发展水平；反映北京人精神风貌；宣传北京、宣传中国的绝好机会。

北京的"一流酒店组织"成员有两家，一是贵宾楼饭店，二是王府饭店，按会议的常规要求，与会人员必须选择成员酒店下榻，且有些活动需在"王府"举办。因而，为了共同的利益，本着"互通有无、互惠互利"的公共关系原则，贵宾楼总经理出面，主动与王府饭店协商，成立筹备协调小组，由贵宾楼牵头。

在会议举办期间，许多活动分别在两家宾馆进行，通过合作，两家酒店不仅出色地完成了接待任务，而且提升了中国饭店行业的形象。世界一流酒店组织总裁在感谢信中写道："贵宾楼饭店出色的接待和风格独特的欢迎晚宴以及在各项活动中表现出来的周密设计与安排令我们终生难忘，我毫不怀疑贵宾楼是世界上最一流的酒店之一。年会期间的所有感受告诉我们这样一个事实，中国的旅游业发展很快，总体接待水平不断提高，正向国际水准靠近。"

通过会议，不仅树立了酒店的形象，而且广交朋友。会议期间，许多酒店老板约见总经理，商谈酒店之间的合作事宜，如里兹酒店亚洲公司（Ritz Carlton Hotel Company）、巴黎的科里昂酒店（Hotel Crillion）等饭店都有合作意向。到目前为止，贵宾楼已同韩国的新罗酒店（Hotel Shilla）、日本的大阪酒店（Osaka Hotel）合作，在双方分别举办美食节，相互传播美食文化，促进相互的业务发展。

（资料来源：杜炜. 饭店优秀公关案例解析. 北京：旅游教育出版社，2007）

【情境模拟】

有客人投诉饭店大堂地面打蜡时，不设护栏或标志，以致客人摔倒导致骨折。假如你是某饭店的公关经理，如何处理这件事？

【实战演练】

1. 以当地某一旅游企业为背景，分析该企业有哪些社区公众，写一份如何处理好与这些社区公众关系的建议书。并帮助企业制定一份内部员工沟通制度。

2. 客人在餐厅就餐时，怀疑食品变质，向饭店进行投诉，此客人属于火暴型性格，如果你是饭店的公关经理，你如何协调此事？

3. 假如你以某旅游景区公关人员的身份为企业联系当地报社报道该企业的本季度主推旅游产品，你将做哪些准备工作？将和对方如何打交道？你希望报社报道的内容、形式是怎样的？

学习情境六

旅游公关调查

●●●● **情境描述**

　　许多旅游企业的公关人员日常公关事务中，有一项非常重要的工作就是整理国内外报纸报道的旅游业信息，做成剪报，提供给企业高层领导阅览。同时，旅游企业为了提升企业形象，经常需要开展各种类型的公关活动，在活动策划前，也需要对公关环境进行调查。因此，本学习情境通过制订公关调查方案、调查活动的组织与实施、公关调查方法的设计三项工作任务的学习与实践，使学生掌握旅游公关调查的基本原理与工作要点，能够运用旅游企业公关调查工作，为企业决策提供满意的信息资料。

●●●● **职业能力目标**

专业能力：

能设计调查方案；

能执行调查方案的实施工作；

能用观察法进行调查；

能用访谈法进行调查；

能进行各种媒介的文献调查；

能设计调查问卷；

能进行问卷的发放与收集；

能撰写小型调查报告。

方法能力：

能够掌握调查的技巧并灵活应用；

能够对调查数据进行分析；

能够设计调查方法。

社会能力：

具备良好的语言表达能力；

具有较好的沟通能力；

具有一定的合作精神；

具备优良的文字写作能力；

具备良好的观察能力。

工作任务一　制订公关调查方案

【任务导入】

某酒店为了了解顾客对其销售的菜肴、主食及点心的种类和服务态度进行调查，需要制订一个调查方案，并根据调查方案来组织实施调查活动，你能帮助该酒店制订一个调查方案吗？一份完整的调查方案应该包括哪些内容？并对调查方案进行评估。

【任务分析】

以当地的酒店为背景，制订公关调查工作方案，对以上任务中的调查内容进行调查。要求制订出一份完整的调查工作方案，并对调查工作方案是否可行进行评估。

【任务实施】

资讯：

1. 公关调查工作方案的内容有哪些？

2. 公关调查工作方案的格式有什么要求？

3. 公关调查工作方案评估的要点有哪些？

4. 旅游企业公关调查的内容有哪些？

决策：

1. 如何制订公关调查工作方案？

2. 如何对方案进行评估？

计划：

1. 如何进行人员分工并确定其职责？

2. 如何进行时间安排？

3. 如何制订完成任务的步骤？

实施：

1. 搜集资料，掌握公关调查的相关知识。

2. 分组讨论制订公关调查工作方案。

3. 撰写公关调查工作方案。

4. 对方案进行评估。

检查：

1. 调查方案是否可行？

2. 调查评估是否科学？

评估：

工作任务评估表

考　评　项　目		自我评估	小组评估	教师评估
团队合作 40%	沟通能力			
	协作精神			
工作成果评定 30%	任务方案			
	实施过程			
	工具使用			
	完成情况			
工作态度 20%	工作纪律			
	敬业精神			
	有责任心			
工作角色、创新 10%	角色认知			
	创新精神			
综合评估 100%				

【知识链接】

一、调查工作方案的内容

调查方案包括以下几个内容：

(一)确定调查目的

调查的目的，即指调查所要解决的问题。目的不同，则调查的内容和方式也不尽相同。调查目的的设定，一般应根据调查组织者(或委托者)的实际情况和需要，并结合环境的变化而进行综合考虑。

在确定调查目的时，应注意以下两点：

1. 调查目的应集中于调查组织者(或委托者)最需要的主要问题上。

2. 力求避免把调查目的定得过高、过宽，或把一些已经解决的问题也包括进去，以免造成精力的分散。

(二)确定调查对象

确定调查对象和调查单位，也就是确定向谁去进行调查。调查对象的确定，应根据调查目的来加以考虑，并不是调查对象所涉及的面越宽越好。同时，有些无法进行接触的个人或单位，也不宜随意列入调查对象的范畴之中。

(三)确定调查项目

确定调查项目，就是要明确向被调查者了解一些什么问题。例如在某一产品的市场消费情况调查中，消费者的性别、民族、文化程度、年龄、收入、动机、态度等，就是调查者必须了解的问题。

调查项目的确定，还须注意以下几点：

1. 调查项目应是调查任务所需，又能取得答案的。

2. 项目的表达式必须明确，使答案具有确定的表达结果。

3. 项目之间应尽量相互联系，相互对照，有某种内在逻辑关系。

(四)制订调查提纲和调查表

通过对调查项目进行科学的分类和排列，即可构成调查提纲和调查表。一份正式的调查问卷一般包括以下三个组成部分：前言，主要说明调查的主题、调查的目的、调查的意义，以及向被调查者表示感谢。正文是调查问卷的主体部分，一般设计若干问题要求被调查者回答。被调查者基本情况，包括被调查者的性别、年龄、职业、文化程度等，根据调查需要，选择列出，其目的是便于进行资料分类和具体分析。

(五)确定调查的时间和地点

调查时间是指调查进行和调查资料所取得的时间。确定调查时间，目的是明确规定资料所反映的是调查对象哪一时间段的情况，并对调查工作的开始和结束时间有一规定。

调查地点是指调查者到何处去实施调查。它通常与调查对象相关联，但仍有其特定要求。如对某一对象的调查，既可前往其所在单位或部门，亦可邀请其在另一地点进行。如属市场调查中对消费者的随机抽样，则这一调查选择在哪几个地点进行，则更显重要，因为不同的地点有可能产生不同的调查结果。

(六)确定调查方式和方法

在制订调查总体方案中，应事先对取得调查资料的方式和方法有所确定。搜集资料的方式一般有普查、重点调查、典型调查、抽样调查等多种。具体调查方法有访问法、观察法、问卷调查法和实验法等多种。调查采取的方式和方法不是固定和统一的，往往取决于调查对象和调查任务。大中型调查要注意多种方式和方法的立体综合运用。

在对调查方法进行取舍时，要遵循针对性、可行性、节约性和综合性原则。

(七)确定研究分析方法

即确定对调查所取得的资料将如何进行研究分析，对资料的分类、编号、分析、整理、汇总等一系列工作的开展有一个明确规定。

(八)确定调查组织计划

调查组织计划，是指实施整个调查活动的具体工作计划。主要内容包括调查的组织领导、调查机构设置、人员的选择和培训、调查工作步骤及其善后事务处理等。

调查方案初步确定后，应对这一方案进行必要的评估，首先是考察方案的可行性，其次是对调查方案进行优劣评价。

【观点链接 6-1】

调查计划样本

(1)计划书标题

一般由组织名称＋调查内容＋计划书组成，如：《××公司美誉度调查计划书》。

(2)调查背景

调查背景是介绍此次调查活动是在什么情况下进行，包括组织的历史背景，发展过程，现状及面对的问题或任务，发展方向等。

(3)调查目的

目的是要说明为什么进行调查，通过调查要解决什么问题，实现什么指标。

(4)调查对象和内容

内容是在明确调查的具体指向，即调查什么；对象是指调查谁，包括范围的大小。

(5)调查准备工作

包括调查人员的培训，经费预算，采用的方式，采取的形式等。

(6)调查的措施和步骤

即写明怎样进行调查，指调查具体实施的方法，调查的进度安排等。

（资料来源：万国邦，李荣新.公共关系教程.北京：机械工业出版社，2009）

(九)调查项目的经费预算

一个调查项目，所需经费绝不仅仅是问卷设计、问卷发放、报告撰写三项，还有许多细节，稍一疏忽，就会超出预算。因此，在进行预算时，要将可能需要的费用尽可能全面考虑进去，并向客户解释清楚，以免将来出现一些不必要的麻烦而影响调查项目的实际操作。通常一个调查项目中，实施阶段的费用安排仅占总预算的40%，而调查前期的策划和准备阶段所需费用占总预算的20%，后期分析报告阶段的费用安排占总预算的40%。

在进行调查经费预算时，一般需要考虑以下几个方面：

1. 调查方案设计费与策划费。

2. 抽样设计费、实施费。

3. 问卷设计费(包括测试费)。

4. 问卷印刷、装订费。

5. 调查实施费用(包括试调查费用、调查员劳务费、采访对象礼品费、督导员劳务费、异地实施调查差旅费、交通费、午餐费以及其他杂费)。

6. 数据录入费(包括问卷编码、数据录入、整理)。

7. 数据统计分析费(包括统计、制表、制图以及必需品花费等)。

8. 调查报告撰写费。

9. 资料费、复印费等办公费用。

10. 管理费、税金等。

二、撰写公关调查工作方案

公关调查工作方案的撰写，具有一定的格式和规范要求。公关调查工作方案的基本格式包括三个部分，即标题、正文和署名。

(一)标题

一般采用公文式写作法，即采用"事由＋文体"的格式，如"公众消费意见调查工作计划案"。在这个标题中，"公众消费意见调查"是事由，而"工作计划案"是文体。在绝大多数情况下，公关调查工作方案的标题都采用"×××(调查内容)调查工作计划案"的形式。

(二)正文

正文是公关调查工作方案的主体内容，一般包括以下几个方面的内容：

1. 前言。主要是介绍本次公关调查活动的目的和意义，阐述调查活动的应用价值和理论价值，以便于执行人员充分理解公关调查活动的重要性。

2. 研究课题。主要介绍本次公关调查活动的研究内容、课题类型以及需要回答的问题等。

3. 研究范围和分析单位。主要介绍公关调查的范围和研究对象。

4. 研究类型。本次公关调查活动究竟是综合研究还是专题研究，现状描述性研究还是趋势判断性研究，史料追溯性研究还是用户跟踪性研究，诸如此类的问题，在公关调查工作计划方案中应给予明确的说明和介绍。

5. 调查和分析的方式、方法。主要介绍本次公关调查活动所采用的主体性调查方法、辅助性调查方法及其组合方式；整理分析资料所运用的主要分析方法、次要分析方法及其组合方式；运用调查、分析方法的注意事项。

6. 抽样方案。如何选择样本，这是公关调查工作方案中的重要内容之一。一般而言，公关调查多采用抽样调查技术（普查除外），因此，公关调查工作方案中就少不了抽样方案的内容。在抽样方案部分，主要介绍本次调查活动的研究总体、调查总体、总体编码方法、抽样具体方法、样本规模、样本代表性的评估方法等，以此确保抽样工作的科学性和准确性。

7. 调查项目和调查表。这是公关调查工作方案中的关键部分。在这个部分，主要介绍本次公关调查活动的理论假设、项目指标设想以及据此而拟定的调查问卷表或调查提纲。

8. 时间进度安排。主要阐明本次公关调查活动的起始、终结时间，收集资料的规定时间，可容许的时间误差幅度等。

通常一项较具规模的调查活动，仅仅从问卷的印制到整个活动的完成，最少也要有45～60个工作日，一些大规模的调查会持续半年到一年。不过对于有时间性要求的调查，或规模小的调查等，所需时间多少可以作弹性浓缩。一般一个市场调查所需的时间大致分配如下：

计划起草、合议	4%～5%
抽样方案设计实施	7%
问卷设计、测试与合议	10%～15%
问卷定稿及印刷	3%
调查员的挑选与培训	4%～8%
实地调查	30%～35%
数据的计算机录入、统计分析	10%～15%
报告撰写	20%～30%
与客户说明会	1%
建议与修正、定稿	5%～10%

9. 经费预算。主要介绍本次公关调查活动所需支出的费用、用途。

10. 调查人员选择与培训。调查人员素质的高低，直接影响着公关调查工作的质量。因此，在公关调查工作方案中，应列出调查人员的聘用标准以及培训方式和培训要求。在实际工作中，如果课题比较规范、严谨，还可编写《调查人员工作手册》，在《调查人员工作手册》中详尽介绍公关调查方法的运用技巧、工作注意事项等，以指导公关调查人员的调查工作。

（三）署名

署名包括两项基本内容，即编制方案的组织或个人名称和工作方案的写作时间。署名有时置于标题之下，有时置于全文的最后。

公关调查工作方案的编写要求：

公关调查工作方案作为一种特殊的应用文，其写作要求如下：

第一，文字的简洁性。公关调查工作方案的文字叙述力求简洁、明确、朴实无华，忌华而不实。

第二，内容表述的真实性。善于应用简洁的文字，表述复杂的计划内容。

第三，结构的条理性。公关调查工作方案实际上是一种工作指南，既要便于调查人员理解工作要点，明确工作任务，又要便于调查人员按照方案的规划开展资料收集工作。因此，在结构安排上尤其强调其条理性。

第四，计划安排的周密性。在公关调查工作方案中，涉及抽样方案、资料收集方案、时间部署安排、培训方案等操作性的内容，所以，一定要注意计划的周密、严谨。

三、调查工作方案的评估

对公关调查工作方案的评估，不仅仅是对方案的评估，还应包括对公关调查的选题、指标、决策方面的评估。同时评估工作也是对整个公关调查的准备、计划工作及其成果进行可行性、科学性判断。

（一）调查选题的评估

要对选题从需要性、创新性、可行性、科学性、效用性、预见性六个方面进行评估。

（二）调查指标的评估

主要评估内容有：评估指标分解是否科学、指标用词是否简明、指标定义是否准确、指标之间是否存在交叉等。

（三）调查决策的评估

主要评估内容有：目标定位是否准确、选用手段是否合适、调查对象是否准确、时间安排是否合理、经费预算是否科学、实施计划是否有弹性、抽样方案是否具备可操作性、调查人员选用是否恰当、培训方案是否科学等。

（四）方案文体的评估

主要对文字是否简洁、方案结构是否合理、文字表述是否翔实等进行评估。

四、旅游公关调查的内容

旅游企业公共关系的调查研究主要包括企业内部基本情况、外部公众情况和客观环境情况。

（一）内部情况的调查研究

1. 企业的经营状况

企业的经营目标；企业在实现经营目标的过程中，遇到的公共关系障碍；企业的市场分布和市场占有率情况；企业竞争对手的情况；市场对企业产生的实际影响和可能产生的影响；企业服务与同行业的比较状况等。

2．企业领导人情况

领导人的个性心理特点；领导班子在公众中的信誉度；领导人与领导人之间的关系；领导人与上级领导部门之间的关系；各个领导人的基本经营思想和风格等。

3．员工关系情况

员工的基本情况(生日、性别、文化程度、兴趣爱好等)；员工内部的团结、协作及凝聚力；员工的服务态度、价值观念、家庭情况；员工与企业领导层的相互关系等。

4．企业的资产状况

企业的资本结构及流动资金的周转情况；企业设备、设施的使用率和完好率；企业建筑的使用和管理现状；企业的外债形势和债权情况等。

(二)外部情况的调查研究

1．企业的知名度情况

公众对企业名称的熟悉程度；公众对企业产品和服务项目的知晓程度；公众对企业领导人的认识情况；公众对企业重大活动和特色服务的了解程度等。

2．企业的美誉度情况

公众对企业的产品和服务项目的欢迎程度；公众对企业的广告和宣传资料的喜欢程度；公众对企业的关心程度，如是否自愿地为企业的发展出谋划策，提供合理化建议等。

3．公众评估企业的情况

公众对企业在社会福利事业方面的评价；公众对企业产品和服务的价值评判；公众对企业员工，尤其是领导人素质的基本评价；企业获得荣誉的次数、内容和级别；大众媒介对企业的褒奖与批评情况；公众信函对企业的表扬与责问情况。

4．公众对企业的支持情况

公众对企业发布的信息和倡导的价值观的接受程度；公众接受企业的情感关怀程度；公众接受企业的宣传鼓励和宣传暗示情况；公众响应企业发出的号召情况等。

【观点链接 6-2】

旅游企业形象

旅游企业形象是指社会公众对旅游企业在经营活动中的行为特征和精神面貌的总体印象以及由此所产生的总体评价。主要包括：

(1)产品形象。是指消费者对旅游企业的产品(硬件、软件产品)的质量、性能、价格、包装等方面的看法和评价。

(2)服务形象。主要指消费者对旅游企业提供的服务是否热情、周到，服务项目是否齐全、便利，服务态度是否真诚、礼貌，服务质量是否有保证，服务是否让人满意的反映和评价。

(3)员工形象。指公众对旅游企业员工的总体素质、能力、文化修养、道德水准、服务水平等方面的评价和看法。

(4)组织形象。公众对旅游企业的内部职能机构设置、人员配置及其运转方面的综合评价。

(5)管理形象。是公众对旅游企业的管理水平、管理方式和管理行为的评价和看法。管理形象体现着旅游的发展潜力。管理形象的好坏主要体现在经营决策、服务管理、销售管理、人事管理、工作环境管理等方面。

（资料来源：http：//wenku. baidu. com)

(三)企业客观环境情况的调查研究

1. 法律政策环境情况

党和国家颁布的各项政策、法律、法规及其对企业的影响；国家有关部制定的措施和规定及其对企业的影响；社会风气对企业执行政策、法律的影响；企业适应政策、法律变化的能力等。

2. 社会文化环境的情况

传统文化心理对企业公共关系活动方式的接受能力；区域性文化积习对企业发展的影响；社会生活方式及其变化对企业员工和决策活动的影响；社会道德状况对创造企业精神、丰富企业文化的影响等。

3. 市场环境的情况

企业目标市场的变化情况；公众消费心理的变化趋势及其对企业的影响；企业市场、顾客的结构；市场形势的发展及其对企业的影响等。

【职场案例】

案例一：中国国际旅行社公关部的成功预测

2000 年年底，中东、非洲旅游线路非常火爆，我国许多旅行社纷纷增加投资，扩大旅游规模。中国国际旅行社总社的公关部通过信息分析，预测该地区可能发生重大政治危机，于是向国旅领导层提出建议：

1. 向中东派驻观察员，增加情报收集。
2. 适当调整中东旅游线路，不增加资金投入。
3. 加强日本、韩国、澳大利亚和东南亚各国旅游线路开发。

该方案受到国旅领导层的重视和采纳。2001 年，"9·11"事件后，中东旅游迅速冷却，国内许多旅行社因此蒙受了巨大的损失；而国旅不但没有受到影响，反而因未雨绸缪而增加了许多新的顾客，扩大了企业影响，提高了企业利润。

（资料来源：中国国际旅行社）

案例二：细心观察了解顾客心理

某宾馆有一位工作很有成效的公关小姐，不仅善解人意，而且能准确地从客人的动作和情绪中了解对方的心理活动。她笑着说："只要你留心，你就会发现，虽然对方没有开口说话，可是他浑身都在说话呀！比如在正常状态下，人坐的时候脚尖也就自然提高了。因此，我只要看对方的脚尖是着地还是提高就可以判断他的心里是平静的还是紧张的了。又比如在正常的情况下，吸烟的人熄灭烟蒂不可能很长。因此，如果你发现对方手中的烟蒂还很长却已放下熄灭了，你就要准备，他打算告辞了。"此外，握拳的动作是表现向对方挑战时自我紧张的情绪，握拳时使手指关节发出响声或用拳击掌，均系向对方表示无言的威吓或发出攻击的信号。在交谈中或在开会等场合用手指或笔打桌面或在纸上乱涂乱画，都是利用小幅度的手指动作来表示对对方的话题不感兴趣、不同意和不耐烦。有时候，有的人还手脚并用，手指在上面做各种小动作，在下面抖腿或用脚尖拍打地面，除了表示上面的意思外还表示情绪上的紧张不安，以阻挠对方把话题继续说下去。两腕交叉是常见的一种下意识腕部动作。交叉的双腕比自然垂下的手臂更显得粗大，因而更易于引人注目。因抚摸腕部（手表），调整袖扣或拿在手里的其他物品而形成的腕部交叉，又叫假交叉或掩饰性的交叉，这类动作多半是为了掩饰自己的紧张、不安或为了安慰自己，有时也是一种自我解嘲的动作。

（资料来源：孙金明等. 新编公共关系理论与实务训练. 南昌：江西高校出版社，2009）

【情境模拟】

请阅读下列这份调查总体方案的纲要。

××公司市场调查总体方案

一 调查目的

××移动通信公司正在研制开发一种较为实用的新型手机品种，并拟尽快推向市场。为深入了解消费者的实际需求，保证新产品产销对路，同时也为即将面世的新产品进行宣传，特组织本次市场调查。

二 调查项目

1. 被调查者的年龄、性别、职业、文化程度、月收入等。

2. 被调查者近期是否打算购买（更换）手机，其动机和想法。

3. 被调查者最注重手机的哪些功能。

4. 被调查者希望新研制的实用型手机具有什么样的品质。

5. 被调查者对公司新推出的实用型手机的心理价位。

6. 被调查者原先是否知道××移动通信公司的原有手机品牌。

三 调查时间和地点

时间：2007 年 8 月 10—20 日

地点：北京、上海、广州三城市的有关商场

四 调查分析方法

按所调查的不同项目，分别统计出调查数据。然后汇总整理，并将有关数据制成图表形式。

五 调查组织工作

本次调查，由××公司公关部和××市场调研公司共同负责，并由××市场调研公司具体实施，包括调查人员的组织与培训、调查工作的开展、调查数据的统计、调查报告的撰写等。××公司公关部对全过程实施有效监控。

六 调查费用结算

人民币 10 万元。

要求：

1. 这份调查总体方案的基本要素是否完整，还缺少什么？

2. 把这一方案中某些要素按原行文格式予以补充。

3. 原调查方案中第四项内容在实际操作中还应注意什么？

【实战演练】

1. 某旅行社已经运营一年多了，公司领导决定全面了解一下公司在社会公众心目中的状况。于是将此事交给公关部，公关部经理将这项工作中调查方案的制订任务交给了新来公司工作的小刘。请问：小刘应从哪些方面入手？

2. 以当地的某旅游景区为背景，确定公关调查的内容，包括具体的项目指标。

3. 小张是新来的公关人员，饭店公关部的经理想了解小张的业务水平，询问他公关调查评估的项目与内容，你觉得小张应该从哪些方面来回答？

工作任务二　调查活动的组织与实施

【任务导入】

某旅游景区由于不景气，导致景区的运营都无法正常进行。景区最近新换了一任领导，该领导具有很高的公关意识，但该景区没有设立公关部，他委托社会上的公关公司帮助景区进行调查，了解景区经营不善的原因、游客对景区的期望，以便找到解决问题的对策。如果你是该公关公司的职员，这项任务交给你来实施，你该如何组织与实施此项调查活动？

【任务分析】

以当地的某旅游景点（区）为背景，制订调查活动方案，并组织实施调查活动。要求在调查中能够灵活运用调查工作的技巧，并能够撰写调查报告。

【任务实施】

资讯：

1. 调查活动的步骤包括哪些？

2. 调查工作的内容有哪些？

3. 调查工作有哪些技巧可利用？

4. 调查报告的格式包括哪些内容？

决策：

1. 如何实施调查活动？

2. 如何撰写调查报告？

计划：

1. 人员如何分工？

2. 时间如何安排？

3. 调查活动如何组织？

实施：

1. 分组讨论确定调查活动的步骤。

2. 分组实施调查活动。

3. 分组撰写调查报告。

检查：

1. 调查活动的组织是否有条不紊？

2. 调查技巧的运用是否灵活、恰当？

3. 调查报告格式是否规范？内容是否具有价值？

评估：

工作任务评估表

考评项目		自我评估	小组评估	教师评估
团队合作 40%	沟通能力			
	协作精神			
工作成果评定 30%	任务方案			
	实施过程			
	工具使用			
	完成情况			
工作态度 20%	工作纪律			
	敬业精神			
	有责任心			
工作角色、创新 10%	角色认知			
	创新精神			
综合评估 100%				

【知识链接】

一、公关调查的一般程序

公关调查是一个程序性、技巧性很强的工作，了解公关调查的操作程序及其运作策略，是我们提高公关调查工作水平的保障。

所谓公共关系调查的程序，一般地讲，指的是对社会组织客观存在的公共关系现象进行科学调查的基本过程。具体地说，它是调查工作的实施阶段。公共关系调查的一般程序可以分为以下五个基本阶段。

(一)调查准备阶段

调查准备阶段的工作内容主要确立调查任务、开展调查设计、配备调查人员。

(二)资料搜集阶段

资料搜集阶段也称为具体调查阶段，是整个公共关系调查过程中最为重要的阶段。

(三)整理分析阶段

整理分析阶段也称为研究阶段。它是运用科学的方法，对资料搜集阶段搜集得来的各种调查资料进行提炼、整理，并加以分析、研究的信息处理过程。整理分析阶段是公共关系调查从感性认识到理性认识的飞跃阶段。它不仅能为解答社会组织的公共关系问题提供理论认识和客观依据，而且能为公共关系学理论的发展做出贡献。

(四)报告写作阶段

在公共关系调查中，当完成了调查资料的整理分析后，一般还要写调查报告。所谓调查报告是指用以反映公共关系调查所获得的主要信息成果或初步认识成果的一种书面报告。它是公共关系调查成果的集中体现，也是公共关系调查成果的重要形式。通过调查报告，调查者可以将调查过程中获得的信息成果和认识成果集中地表现出来，以方便社会组织的领导者或公共关系部门的负责人参考使用，使他们免去全面查阅所有原始信息资料之累，有利于将公共关系调查成果尽快地应用于公共关系科学运作过程之中，求得公共关系科学运作的良好效果。

(五)总结评估阶段

总结评估阶段可以说是公共关系调查过程中不可缺少的重要步骤。通过总结评估，公共关系调查至少可以取得三种新的收获：其一，可以了解本项公共关系调查的完成情况如何；其二，可以了解本项公共关系调查所取得的成果怎样；其三，可以了解本项公共关系调查的经验教训何在。

二、公关调查实施阶段的主要工作内容

公关调查的实施阶段，就是根据公关调查工作方案制定的规划，按质按量地为组织收集有关的信息资料。公关调查实施过程中的主要工作一般有以下几项：

(一)组织公关调查对象群体

公众是分散的，而且数量庞大，一般情况下，既不可能也无必要对所有公众进行调查，应根据公关调查工作计划中的"抽样方案"，选取调查样本，把符合调查样本要求，具有代表性的公众挑选出来，作为本次公关调查活动的调查对象。这项工作是整个实施阶段各项活动的基础。

(二)积极协调各种公众关系

公关调查人员根据抽样方案选择的调查对象，一般与组织没有任何直接的关系，即便存在一定关系的，那也多半是顾客。公关调查人员对他们没有任何行政的约束力。因此，在调查工作中，公关调查人员积极主动地协调好各种公众关系，取得公众的信任与支持，就成为整个调查工作成败的关键。

(三)发放问卷，引导调查对象认真、如实地填写问卷

公众在填写问卷过程中，有时可能比较随意草率，有时则可能填写与其真实想法相反的答案，这两种情况都会影响信息资料的可信度和效果。因此，在公众填写问卷前，公关调查人员应做好动员、宣传工作，使调查对象理解本次公关调查活动的价值以及他们填写问卷的注意事项，提高他们填写问卷的主动性和规范性，从而增强信息资料的真实性与客观性。

问卷的发放和回收一般有以下几种方式：即分发、寄发、媒介发布。

分发即通过有关专业人员，将问卷向公众当场分发，并当场加以回收。也可在公众聚集地面对面地进行问卷的发放，并让被调查者当场回答后收回。

寄发即通过邮寄的方式，进行问卷的发放和回收。在问卷寄出之前，先与调查对象取

得联系，并在问卷寄出之后，与被调查者不断联系以提醒对方。采用这种方法必须注意在问卷中附带已贴好邮票的回信信封，以争取较高的回收率。

媒介发布即在大众传播媒介上刊登问卷，面向公众进行调查。发布问卷的数量相当于该媒体的发行量和浏览量。因此，问卷的回收量也较大。用于刊登问卷的媒体一般有报纸、杂志、互联网等。

(四)回收、清理问卷

调查对象认真、如实地填写完问卷后，公关调查人员应及时回收问卷，并进行初步的问卷整理，把不符合要求的问卷作为无效问卷清理出来。一般出现以下情形的问卷都应列为无效问卷：

1. 常规项目填写明显失误，如调查对象本是男性，然而问卷上却填写成女性。
2. 只对少数问题作答，而对大部分问题没有作答。
3. 问卷回答带有明显不认真标志，如整张问卷中，所有问题都填写一个答案序号。

(五)认真观察公众的言行，并及时做好记录

利用自己的眼睛和手中的笔、纸，收集公众在言谈举止中流露出的真实信息资料。

三、公关调查实施阶段的主要工作策略

在公关调查实施阶段中，为了确保信息资料的真实性与准确性，提高问卷的回收率，公关调查人员应善于灵活运用各种工作策略，一般主要有以下四种：

(一)接近公众、与公众打成一片

通常公关调查对象与调查者之间没有直接的社会关系，因此容易把调查者视为自己或群体交往范围之外的陌生人，这往往会影响调查对象回答问题的主动性。针对这种情况，公关人员应娴熟地运用社会交往技巧，接近公众，取得公众信赖，赢得公众的好感，使公众把调查人员视为公众群体中的一员。这样，调查人员就可以利用彼此的密切关系，提高调查效果的可靠性。

(二)赠送礼品、给予象征性报酬

在开展公关调查活动前，调查人员可根据公关调查工作方案中公关费礼品开支计划，向调查对象宣布：只要公众认真、客观地填写好问卷，即可获得组织赠予的纪念品、礼品或象征性报酬。那么，调查对象基于获利的考虑，会较如实地填写公关调查问卷。

(三)依靠公众组织和群体网络

公众总是隶属于一个行政单位或社会群体的，他们对行政单位或特定的社会群体具有一定程度上的服从意识和依赖性。公关调查人员可利用自己的个人关系，请求公众所在团体机构或群体协会的某个部门给予支持，协助开展调查活动。这样，不仅可以直接利用团体机构或群体协会的组织网络渠道，组织调查对象和分发问卷，提高公关调查工作效率，而且可以利用公众对行政机构、群体协会的服从意识，贯彻调查者的意图与要求，使公众如实、认真地填写问卷。

(四)以诚相待

在公关调查过程中，公众时常会流露出被利用的感觉，似乎自己是调查者获取信息资料的工具。针对这种心态，公关调查人员应及时施加积极的心理影响，诚恳、热心地对待公众，使公众感到作为调查对象的尊严和价值，消除公众无端产生的被利用的消极心态，提高公众在整个调查过程中的合作程度。

四、调查报告的撰写

(一)调查报告的基本要求

一份优秀的调查报告，应具备下列条件：

1. 调查报告语言简洁、有说服力，词汇尽量非专门化，因为阅读报告的人可能并不完全懂得调查人员已熟悉的技术资料，也不一定有耐心阅读烦琐、生涩的报告。

2. 调查报告必须以严谨的结构、简洁的体裁将调查过程中各个阶段搜集的全部有关资料汇集在一起，不能遗漏重要的资料。

3. 调查报告应该对调查活动所要解决的问题提出明确的结论或建议。

4. 调查报告应该能让读者了解调查过程的全貌，即报告要回答或说明调查为何进行，用什么方法进行研究，得到什么结果。

(二)调查报告的结构

规范的市场调查报告，一般应该包含以下五个部分：

1. 序言，主要介绍研究课题的基本情况。

2. 摘要，概括地说明调查活动所获得的主要成果。

3. 引言，介绍研究进行的背景和目的。

4. 正文，对调查方法、调查过程、调查结果以及所作结论和建议作详细的阐述。

5. 附录，呈现与正文相关的资料，以备读者参考。

(三)调查报告的撰写

1. 序言

调查报告的序言部分通常包括扉页和目录或索引。

(1)扉页

扉页一般只有一页纸，其内容包括：调查报告的题目或标题；执行该项研究的机构的名称；调查项目负责人的姓名及所属机构；注明报告完稿日期。

(2)目录或索引

目录或索引应当列出报告中各项内容的完整的一览表，但不必过分详细。如下所示：

目　　录

一、摘要

二、引言

1. 研究背景及目的

2. 研究内容

三、研究方法

四、结果与分析

1. ×××的知名度

2. ×××的美誉度

3. ×××的市场规模、市场销量

4. 关于×××的概念

5. ×××与×××的广告效果比较

6. 公众的特征

7. 公众的消费心态

五、结论及建议

附录：访问提纲和消费者问卷

2. 摘要

摘要可以说是调查报告极其重要的一部分，它也许是从调查结果得益的读者唯一阅读的部分，所以应当用清楚、简洁而概括的手法，扼要地说明调查的主要结果，详细的论证资料在正文中加以阐述即可。

3. 引言

调查报告的引言通常包括研究背景和研究目的两个部分。

(1)研究背景

研究者要对调查的由来或受委托进行该项调查的原因做出说明。说明时，可能要引用有关的背景资料作为依据，分析组织的公共关系和广告活动等方面存在的问题。

(2)研究目的

研究目的通常是针对研究背景分析所存在的问题提出的。它一般是为了获得某些方面的资料或对某些假设作检验。但不论研究目的为何，研究者都必须对本研究预期获得的结果列出一张清单。

4. 正文

调查报告的正文必须包括研究的全部事实，从研究方法确定直到结论的形成及其论证等一系列步骤都要包括进去。

报告正文的具体构成虽然可能因研究项目不同而异，但基本上包含三个部分：研究方法；调查结果；结论和建议。

(1)研究方法

在这一部分中，需要加以叙述的内容包括：

①调查地区。说明调查活动在什么地区或区域进行，选择这些地区的理由。

②调查对象。说明从什么样的对象中抽取样本进行研究，通常是指目标公众。

③样本容量。抽取多少消费者作为样本或选取多少实验单位，确定样本容量时考虑提问什么问题。

④样本的结构。根据什么样的抽样方法抽取样本，抽取后样本的结构如何，是否具有代表性。

⑤资料采集方法。是实地访问还是电话访问，是观察法还是实验法等。如果是实验法，还必须对实验设计做出说明。

⑥实施过程及问题处理。研究如何实施，遇到什么问题，如何处理。

⑦访问员介绍。访问员的能力、素质、经验对调查结果会产生影响，所以对访问员的资格、条件以及训练情况也必须简略地介绍。

⑧资料处理方法及工具。指出用什么工具、用什么方法对资料进行简化和统计处理。

⑨访问完成情况。说明访问完成率及部分未完成或访问无效的原因。

(2)调查结果

调查结果部分是将调查所得资料总结、报告出来。资料的描述形式通常是表格或图形。在一份调查报告中，仅用图表资料呈现出来还不够，调查人员还必须对图表中数据资料所隐含的趋势、关系或规律加以客观地描述。调查结果有时可与结论合并成一个部分，这要视调查主题的大小而定。

（3）结论和建议

要说明调查结果有什么实际意义。结论的提出方式可用简洁而明晰的语言对研究前所提出的问题作明确的答复，同时简要地引用有关背景资料和调查结果加以解释、论证。

建议则是针对调查获得的结论提出可以采取哪些措施、方案或具体行动步骤。

附录的目的基本上是列入尽可能多的有关资料，这些资料可用来论证、说明或进一步阐述已经包括在报告正文之内的资料，每个附录都应编号。

调查报告是调查活动的成果的体现，调查的成败以及调查结果的实际意义都表现在调查报告上。因此，撰写调查报告时，要特别认真细致。以下是几个撰写报告时值得引起注意或重视的问题：

（1）要考虑读者的观点、阅历，尽量使报告适合于读者阅读。

（2）尽可能使报告简明扼要，不要拖泥带水。

（3）用自然体例写作，使用普通词汇，尽量避免行话、专用术语。

（4）务必使报告所包括的全部项目都与报告的宗旨有关，剔除一切无关资料。

（5）仔细核对全部数据和统计资料，务必使资料准确无误。

（6）充分利用统计图、统计表来说明和显示资料。

（7）按照每一个项目的重要性来决定其篇幅的长短和强调的程度。

（8）务必使报告打印工整匀称，易于阅读。

【职场案例】

案例一：先搞清这些问题

某家宾馆新设了一个公共关系部。开始，该部配备了豪华的办公室、漂亮迷人的公共关系小姐、现代化的通信设备等，但该部部长却不知下一步要做些什么了。后来，这位部长请来了一位公共关系顾问，向他请教"怎么办"。于是，这位顾问一连问了以下几个问题："本地共有多少家宾馆？总的铺位有多少？旅游旺季时，来本地的外国游客每月有多少？国内游客有多少？贵宾馆最大的竞争对手是谁？去年一年中，有哪些因服务不周而引起顾客不满的事件？服务不周的症结在哪里？"这样一些极为普通而又极为重要的问题，使那位公共关系部长无以对答。于是，那位被请来的顾问说："先搞清这些问题，然后开始你们的公共关系工作。"

（资料来源：孙金明等.新编公共关系理论与实务训练.南昌：江西高校出版社，2009）

案例二：愉快而有实益的旅行

周游南北美洲的美国豪华客轮"S·S法国号"，为了吸引游客乘船旅游，经过前期调查，推出了一项"愉快而有实益的旅行"创新项目。但是主题节目应该安排什么？如何能不断推陈出新，吸引游客，使游客乐此不疲呢？

他们通过公关调查，了解到现代人由于生活水平普遍提高，肥胖者有增无减，很多人为自己逐渐肥胖的身体而发愁，渴望减轻体重。因此在"愉快而有实益的旅行"中就设置了"减肥旅行"这一档节目。减肥旅行一推出，大受肥胖人欢迎。客轮雇用了一流的营养师，烹饪热量适当的食物提供给希望减肥的游客，同时规定游客禁止带食品上船，不能在船上吃任何其他东西。他们保证在旅游结束时能使肥胖游客减肥 1 公斤以上。果然，不少肥胖游客经过 10 天的旅行之后，因自己瘦了 1～2 公斤甚至 3 公斤而欣喜若狂。

后来，他们在调查中又了解到许多人想戒烟，却苦于无人督促而难以戒掉烟瘾时，便在"愉快而有实益的旅行"中又设置了"戒烟旅行"节目，规定乘客在轮船汽笛声响之后就开始禁止吸烟，船上还设立监督岗严格检查。由于整船旅客无人吸烟，戒烟者在这样的环境中戒烟要比独自一人戒烟效果好。当十多天旅行结束时，许多吸烟者的烟瘾已经很小了，有的甚至完全戒掉了。

由于"S·S 法国号"客轮能针对旅客要求，不断调整修订公关活动方案，新招迭出，因而客源不断，使整个公关活动高潮迭起，最终实现公关目标。

（资料来源：邱伟光．公共关系实务．上海：华东师范大学出版社，1996）

【情境模拟】

暑期临近，各大旅行社都在推出五花八门的打折促销活动。请大家对当地旅行社暑期打折促销活动进行认真深入的调查，通过对旅行社的采访，听取游客的反馈，自己的实际观察，再运用所学知识进行比较，形成一份调查报告。分析哪一旅行社的做法最有吸引力，最有创意，最有效益？

【实战演练】

1. 小王是刚分配到公关部的大学生，公司刚组织了一次有关餐厅客人满意度的调查，现在公关部经理把撰写调查报告的任务交给小王，请你告诉他调查报告的内容和格式是什么？

2. 为当地的某旅行社组织一次台湾游意向调查活动。包括调查方案的设计，调查活动的组织，调查报告的撰写。

工作任务三　公关调查方法的设计

【任务导入】

小方在某高校附近新开一家面对学生就餐的餐厅，现在他想就用餐学生对餐厅环境、食品品种和口味、价格等情况进行调查，请你帮助设计一份调查问卷。

【任务分析】

以旅游企业为背景，设计调查问卷，同时掌握其他的调查方法，并能够对其他的调查方法进行设计，包括观察提纲的设计、访谈提纲的设计、调查问卷的设计等内容。

【任务实施】

资讯：

1. 公关调查的方法有哪些？

2. 观察提纲设计的内容包括哪些？

3. 访谈的过程及技巧是什么？

4. 调查问卷的格式及设计要点有哪些？

决策：

1. 如何设计调查问题与答案？

2. 如何设计调查问卷？

计划：

1. 人员如何分工？

2. 如何制定完成任务的步骤？

实施：

1. 了解调查问卷设计的相关知识。

2. 分组讲座调查问题及答案。

3. 设计调查问卷。

4. 其他调查方法的设计练习。

检查：

1. 问题设置是否与主题相关？答案设计是否合理？

2. 调查问卷格式是否规范？内容是否全面？

评估：

工作任务评估表

考　评　项　目		自我评估	小组评估	教师评估
团队合作 40%	沟通能力			
	协作精神			
工作成果评定 30%	任务方案			
	实施过程			
	工具使用			
	完成情况			
工作态度 20%	工作纪律			
	敬业精神			
	有责任心			
工作角色、创新 10%	角色认知			
	创新精神			
综合评估 100%				

【知识链接】

一、公关调查的方法

公共关系调查是运用科学的方法，有计划、有步骤地去考察组织的公共关系状态，收集必要的资料，综合分析相关因素及其相互关系，以达到掌握组织的情况，解决组织面临的公共关系问题的一种实践活动。

常规调查方法有：

(一)观察法

观察法是调查者进入调查现场，用自己的感官及辅助工具，观察和记录被调查对象的表现，从而获得第一手资料的调查方法。与其他调查方法比较起来，观察法收集到的资料更直接、更真实、更生动具体，所以往往成为公共关系调查中常用的一种方法。

观察法的特点是：它作为调查者有目的、有计划的认识活动，与人们日常生活中随意的、无计划的观察活动不同。公共关系调查的观察，是在组织的调查目的和假设的指导下进行的，需制订周密的观察计划，对观察的内容、手段、步骤和范围做出具体的规定。还要对观察员进行培训，以收集所需要的调查资料。

(二)访谈法

访谈调查法是调查者依据调查提纲与调查对象直接交谈，收集语言资料的方法，是一种口头交流式的调查方法。

访谈法的主要特点是：调查者与被调查者是采用对话、讨论等面对面的交往方式，是双方相互作用、相互影响的过程。在访谈调查过程中，必须注意运用人际交往和谈话的技巧，才能有效地控制访问过程，获得有价值的信息资料。

(三)文献调查法

文献调查法是指调查人员通过查阅各种文献，对媒介所传播的有关组织形象或组织发展信息进行调查统计分析的一种间接调查方法。

文献资料的种类很多，按照文献的载体形式和记录技术，大体可以包括以下几种类型。纸质文献：指用文字或数字记录的资料，包括各种公开发行或不公开发行的报刊、书籍、档案、报告、会议文献、统计资料等，是一种最广泛的文献形式。声像文献：指运用录音、录像和摄影技术直接记录声音与图像的文献形式，包括电影、电视、录像、录音、唱片、照片等媒介形式。电子文献：指用电子计算机阅读和查阅的文献，包括磁盘文献和网络文献。

(四)问卷调查法

问卷调查法是调查者运用统一设计的问卷，利用书面回答的方式，向被调查者了解情况并收集信息的方法。

问卷调查法是社会调查中最常用的资料收集方法，常用于较大规模的抽样调查。公共关系人员运用这一方法，对公众态度、社会生活进行准确、具体的测量，并运用社会统计方法进行量化的描述。

二、观察提纲的制定

在正式观察之前，要根据调查的目的制定出观察的提纲。

以下是一个对组织产品在市场销售情况的观察调查提纲：

产品销售观察提纲

观察目的：了解新产品的销售情况

观察地点：某大型商场

观察时间：某月某日

观察内容：

(1)买包括本产品在内的同类产品的消费者人数。

(2)买本产品的消费者人数。

(3)买本产品的消费者的年龄、性别特征。

(4)对本产品的评价。

三、访谈法的设计与实施

(一)访谈前的准备

访谈前的准备工作主要包括：

1. 了解调查任务、目的以及相关的背景资料。

2. 设计访谈提纲。

在访谈前，要设计访谈提纲。访谈提纲一般包括：调查的目的、要求、时间、地点、对象、调查项目、具体访谈问题。主要内容是：

(1)访谈调查目的(为什么谈)。

(2)访谈员(谁去谈)。

(3)访谈对象(与谁谈)。

(4)访谈时间(何时谈)。

(5)访谈地点(何地谈)。

(6)访谈种类(怎么谈)。

(7)访谈记录方式(怎么记)。

(8)访谈报告方式(怎么写)。

3. 选择并了解访问对象。要根据调查的内容，选择访谈对象，要有一定的代表性。选择好访问对象后，要在尽可能的情况下了解被访者的基本情况。事先对被访者了解越多，访谈中就越主动。

4. 确定访问的时间和地点，并事先通知被访者。访问时间和地点的选择应以有利访谈顺利为原则。

5. 准备必要的记录用具，如笔、稿纸、调查表格、被访者地址、照相机、录音机、介绍信及证件等。

(二)访问实施

1. 进入访问

进入访问是访问的开端，由自我介绍、表明来意、请求协助等一些内容组成。访问者在最初见到被访者时，首先要进行自我介绍，自我介绍时要落落大方、镇定自信，语言要温和，吐字要清楚。然后应说明调查目的、意义和内容，请求对方合作。此外，还要向对方解释选择他作为访问对象的理由，并努力消除对方的疑虑和紧张心理。

在访问开端，会出现访问者不合作、拒绝回答问题的情况。对于拒绝回答者，应尽快缩短访问者和被访问者的距离，与被访问者建立相互理解、尊重、平等的关系与气氛，这是良好访问开始的重要条件。常用的方法有：自然接近法，即在某种共同的过程中接近对方，如工作、劳动、娱乐等方面逐步互相了解，然后再说明来意，进行正式访问。求同接近法，即寻找与被访者共同的爱好、或者共同的背景、或者共同关心的问题，并以此入手接近被访者。友好接近法，即从关怀、帮助被访者入手，来联络感情，以缩短双方的距离。

2. 访问过程中

在访问中要注意访问过程的控制和访谈技巧的应用。

在访问开始后，访问者要通过有效的手段，掌握、引导访问的过程，以尽可能地达到调查的目的。常用的控制方法有提问控制和非语言控制等方式。

提问控制是访问者用提问的方式控制调查过程的方法。提问的方式多种多样，或开门见山、或循循善诱、或灵活机动，并合乎时宜地发问、追问，使被调查者能围绕调查的主题充分地发表自己的意见。

提问是访问调查的主要环节和重要手段，访谈的技巧关键是提问的技巧，提问成功与否决定着访问能否顺利进行和调查的效果。提问的方式很多，有开门见山式、投石问路式、顺水推舟式、顺藤摸瓜式、借题发挥式、循循善诱式，等等。至于采用何种提问方式，取决于三方面的因素：

一是问题本身的性质和特点。一般来说，复杂和敏感的问题，应小心谨慎、委婉迂回地提出；简单、普遍的问题，则可不必顾虑，从正面直接提出。

二是调查对象的具体情况。一般来说，对性格孤僻、思想上顾虑大或理解能力较差的人，应耐心诱导、逐步深入地提出问题；对性格开朗、无顾虑或教育程度高、理解能力强的人，则可以开门见山、单刀直入地提出问题。

三是访问者与被访问者之间的关系。一般来说，在访问者与被访问者互不熟悉，尚未建立起信任感的情况下，应耐心、慎重地提问；如果双方已较熟悉，则可直截了当地提问。

总之，作为一种谈话艺术，提问的方式没有一成不变的模式，应在分析上述因素的基础上，根据实际情况选择恰当的提问方式，顺其自然，随机应变，才能收到良好的访谈效果。为此，在提问时，应注意以下几点：第一，了解被访问者对访谈问题相关知识掌握程度；第二，了解被访问者的兴趣和禁忌；第三，问话应当简短明了；第四，应尽量使问题具体化，避免抽象化；第五，应始终保持中立态度，尽量避免使用具有感情色彩的词句。

在提问过程中，为了帮助被访问者加深对问题的理解，以取得预期的回答效果，访问者还要善于对问题进行引导和追询。引导和追询是对提问的延伸或补充，是一种对提问的控制方法。

一般来说，在以下两种情况下需要使用引导提问：一种情况是，当访问者需要将正在问的题目转向一个新的题目时，在转换过程中，被访问者可能会由于思路的转向而出现停顿，或因毫无心理准备而产生困惑，这时便需要访问者启发、诱导。另一种情况是，当被访问者答非所问的时候、欲言又止的时候、语塞的时候、漫无边际扯得太远的时候，就应及时加以引导，使访问能够围绕相关问题继续进行下去。

此外，在访谈过程中，还要注意借助非语言的信息，来达到收集资料的目的。非语言信息可以归纳为四个方面：

(1)被访问者的衣着、打扮。一个人的外部形象，往往是他的职业、教养、经济状况、兴趣爱好等方面的反映。

(2)被访问者的姿态与动作。通过它们来捕捉对方的思想感情。

（3）被访问者的表情。通过观察被访问者脸部器官和肌肉的变化、反应来判断其思维活动。

（4）被访问者的周围环境。被访问者生活环境中的各种用具、器物、陈设和气氛，与衣着打扮一样，同样能反映出他的职业、经济状况、教养、兴趣爱好乃至性格特征等。

以上非语言信息的分析，有助于访问者对谈话方式做出选择并有效地驾驭谈话过程。

（三）访谈记录

访问调查的资料是由访问者在访谈中记录下来的，因此，记录是访谈过程中一个重要的环节。

记录分当场记录和事后记录两种。

当场记录是边访问边记录，为了使访问记录更好，可以采用两人一起访问的办法，一人专门访问、一人专门记录；也可以使用采访机来记录，但必须征得对方的同意。当场记录可以用速记法，逐字逐句地记录，访问结束后再翻译整理；也可以采用重点记录法，仅记录重要观点和主要事实。当场记录的优点是，记录较完整、客观；缺点是影响访问速度，易削弱访问人员的注意力和被访者的情绪。

事后记录，是在访问之后靠回忆进行记录，它可以不破坏访谈的过程，但这种方法有时会因访问者的记忆和偏好而产生误差。

为了提高记录的可靠性和准确性，在访谈结束前，应将记录的主要内容，特别是容易发生差错的部分如时间、数据等请被访者复核、更正或补充。

访谈注意事项：

（1）在访问中，调查员要保持中立的态度，不要把自己的意见暗示给被调查者，否则会影响资料的真实性。

（2）要把握访谈的方向和主题焦点，防止谈话偏离调查主题，以免影响效率。

（3）使用的语言要简明扼要。

（4）根据被调查者的特点，灵活掌握问题的提法和口气。

【观点链接 6-3】

如何写访谈调查报告

1. 题目。应以简练、概括、明确的语句反映所要调查的对象、领域、方向等问题。题目应能概括全篇，引人注目。

2. 前言（背景和目的）。主要包括研究背景和目的。背景介绍应简明、扼要、切题，背景介绍一般包括一部分重要的文献小结。调查目的主要是阐述调查的必要性和针对性，使读者了解概况，初步掌握报告主旨，引起关注。

3. 方法。详细描述研究中采用的方法，使读者能评价资料收集方法是否恰当。这部分一般包括以下几方面：地点、时间、调查对象。

4. 结果与讨论。结果与讨论可以放在一起写，也可以分开写。结果和讨论分几节来完成，一般采用描述、分析、讨论来写。描述主要是描述事情的发生发展过程，描述调查人群的人口社会学特征，描述调查事物的特征。

5. 结论与建议。用扼要的文句把主要内容概括起来，切忌重复。

6. 附录。

（资料来源：http：//wenku.baidu.com）

四、调查问卷的设计

(一)调查问卷的格式

一份正式的调查问卷一般包括以下三个组成部分:

第一部分:前言。主要说明调查的主题、调查的目的、调查的意义,以及向被调查者表示感谢。

第二部分:正文。这是调查问卷的主体部分,一般设计若干问题要求被调查者回答。

第三部分:被调查者基本情况。包括被调查者的性别、年龄、职业、文化程度等,根据调查需要,选择列出,其目的是便于进行资料分类和具体分析。

(二)调查问卷设计的原则

在设计调查问卷时,设计者应该注意遵循以下基本要求:

1. 问卷不宜过长,问题不能过多,一般控制在 20 分钟左右回答完毕。

2. 能够得到被调查者的密切合作,充分考虑被调查者的身份背景,不要提出对方不感兴趣的问题。

3. 要有利于使被调查者做出真实的选择,因此答案切忌模棱两可,使对方难以选择。

4. 不能使用专业术语,也不能将两个问题合并为一个,以至于得不到明确的答案。

5. 问题的排列顺序要合理,一般先提出概括性的问题,逐步启发被调查者,做到循序渐进。

6. 将比较难回答的问题和涉及被调查者个人隐私的问题放在最后。

7. 提问不能有任何暗示,措辞要恰当。

8. 为了有利于数据统计和处理,调查问卷最好能直接被计算机读入,以节省时间,提高统计的准确性。

(三)主题内容设计

调查表质量优劣的关键在于主题内容这一部分的设计,而整个调查表设计的困难也在于这一部分。因此,努力提高对主题内容的设计能力与技巧十分必要。下面,对这一部分如何设计择其要介绍五点。

1. 总体框架的设计

总体框架是指能够指导设计问卷的提问语句和对问卷资料进行分析的一种总体思路的逻辑架构。往往采用图示法。对于一些要求高、内容比较复杂的调查表来说,为了使表中的每一个问题都有不可或缺的作用,且各个问题之间有一种内在的逻辑联系,能够对它们进行科学分类和相关分析,在设计调查表之前,都应该先设计总体框架。设计时,一般是先从调查目的出发,将调查主题逐层分解,直到可以依据这些分解的条目设计提问语句时为止;然后,按照事物本来的逻辑关系对分解的条目进行检查、调整,使分解的条目能够有序排列。

2. 提问语句的设计

总体框架设计出来以后,就要设计提问语句,把每一条目变成提问语句。在设计提问语句时,要注意以下事项:①注意提问的方式,提问方式有直接提问、间接提问、假设性提问等。②注意提问语句的确切。③要避免出现诱导性问题。④要以封闭式问题为主,辅之以开放式问题。提问语句设计应注意的事项,还有:设计的语句尽量考虑被调查者的各种情况，尽量适合于各种被调查者；调查表中的项目一般不宜太多，一般控制在作答者半小时内完成为宜；语句要简洁，不要太长等。

3. 选择答案的设计

封闭式问题按其性质可以划分为定类、定序和定距问题，各类问题的答案设计各不相同。

定类问题，是要求对被测定对象的性质做出分类的问题。这类问题的答案设计要注意：一是可供选择的答案要互斥；二是答案要全面。

定序问题，是要求对被测定对象的排列次序作答的问题。对这一类问题的设计，一般采用五级或三级定序答案。

定距问题，要求设计出来的答案之间的顺序关系保持一定距离。例如："您的月基本收入是：①750 元以上；②700～750 元；③650～700 元；④600～650 元；⑤600 元以下"。答案之间的顺序关系都保持 50 元的等距。

4. 主题内容的编排

提问语句和相应答案设计出来以后，还应对整个主题内容加以编排。编排的依据主要是总体框架。在按总体框架编排时，还应考虑：①从逻辑结构上看，是否还需要调整。②在照顾逻辑顺序的前提下，尽量做到先易后难，先一般性问题后特殊性问题，先封闭式问题后开放式问题。

5. 主题内容的修改

主题内容设计出来以后，应该认真地审查；同时还可以在小范围内（20～30 人）进行试验性调查，以便在试验中发现问题，然后根据审查和试验中发现的问题，修改，制成正式问卷。

五、文献调查法的实施

文献调查法的实施步骤包括以下几点。

(一)建立索引

使用文献法收集资料，文献就是调查对象，要根据调查任务开列文献清单，即确定调查对象，注明调查对象的地址，这个过程就是建立索引的过程。这项工作一般先查阅图书、报刊索引，然后在查阅文献当中，再发现新的线索，不断加以补充。

(二)查阅和记录文献资料

根据文献索引的指示，逐步查找和阅读文献，并把它们按不同的方式记录下来。记录的方式有抄写或复印原文和做内容摘要两种。采用哪种记录方式记录，要由资料的价值和作用来决定，如统计资料、重要文件、概念等都要记录原文，而事件发生过程和评论性文章就可以摘要。不论哪种记录方式都要把文献发表或形成的时间、作者概况、出处、出版单位等记录下来，以备事后查询。

(三)对文献的核实及分类登录

文献资料收集上来，不能马上使用，先要通过比较、核实，证明其真伪，去掉错误和没有价值的资料，保留真实和有价值的资料。经过对文献的核实鉴别后，要对文献进行分类登录。分类的根据按调查任务和提纲的要求来进行。然后把分类后的每一份文献资料都标上编号，分门别类地保存起来，以备分析时使用。

文献调查是对已往资料的记录，一般比较系统。在公共关系调查中，许多问题研究必须借助于文献法来完成。例如国际、国内的宏观经济形势与政治形势、国家有关部门的方针政策、各个行业的发展状况、各种新闻媒体对本组织的报道、竞争对手的情况等，都可以利用文献法。

为了更有效地利用文献，首先必须明确调查目的，根据调查目的的要求来决定文献资料的取舍；其次对于某些重要的文献资料还必须注意资料来源的权威性，以保证资料的可信度；另外要注意文献资料和其他资料的配合使用。

【职场案例】

案例一：公关经理对客人的访谈调查

公关经理（以下简称"经理"）：李先生，您是我们的老顾客，很感谢您常光临我们的酒店。今天想占用您一点宝贵的时间，请您谈谈客人期望从酒店得到什么，可以吗？

李先生（以下简称"客人"）：当然可以，我很乐意。

经理：李先生，是否请您先谈谈什么才是酒店向客人提供的最重要的服务？

客人：你或许不相信，但我认为，最重要的就是酒店对客人的亲切感，这正是我所迫切希望得到的。对于我来说，它比一间舒适的房间和一顿可口的晚餐更为重要。

经理：能否请您具体谈谈您所指的亲切感？

客人：当然可以。对我来说，酒店这个概念并不是一座无生命的建筑物，而是意味着里面工作的人。当我离开一家酒店时，我不会记得我所住过的客房是什么颜色，或吃过的甜点是什么味道。但我却不会忘记门童对我的热情招呼和电话接线员友善的声音。酒店对我的亲切感会使我在一个新的环境里感到舒适和开心。其实，这并不需要酒店方面做出什么特别的努力，我仅仅是希望经常看到酒店服务员的微笑或听到服务员与我亲切地打招呼，如"很高兴见到你""希望你住得开心"等。当然，打招呼时如能称呼我的名字，我会更感到亲切。但即使不认识我而能笑脸相迎，我也就心满意足了。

经理：请您谈谈商务旅行时感到最困难的是什么？

客人：就是到一个完全陌生的环境工作，语言不通，人地生疏，心里总是惶惶然；不知该如何换算外币，不知如何打电话，不知当地的电压是多少。

经理：呵，我还以为商务旅行是很舒服的呢。

客人：很多人都这么认为，其实恰恰相反。不错，与家人去度假旅行的确很开心；但单身商务旅行却是很辛苦的差事，而且会觉得很孤单。所以酒店员工的亲切款待会使我感到很温暖。

经理：您能否谈谈具体的例子？

客人：去年，我有一个为期六周的商务旅行，经香港、新加坡、广州、深圳，最后到达上海时，我已感到精疲力竭了。我是清晨8时左右到达酒店的，很遗憾，接待处的职员告诉我，由于前一批客人延期离店，我预订的客房尚未整理好，需等三小时才能分到房间。要等三小时！不消说，我感到多么懊恼啊。但我却很赞赏接待处职员亲切而真诚的态度。他一再向我致歉，在向我解释事情的原因时，一再称呼我的名字"李先生"，请我喝杯咖啡休息一下，还主动提出替我查查酒店有没有收到寄给我的信或留言。这个职员热情的态度使我烦恼顿息。

经理：酒店职员称呼客人的名字真的这么重要吗？

客人：确实如此。这是一个心理因素，会使客人感到酒店认识他、关心他，对于异邦旅行的客人来说，尤其如此。

经理：您很强调亲切感和礼貌热忱。除此以外，您对酒店的服务员还有些什么要求呢？

客人：我希望酒店能成为我的"家外之家"。所以我希望酒店服务员能认识到，当客人居留在酒店时，是把酒店当作他在此地的"家"的。如果行李员替我携行李送我到我的房间时，即使在一些小事上也关心我，如告诉我怎样开空调，怎样打电话，是否可以打开门窗等，我也会感到很高兴，因为像在家里一样舒适自在。

经理：看来，您所说的可以归结为一句话：殷切款待，亲切热忱。

客人：正是这样。这难道不就是客人期望从酒店得到的东西吗？再说一遍，当我来到酒店时，受到热情招待，服务员称呼我的名字，笑脸相迎，使我由衷地感到酒店欢迎我的到来，这样，我下一次一定乐意再来。

经理：谢谢您，李先生，今天花费了您这么多宝贵的时间。衷心欢迎您下次再光临。

（资料来源：黄建雄．酒店公共关系．北京：中国商业出版社，2005）

案例二：北京饭店的日常调查

北京长城饭店是 1979 年 6 月由国务院批准的全国第三家中外合资合营企业。1983 年 12 月试营业，是北京 6 家五星级饭店中开业最早的饭店，是北京第一座玻璃大厦，北京 80 年代十大建筑之一。随着改革开放的深入发展，北京新建的大批高档饭店投入运营，饭店业竞争日益加剧。长城饭店之所以能在激烈的竞争中立于不败之地，成为京城饭店的佼佼者之一，除了出色的推销工作和优质服务外，饭店管理者认为公共关系工作在塑造饭店形象上发挥了重要的作用。

一提到长城饭店的公关工作，人们立刻会想到那举世闻名的里根总统的答谢宴会、北京市副市长证婚的 95 对新人集体婚礼、颐和园的中秋赏月和十三陵的野外烧烤等一系列使长城饭店声名鹊起的专题公关活动。长城饭店的大量公关工作，尤其是围绕为客人服务的日常公关工作，源于它周密系统的调查研究。

长城饭店日常的调查研究通常由以下几个方面组成。

（一）日常调查

（1）问卷调查。每天将表放在客房内，表中的项目包括客人对饭店的总体评价，对十几个类别的服务质量评价，对服务员服务态度评价，以及是否加入喜来登俱乐部和客人的游历情况等。

（2）接待投诉。几位客务经理 24 小时轮班在大厅内接待客人反映情况，随时随地帮助客人处理困难、受理投诉、解答各种问题。

（二）月调查

（1）顾客态度调查。每天向客人发送喜来登集团在全球统一使用的调查问卷，每日收回，月底集中寄到喜来登集团总部，进行全球性综合分析，并在全球范围内进行季度评比。根据量化分析，对全球最好的喜来登饭店和进步最快的饭店给予奖励。

（2）市场调查。前台经理与在京各大饭店的前台经理每月交流一次游客情况，互通情报，共同分析本地区的形势。

（三）半年调查

喜来登总部每半年召开一次世界范围内的全球旅游情况会，其所属的各饭店的销售经理从世界各地带来大量的信息，相互交流、研究，使每个饭店都能了解世界旅游形势，站在全球的角度商议经营方针。

这种系统的全方位调研制度，宏观上可以使饭店决策者高瞻远瞩地了解全世界旅游业的形势，进而可以了解本地区的行情；微观上可以了解本店每个岗位、每项服务及每个员工工作的情况，从而使他们的决策有的放矢。

综合调查表明，任何一家饭店，光有较高的知名度是远远不够的，要想保持较高的"回头率"，主要是靠优质服务，使客人满意。怎样才能使客人满意呢？经过调查研究和策划，喜来登集团面对竞争提出了"宾至如归方案"。计划中提出在3个月内对长城饭店上至总经理，下至一般服务员进行强化培训，不准请假，合格者发证上岗。在每人每年100美元培训费基础上另设奖金，奖励先进。其宗旨就是向宾客提供满意的服务，使他们有宾至如归的感觉。随着这一方案的推行，长城饭店的服务水平又有了新的提高。

（资料来源：姜华．酒店公共关系．北京：中国人民大学出版社，2009）

【情境模拟】

某旅行社拟开辟一条新的旅游线路，拟邀请旅行社的导游在带团过程中对游客进行访谈调查，以深入了解该旅游线路的合理性及消费者的需要。请你帮助拟订一份访谈调查提纲。

【实战演练】

1. 小马是刚分配到单位的大学生，正好赶上单位要对职工进行一次满意度调查，领导就把设计调查问卷的任务交给了小马，如果你是小马，你如何来设计这份调查问卷？

2. 公关部的赵主任对新来的工作人员小李说："明天请你去拜见消费者协会的王先生，了解一下目前社会上对我们酒店服务的反馈情况。"为做好本工作，你认为小李应准备哪些方面的问题？

3. 林达是某大型旅行社公关部经理，企业主管需要掌握主要客户对该企业旅游线路价格的意见，要求林达对几个主要客户进行访谈。在访谈时，林达应采用哪种方法和技巧才能达到访谈的目的？

学习情境七

旅游公关策划

●●●● **情境描述**

　　公关策划是公共关系人员根据组织形象的现状和目标要求，分析现有条件，谋划并设计公关战略、专题活动和具体公关活动最佳行动方案的过程。公关策划的核心，就是解决以下问题：如何寻求传播沟通的内容和公众易于接受的方式；如何提高传播沟通的效能；如何完备公关工作体系。本学习情境通过公关策划会的组织、制订公关策划方案两项工作任务的学习与实践，掌握旅游企业公关策划的要点，成功地组织策划活动。

●●●● **职业能力目标**

专业能力：

能准备策划所需资料；

能安排、组织策划会议；

能制订策划方案；

能编制行动方案和时间表；

能组织小型活动的策划工作；

能编写公关策划书。

方法能力：

能够熟悉策划会组织的流程；

能够灵活运用各种形式的策划会；

能够掌握公关创意的方法；

能够掌握策划书撰写的要领。

社会能力：

具有一定的资料搜集能力；

具有一定的组织能力；

具备良好的沟通协调能力；

具有一定的创新能力；

具有较好的方案表达能力。

工作任务一　公关策划会的组织

【任务导入】

某宾馆要针对即将到来的"两节(元旦和春节)"举行促销活动，但组织什么样的促销活动，才能收到比较好的效果，需要发挥集体的智慧。因此，该公司决定组织一次策划会来讨论这个问题，如果这个任务交给你来做，你该如何组织？

【任务分析】

以某旅游企业为背景，以"两节(元旦和春节)"举行的促销活动为主题，进行公关策划活动的组织，通过该任务的实施，掌握组织公关策划会的流程与要点，能够成功地组织各种类型的公关策划会。

【任务实施】

资讯：

1. 策划会的流程有哪些？

2. 策划会有哪些形式？

3. 进行策划创意方法有哪些？

决策：

1. 用什么样的形式召开策划会？

2. 采用什么创意技法？

计划：

1. 策划会在什么时间召开？

2. 策划会在什么地点召开？

3. 策划会的主题是什么？

4. 策划会需要准备哪些资料？

5. 完成任务的步骤有哪些？

实施：

1. 分组召开策划会。

2. 运用创造性思维和创造技法进行策划。

3. 形成促销活动的策划文案。

4. 分组对结果进行展示说明。

检查：

1. 策划会的组织是否高效？

2. 策划创意方法是否科学？

3. 形成的结果是否可行？

评估：

工作任务评估表

考 评 项 目		自我评估	小组评估	教师评估
团队合作 40%	沟通能力			
	协作精神			
工作成果评定 30%	任务方案			
	实施过程			
	工具使用			
	完成情况			
工作态度 20%	工作纪律			
	敬业精神			
	有责任心			
工作角色、创新 10%	角色认知			
	创新精神			
综合评估 100%				

【知识链接】

一、公关策划会的组织

(一)公关策划会的流程

第一步：会前准备

会前的准备是会议成功的基础。具体来讲，会前准备工作大体上有如下四项。

1. 拟定会议主题

会议的主题，即会议的指导思想。会议的形式、内容、任务、议程、期限、出席人员等，都只有在会议的主题确定下来之后，才可以据此一一加以确定。会议的主题必须清晰。策划会议一般5~7人为宜，组织者要为与会者提供应有的参考资料。

2. 拟发会议通知

它应包括以下六项：

(1)标题，它重点交代会议名称。

(2)主题与内容，这是对会议宗旨的介绍。

(3)会期，应明确会议的起止时间。

(4)报到的时间与地点，对交通路线，特别要交代清楚。

(5)会议的出席对象，如对象可选派，则应规定具体条件。

(6)会议要求，它指的是与会者材料的准备与生活用品的准备，以及差旅费报销和其他费用问题。

3. 起草会议文件

会议所用的各项文件材料，均应于会前准备完成。其中的主要材料，还应做到与会者人手一份。

需要认真准备的会议文件材料，最主要的当数开幕词、闭幕词和主题报告。

在会议结束阶段，一般的组织准备工作主要有以下三项。

(1)形成可供传达的会议文件。

(2)处理有关会议的文件材料。

(3)为与会者的返程提供方便。

4. 其他准备工作

要安排好与会者的招待工作。对于交通、膳宿、医疗、保卫等方面的具体工作，应精心、妥当地做好准备。

要布置好会场。不应使其过大，显得空旷无人；也不可使之过小，弄得拥挤不堪。对必用的音响、照明、空调、投影、摄像设备，事先要认真调试。需用的文具、饮料，亦应预备齐全。

要安排好座次。排列主席台上的座次，我国目前的惯例是：前排高于后排，中央高于两侧，左座高于右座。凡属重要会议，在主席台上每位就座者身前的桌子上，应先摆放好写有其本人姓名的桌签。排列听众席的座次，目前主要有两种方法：一是按指定区域统一就座。二是自由就座。

在会议进行阶段，会议的组织准备者要做的主要工作是进行例行服务工作。在会场之外，应安排专人迎送、引导、陪同与会人员。对与会的年老体弱者，还须进行重点照顾。此外，必要时还应为与会者安排一定的文体娱乐活动。在会场之内，则应当对与会者应有求必应，闻过即改，尽可能地满足其一切正当要求。

精心编写会议简报，举行会期较长的大中型会议，依例应编写会议简报。认真做好会议记录。凡重要会议，不论是全体大会，还是分组讨论，都要进行必要的会议记录。会议记录，是由专人负责记录会议内容的一种书面材料，会议名称、时间、地点、人员、主持者等都要一一记录在内。

第二步：会议组织

对于会议而言，无不希望有良好的秩序。小型会议特别是企业内部会议秩序基本不用控制，但大型会议，秩序的控制就显得很重要。大型会议可以采用代表证或者入场券方式控制，如果需要保密，代表证可以特制，印制有代表的数码身份照片，会场入口设立保安来维护为好。

茶歇对于一般的大型会议而言可能不需要，中、小型会议，特别是公司或者组织高层会议，会间茶歇是很重要的。茶歇的定义就是为会间休息兼气氛调节而设置的小型简易茶话会，当然提供的饮品可能不限于中国茶，点心也不限于中国点心。通常茶歇的准备包括点心要求、饮品要求、摆饰要求、服务及茶歇开放时间要求等，一般不同时段可以更换不同的饮品、点心组合。大致上茶歇的分类是中式与西式。中式的饮品包括矿泉水、开水、绿茶、花茶、红茶、奶茶、果茶、罐装饮料、微量酒精饮料，点心一般是各类糕点、饼干、袋装食品、时令水果、花式果盘等。西式茶歇饮品一般包括各式咖啡、矿泉水、低度酒精饮料、罐装饮料、红茶、果茶、牛奶、果汁等，点心有蛋糕、各类甜品、糕点、水果、花式果盘，有的还有中式糕点。

摄影摄像安排：根据会议的级别和要求，需要安排专业的摄影摄像人员对会议进行全程拍摄，拍摄以后还需要考虑是否将资料制作成光盘分发给各个与会代表。

会议主持人在主持中要注意以下事项。

1. 会议主持人务必做到的事项

会议主持人要严格遵守会议的开始时间，不迁就迟到者；会议主持人要在开头就议题的要点做一番简洁的说明；会议主持人要把议题的进行顺序与时间的分配预先告知与会者；要引导大家在规定时间内做出结论；必须延长会议时间时，要取得大家的同意并明确延长的时间；要把整理出来的结论交由全体人员表决确认；要把决议付诸实行的程序整理成文，加以确认。

策划会议应力求营造活跃、平等的气氛。活跃的气氛有利于活泼思维和脑力激荡；平等的气氛有利于与会成员发散性思维。必要时可以设置会议饮品，营造轻松气氛。会议气氛的形成，一方面是会议室布置时刻意营造的，另一方面是主持人用主持会议的技巧营造的。

2. 会议进行中会议主持人须密切注意的几个问题

发言内容是否偏离了议题？发言者的观点是否出于个人的利害？全体人员是否都在专心聆听发言？发言者是否过于集中于少部分人？是否有从头到尾都没有发过言的人？某个人的发言是否过于冗长？发言的内容是否正在朝着得出清晰明确的结论推进？

3. 会议主持人开会十大禁忌

发言时不可长篇大论，滔滔不绝（一般应以 3 分钟为限）。不可从头到尾沉默到底。不要谈到抽象论或观念论。不可对发言人吹毛求疵。不要漫无边际，离题万里。一般不打断他人的发言。不可不懂装懂，胡乱发言。不引用不确切的资料。不谈期待性预测。不要中途离席。

一般而言，与会人员在出席会议时应当严格遵守的会议纪律，主要有以下四项内容。①规范着装；②严守时间；③维护秩序；④专心听讲。

第三步：对会议上讨论的策划结果形成策划文案

此项工作可由公关人员或秘书来做。每个小组最后要完成策划文案的写作任务。

二、公关策划会的形式

（一）美国学者阿历克斯·奥斯本的头脑风暴法

采用头脑风暴法组织群体决策时，要集中有关专家召开专题会议，主持者以明确的方式向所有参与者阐明问题，说明会议的规则，尽力创造融洽轻松的会议气氛。一般不发表意见，以免影响会议的自由气氛。由专家们"自由"地提出尽可能多的方案。

头脑风暴法的特点是让与会者敞开思想，使各种设想在相互碰撞中激起脑海的创造性风暴，其可分为直接头脑风暴法和质疑头脑风暴法。前者是在专家群体决策基础上尽可能激发创造性，产生尽可能多的设想的方法；后者则是对前者提出的设想，方案逐一质疑，发掘其中现实可行性的方法。这是一种集体开发创造性思维的方法。

1. 头脑风暴法的基本程序

头脑风暴法力图通过一定的讨论程序与规则来保证创造性讨论的有效性，由此，讨论程序构成了头脑风暴法能否有效实施的关键因素，从程序来说，组织头脑风暴法关键在于以下几个环节。

（1）确定议题

一个好的头脑风暴法一般从对问题的准确阐明开始。因此，必须在会前确定一个目标，使与会者明确通过这次会议需要解决什么问题，同时不要限制可能的解决方案的范围。一般而言，比较具体的议题能使与会者较快产生设想，主持人也较容易掌握；比较抽象和宏观的议题引发设想的时间较长，但设想的创造性也可能较强。

（2）会前准备

为了使头脑风暴畅谈会的效率较高，效果较好，可在会前做一点准备工作。如收集一些资料预先给大家参考，以便与会者了解与议题有关的背景材料和外界动态。就与会者而言，在开会之前，对于要解决的问题一定要有所了解。会场可作适当布置，座位排成圆环形的环境往往比教室式的环境更为有利。此外，在头脑风暴会正式开始前还可以出一些创造力测验题供大家思考，以便活跃气氛，促进思维。

（3）确定人选

一般以 8～12 人为宜，也可略有增减（5～15 人）。与会者人数太少不利于交流信息，激发思维；而人数太多则不容易掌握，并且每个人发言的机会相对减少，也会影响会场气氛。只有在特殊情况下，与会者的人数可不受上述限制。

（4）明确分工

要推定一名主持人，1～2 名记录员（秘书）。主持人的作用是在头脑风暴畅谈会开始时重申讨论的议题和纪律，在会议进程中启发引导，掌握进程。如通报会议进展情况，归纳某些发言的核心内容，提出自己的设想，活跃会场气氛，或者让大家静下来认真思索片刻再组织下一个发言高潮等。记录员应将与会者的所有设想都及时编号，简要记录，最好写在黑板等醒目处，让与会者能够看清。记录员也应随时提出自己的设想，切忌持旁观态度。

（5）规定纪律

根据头脑风暴法的原则，可规定几条纪律，要求与会者遵守。如：要集中注意力积极投入，不消极旁观；不要私下议论，以免影响他人的思考；发言要针对目标，开门见山，不要客套，也不必做过多的解释；与会者之间相互尊重，平等相待，切忌相互褒贬等。

（6）掌握时间

会议时间由主持人掌握，不宜在会前定死。一般来说，以几十分钟为宜。时间太短与会者难以畅所欲言，太长则容易产生疲劳感，影响会议效果。经验表明，创造性较强的设想一般要在会议开始 10～15 分钟后逐渐产生。美国创造学家帕内斯指出，会议时间最好安排在 30～45 分钟之间。倘若需要更长时间，就应把议题分解成几个小问题分别进行专题讨论。

2. 头脑风暴法的成功要点

一次成功的头脑风暴除了在程序上的要求之外，更为关键的是探讨方式、心态上的转变；概言之，即充分、非评价性的、无偏见的交流。具体而言，则可归纳为以下几点。

（1）自由畅谈

与会者不应该受任何条条框框的限制，放松思想，让思维自由驰骋。从不同角度、不同层次、不同方位，大胆地展开想象，尽可能地标新立异、与众不同，提出独创性的想法。

（2）延迟评判

头脑风暴，必须坚持当场不对任何设想做出评价的原则。既不能肯定某个设想，又不能否定某个设想，也不能对某个设想发表评论性的意见。一切评价和判断都要延迟到会议结束以后才能进行。这样做一方面是为了防止评判约束与会者的积极思维，破坏自由畅谈的有利气氛；另一方面是为了集中精力先开发设想，避免把应该在后阶段做的工作提前进行，影响创造性设想的大量产生。

（3）禁止批评

绝对禁止批评是头脑风暴法应该遵循的一个重要原则。参加头脑风暴会议的每个人都不得对别人的设想提出批评意见，因为批评对创造性思维无疑会产生抑制作用。同时，发言人的自我批评也在禁止之列。有些人习惯于用一些自谦之词，这些自我批评性质的说法同样会破坏会场气氛，影响自由畅想。

（4）追求数量

头脑风暴会议的目标是获得尽可能多的设想，追求数量是它的首要任务。参加会议的每个人都要抓紧时间多思考，多提设想。至于设想的质量问题，自可留到会后的设想处理阶段去解决。在某种意义上，设想的质量和数量密切相关，产生的设想越多，其中的创造性设想就可能越多。

（5）改善组合

意思是从别人的创意中得到启发而想出更好的创意。也就是说会议要鼓励与会者思考别人的创意，在别人的基础上发展和提炼出新的创意。

（二）美国卡尔·格雷高里的 7×7 法

7×7 法操作程序为：

1. 确定主持人和与会者。

2. 召开会议，宣布议题，调动大家的想象力，把创意结果记在准备好的卡片上。

3. 分组。将卡片收集起来加以分组，最多分为 7 组，也可少于 7 组，并标上序号。

4. 排列顺序。按照 CI 设计的创新性、可行性、可识别性等标准将分组卡片按重要程度排列。

5. 在每组卡片中选出最重要的 7 张，并概括出该组卡片的内容提要，写在 1 张卡片上，作为导卡。

6. 重点研究探讨重点卡片，以期获得可行的创意方案。

（三）日本川田喜的 KJ 法

KJ 法的操作程序为：

1. 确定会议主持人和与会人员 4～7 人，确定会址，准备黑板、卡片、笔、橡皮擦、回形针、订书机、胶带等用品。

2. 召开会议，宣布议题，展开讨论，让大家畅所欲言，将各种创意依次简要地写在黑板上。

3. 再将每个创意简化为两三句关键语，记在卡片上。

4. 将写好的卡片排列在桌子上，所有与会人员需认真思考，按内容分类，每类做一提要性导卡，内容无法归类的可另放一旁。

5. 根据分类导卡上的提要，将内容相近的卡片组再归入一大组中，然后从中提炼出创意的核心思想，再填写到大组导卡上去。

6. 按照分类学原则，依次从大组到小组的顺序，将分类卡片用订书钉或胶带固定排列在一张大纸上。然后用铅笔标示出各卡片内容之间的意义上的关系。这种图解形式有助于人们启发思考，举一反三。如果人们对所形成的图解不甚理解，可以重新分组，重新编排，重新进行图解标示。

7. 对卡片分组图解形成文字说明与规律性总结。此类文字总结材料可以弥补以往的疏漏，从中获得新的启示，发现新的创意。因此，从卡片分组到图解再到文字说明的过程可以经过多次反复，以求从中获得新的发现，直到形成令人满意的创意为止。

(四)兰德公司的德尔菲法

德尔菲法的操作程序为：

1. 由 CI 设计人员设计出"函询调查表"，选定有关方面专家 10～25 名作为函询对象。

2. 将调查表寄送给各位专家，让他们在互不见面的情况下自行设计，自由发挥创造。

3. 收回调查表进行汇总、统计和整理，然后将统计和汇总结果连同调查表再次寄送给函询者，希望他能在他人的启发下提出新的创意。如此往复几次，专家们即可根据统计汇总结果不断改善自己的创意。

4. 最后拟出若干条评价标准寄送给各位专家，请他们对综合整理的各种见解做出评论。

5. 进行综合性分析，去粗取精，从多数专家趋于一致的构思或某一独特的创意中得出切实可行的方案。

6. 支付咨询费用，明确知识产权权益。

三、创造性思维方法的应用

公关策划是一种思维活动。思维活动的最重要特点之一是可以发挥人的大脑的主观能动性，创造性地提出一些思想、观点、方法。同时，公关工作是一项影响公众的工作，要影响公众，必须善于引起公众注意，符合公众心理，调动公众参与合作的热情。要达到此目的，策划必须有创意，以新颖的、奇特的目标、主题、活动方式等吸引公众。

公关策划所倚仗的完全是策划者的创造性素质，而这种创造性素质的核心无疑是创造性思维能力。因此，要成功地策划，就必须应用创造性思维。

在日常生活中，我们常常能够发现，有的人思维跨度很大，能够海阔天空地联想，纵横驰骋地跨越；而有的人则老是喜欢在一个圈子里绕来绕去，思路总是打不开，甚至作茧自缚。我们也能发现，有的人思维深刻，能够追根溯源，在深层次上洞察事物的本质；也有的人总是浮在表面，难以深入进去，像是蜻蜓点水。这是思维能力和思维品质的差别。

创造性思维可以定义为：在人脑中利用已掌握的知识和产生的经验，通过联想、想象、直觉、灵感、发散等方式，遵循客观规律，发现人类尚未知晓的(包括尚未出现的)事物的一种思维活动。这是人类智慧最集中表现的思维活动，它使人类能突破各种自然极限，在一切领域开创新的局面，以不断满足人类精神与物质的需求。

创造性思维的内容丰富，种类繁多，分类方法也见仁见智，各有不同，但就其基本形式而言，通常有如图 7-1 所示的 5 种。

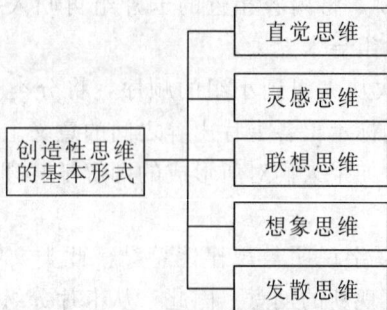

图 7-1　创造性思维的基本形式

(一)直觉思维

在日常生活中,总会遇到有人这样说,"凭我的直觉如何如何","直觉告诉我如何如何",从而得出对某人的看法、对某个问题的判断或下一步的行动方案,可见直觉是经常产生的。心理学家、哲学家、科学家及艺术家都认为,直觉是一种认识能力,是一种认知过程,是一种大量出现、人人皆有、最具活力、最富创造性的思维形式。

所谓直觉思维,它是人脑对于突然出现在面前的新事物或新问题,不需经过逐步分析,而是凭借已有的知识与经验,迅速地做出准确的识别、深入的洞察、本质的理解、正确的判断,或对事物的解决做出合理的设想、对问题的解答获得明确的领悟的一种自觉的跃进式的思维过程。青年数学家阿普顿,刚到爱迪生的研究所工作时,爱迪生想考考他的能力,于是给了他一只实验用的灯泡,叫他计算灯泡的容积。一个小时过去了,爱迪生回来检查,发现阿普顿仍然忙着测量和计算。爱迪生说:"要是我,就往灯泡里灌水,将水倒入量杯,就知道灯泡的容积了。"毫无疑问,身为数学家的阿普顿,他的计算才能及逻辑思维能力是令人钦佩的;然而,这个问题表明,他所缺少的恰恰是像爱迪生那样的直觉思维能力。

(二)灵感思维

灵感是一种富有魅力的思维活动,是一种奇妙的精神现象。古往今来,许多诗人、作家、画家、科学家、发明家的成功之作,其中不少均来自灵感。正因为这样,灵感就成了人们赞美的话题和追求的目标。同时,也给灵感蒙上了一层神秘的面纱。

灵感是指人们对于曾经反复思索而尚未解决的问题,因某种偶然因素的激发,突然有所领悟,顿时达到恍然大悟、豁然开朗、茅塞顿开、一通百通的境界,我们将这种非自觉性的而在瞬间迸发的思维"火花"称为灵感。唐朝诗人岑参的诗中描述的:"北风卷地白草折,胡天八月即飞雪。忽如一夜春风来,千树万树梨花开。"正是这种对问题长期思考,答案飘然而至的意境。

(三)联想思维

联想思维是重要的创造性思维方式,科学技术上的许多发明创造,都产生于人们的联想。就是在日常的生活及工作中,人们也经常会运用联想,或将记忆的信息提取出来解决当前的问题,或将其他领域的技术与本领域的问题联系起来,以形成新的构思方案等。

所谓联想思维,就是人们通过某一事物、概念或现象的触发而想到另一些事物、概念或现象的思维活动。正因为这样,联想能够克服两个事物在意义上的差距,并以某种方式将它们联结起来，由此产生新的事物；联想能够唤醒沉睡的记忆，把当前的事物与过去的事物有机地联系起来，并产生创造性设想。例如，看到了鸡，人们常常会想到蛋；看见了猫，人们常常会想到老鼠；看见了蓝天，人们常常会想到白云等。这就是联想的结果。

联想的类型有以下四种。

1. 相关联想

相关联想是在时间、空间、形态或性质、作用等方面有内在联系的事物之间进行的联想。

例如，由书可联想到笔，也可联想到笔记本，还可以联想到"用笔记本做笔记"，这都是相关联想。我们还可以从笔开始进行联想，如联想到钢笔、毛笔等。结合上面给出的联想，我们可以形成相关联想链：

笔——钢笔

笔——毛笔——书法——展览

笔——写字——文章——发表——推广——效益

这样，我们就可以给出一种检验相关联想能力的方法：从给定信息出发，联想的步次越多，画出的相关联想链越长、越多（当然不能重复），相关联想的能力就越强。

2. 相似联想

相似联想是由对一个事物（或现象）的感知而回忆起与之在性质上或形态上相似或接近的事物所形成的联想。例如：

蜻蜓——直升机（形状相似）

汽车——火车（功能相似）

菊花——蜡梅花（颜色相似）

三菱——30（读音相似）

日本某特殊钢厂，辛勤工作着一位技术人员，尽管他使出了浑身解数，但还是轧不出合格的产品，使他伤透了脑筋。有一天，他回到家里，无意中被妻子在面板上擀荞麦面的姿势吸引住了：把面团放在面板上，然后用擀面杖灵活地来回擀。于是，他联想到了轧钢，轧钢不是也可以采用与此相类似的方法吗？经过深入研究，不久，他就发明了擀面杖式的金属轧制新技术，不但按时交出了合格的钢材，而且还获得了专利。

3. 类比联想

类比联想是由一类事物的规律或现象联想到其他类事物的规律或现象的思维活动。例如：纸——布、猫——虎、温度场——电场、电磁波——声波等。

大家知道，面包是由面团加发酵剂后烘烤而成的。于是，有人联想到橡皮加发酵剂能产生什么呢？结果由此发明了橡皮海绵。又有人联想到塑料加发酵剂能产生什么呢？结果发明了泡沫塑料。如此继续联想下去，还会发明什么呢？请你也试试看。

4. 对称联想

由于对某一事物的感知或回忆，而引起对与该事物具有对称（或者说相反）特点的其他事物的回忆和联想。例如：先进——落后、高大——渺小、起飞——降落等。

（四）想象思维

人的大脑有许多奇妙的功能，想象就是其中之一。人们在看书时，头脑中会浮现出书中描述的秀丽景色和迷人风光；建筑师还在大厦的构思阶段，似乎已经看到了大厦建成后的宏伟壮观的形象；阿波罗登月飞船的设计师们虽然都没有登上过月球，但他们在设计初期已经想到了人类登上月球的情景。这就是想象。想象是创造的重要思维形式，是创造性思维的主要方法。

想象思维是指人在感知的基础上，对已存储在大脑中的事物的形象进行组合、加工、改造，创建出新形象的思维过程。爱因斯坦在创立相对论的过程中主要是运用了想象思维。因此，他对想象力推崇备至，人们熟知的他的一段名言是："想象力比知识更重要，因为知识是有限的，而想象力概括着世界上的一切，推动着进步，并且是知识的源泉。严格地说，想象力是科学的实在因素。"他还说过："现实世界只有一个，而想象力却可以创造千百个世界。"

（五）发散思维

创造是求新求异的活动，它要求人们在思考问题时必须不拘一格，敢于突破老框框，要想出很多办法、很多方案、很多答案，即要充分运用发散思维。爱迪生发明白炽灯试用过 1 600 多种材料，就是进行了最充分的发散。

发散思维是一种开放性的思维，即从某一信息出发多方向、多角度、多思路展开的，经过多种途径，寻求多种答案及结果。发散思维方法无一定方向，无限定范围，不受传统观念的束缚，不受陈规旧俗的影响，而是要求人们冲破一切禁锢，张开思维的翅膀，自由翱翔、任意驰骋，从各个不同的视角，以不同寻常的眼光，甚至是以不合常规的思路去思考问题。

常用的发散思维方法有：

1. 材料扩散：以某个物品为材料，当作扩散点，让学生设想它的各种用途。如说出回形针的用途：把纸或文件别在一起；代替西装领带上的别针；打开一端，烧红了可在软木塞上穿孔；拉开一端，在地上画图、写字；做发夹；拉直做粗织的针；拉直再弯曲可做鞋带；做挂钩；做固定标签……

2. 功能扩散：以某种事物的功能作为扩散点，设想出获得该功能的各种可能性。如怎样达到照明的目的：点油灯，开电灯，点蜡烛，划火柴，烧纸片，手电筒，点火把，反射阳光……

3. 结构扩散：以某种事物的结构为扩散点，设想出利用该结构的各种可能性。如尽可能多地说出含圆形结构的东西：太阳，水滴，酒杯……

4. 特征扩散：以某种事物的特征为扩散点，设想出利用某种特征的各种可能性。如利用红色可做什么：禁止通行的信号灯，红印泥，红墨水，红灯，红旗，红笔芯，红喜报，红皮鞋，红衣服，红腰带，红领巾，红十字，红星，红口红，红指甲油……

5. 方法扩散：以人们解决问题或制造物品的某种方法为扩散点，设想出利用该种方法的各种可能性。如说出用"吹"的方法可能做的事或解决的问题：吹气球，吹蜡烛，吹口哨，吹土，吹伤口，吹叶片，吹火，吹笛子，吹灯……

6. 组合扩散：从某一事物出发，以此为扩散点，尽可能多地设想与另一事物联结成具有新事物的各种可能性。如尽可能多地说出钥匙圈可以同哪些东西组合在一起：可同小刀组合，可同指甲刀组合，可同小剪刀组合，可同纪念章组合，可同图章组合，可同圆珠笔组合，可同手电筒组合，可同小工艺品组合，可同手机组合……

7. 因果扩散：以某事物发展结果起因为扩散点，设想出这一结果的原因或这一原因可能产生的结果。如推测"玻璃杯碎了"的原因：手没抓住，掉落地上碎了；敲碎了；冷天冲开水爆裂；被子弹击碎；被火烧裂；摔碎；杯中水结冰胀裂；被某物碰碎了……

四、常用创造技法

对于创造性，人们最终所追求、所欣赏的总是创造性的成果。那么，创造性成果究竟是怎样得到的呢？请看下面的公式，如图 7-2 所示。

$$创造成果＝创造欲望＋创造思维＋创造技法$$

$$成果　＝　动力　＋　思路　＋　方法$$

图 7-2　创造性成果公式

首先要有创造的欲望，有锲而不舍的韧劲和不达目的誓不罢休的精神，它是实施创造的动力、是创造的前提；其次要有创造性思维，思路宽阔，思维活跃、想象丰富、新的创意就会不断涌出，创造性思维是实施创造的基础；最后还要注意创造技法，办法多，方法活，运用得当，就容易发现问题、找出问题、从而解决问题，容易找到创造的着眼点、创造目的与现实的结合点，因此创造技法是人们达到创造目的的途径、手段和方法。具备上述三点，任何一个正常的人，都可以进行创造，都可以取得创造性的成果。

创造技法的出现，使得过去人们认为高深莫测的创造发明变得有规律可循、有方法可依。若方法运用得当，可收事半功倍之效果。迄今，世界各国已开发出来的创造技法多达数百种，这里仅介绍部分最常用的创造技法。

(一)和田创造十二技法

我国的创造学者许立言、张福奎等通过研究，并在上海和田路小学试验，提出了创造发明的"和田十二法"，包括十二个"一"，即：

加一加。将一件东西加高一点、加厚一些又会怎样呢？增添一些零部件会有什么变化？把这件东西与其他东西组合在一起会有什么结果？

减一减。将一件东西降低一点、减薄一些又会怎样呢？取消一些零部件会有什么变化？

扩一扩。将这件东西的尺寸放大一些会怎样呢？它的功能及应用范围能否扩展呢？

缩一缩。将这件东西的尺寸缩小一些会怎样呢？它能否压缩呢？压缩以后会有什么结果呢？

变一变。改变一下这件东西的结构、形状、颜色、声音、味道会怎样呢？改变一下部件的安装位置又会怎样呢？

改一改。这件物品还存在什么缺点？还有什么不足之处需要加以改进？使用时还有什么不方便及麻烦？有解决这些问题的办法吗？

联一联。这一事物与其他事物有何联系？事物的起因与结果有什么联系？与其他事物联系起来考虑，能帮助我们达到目的吗？

学一学。有什么事物可以模仿？模仿它的形状、结构，会有什么结果？有什么知识或技术可以学习吗？掌握了它的原理、技术，又会有什么结果？

代一代。这种物品能被其他物品替代吗？所用材料能为其他材料代用吗？解决问题的方法能够替换吗？

搬一搬。把这件东西搬到别的地方，还能有别的用处吗？这个想法、道理、技术搬到别的地方，也能用得上吗？

反一反。把事物或者产品前后、左右、上下、正反、横竖、里外，颠倒过来，会有什么结果？

定一定。为了保证产品质量或者达到预期的目标，需要制定相应的标准、规范或者管理制度吗？

(二)"三境界"法

清代国学大师王国维（字静安，1877—1927 年）在代表作《人间词话》中，提出的"古今之成大事业大学问者，必经过三种境界"，用三段绝美的宋词极其形象地描述了思维求索"解决方案"的过程：

第一境界——"昨夜西风凋碧树，独上高楼，望尽天涯路"，是对目标、对象和环境的高视点、多角度、全方位的观察（搜集）、整理和分析。

第二境界——"衣带渐宽终不悔，为伊消得人憔悴"，是根据经验、标准、规律等参照系统对前阶段经过分解列举的各个关联要点进行筛选、判断，是不断地去伪存真，去粗存精的艰辛过程。

第三境界——"蓦然回首，那人却在灯火阑珊处"，是经过不断的探索、比较、验证的思维过程，终于顿悟开朗的创新时刻。

王国维的"三境界说"被广泛地运用在很多需要创新的工作领域，不论是学习还是研究，是做行动计划还是设计广告；因为不论任何主体客体，人类思维的行进过程都是相似的。

(三)5W2H 法

所谓 5W2H 法就是分别从七个方面去对策划创新的对象、目标进行设问。既是角度，也是分解创意策划对象的程序。

分解这七个方面的英文单词的第一个字母正好是 5 个 W 和 2 个 H，所以称为 5W2H 法。这七个方面是：

Why——为什么需要创新？

What——什么是创新的对象？即创新的内容和达成的目标。

Where——从什么地方着手？

Who——什么人来承担任务？

When——什么时候完成？

How——怎样实施？即用什么样的方法进行。

How much——达到怎样的水平？或需要多少成本。

5W2H 法能够帮助我们的思维路径实现条理化，围绕目标，理清步骤，有助于在管理中乃至生活中杜绝思维的盲目性、随意性和资源浪费。

(四)行停法(gonging-stopping method)

美国创造学家阿里克斯·奥斯本(A. F. Osbern)总结整理出的一种设问类型的创新技法。通过"行"(go)——发散思维（提出创造性设想）与"停"(stop)——聚敛思维（对创造性设想进行冷静分析）的反复交叉进行，注重程序，逐步接近所需解决的问题。行停法的操作步骤是：

"行"(go)——思考列举与所需要解决的问题相关联的要点因素。

"停"(stop)——对此进行详细的分析和比较。

"行"(go)——对解决问题有哪些可能用得上的信息。

"停"(stop)——如何方便地得到这些信息。

"行"(go)——提出解决问题的所有关键点。

"停"(stop)——判断确认最好的解决切入口。

"行"(go)——尽量找出验证试验的方法。

"停"(stop)——选择最佳的试验验证方法……循环往复，直至思维创新达到预期目标，获得成功答案，形成完整的策划方案。

（五）六顶思维帽法（lateral thinking）

英国剑桥大学的心理学医学博士爱德华·德·波诺（Edward de Bono），在20世纪80年代发明了"平行思维法"。针对一件具体事情、思维的一个小环节，在同一个时刻，人们在思考时，情感、信息、逻辑、希望、创造力等都要参与到思考之中，人们要同时控制它们。

该方法主张：要把情感和逻辑分开，将创造力与信息分开，以此类推。波诺先生形象地把各个概念比作不同颜色的思考帽，戴上一顶帽子代表使用一种思维方式。

白帽：纯白，纯粹的事实、数字和信息。

红帽：刺目的红，情绪和感觉，包括预感和直觉。

黑帽：漆黑，做错误倡导者，否定判断，代表负面因素。

黄帽：阳光的，明亮和乐观主义，肯定的，建设性的，机会。

绿帽：象征丰收，创造性的，植物从种子里茁壮成长，意动，激发。

蓝帽：冷静和控制，管弦乐队的指挥，对思维进行思维。

戴上上述不同颜色的帽子，分别从不同的倾向角度去面对问题，得出的结论会有所不同，综合这些思维结果所得出的总结论往往是最好的决策。

【职场案例】

案例一："疯狂的薰衣草"——新概念旅游与网络营销的完美结合

"北京紫海香堤香草艺术庄园"，又称"薰衣草庄园"，是提供以薰衣草为主的香草观光类旅游项目。"疯狂的薰衣草"取材于电影"疯狂的石头"这一成功典型，意指由薰衣草引起的旅游市场关注，用极低的投入获得了巨大的商业成功。一个山寨版普罗旺斯，让无数女性疯狂来此寻梦，成就了一个旅游商业新神话。

"寻梦"市场可以说是无限大的，而开发它的主旨就是"帮助消费者实现从前没有条件实现的梦想，以此开辟一个利润丰厚的全新市场"。剖析一下薰衣草庄园这个"梦"的构成元素，就会发现它有多大的市场。先来罗列一些由"薰衣草"联想到的词汇吧："爱情、浪漫、香氛、精油护肤、紫色花海、摄影、偶像剧"。对于大部分年轻女性来说，这些词可是意味深长。"爱情"是她们永恒的话题，"浪漫"则是她们对生活的憧憬，"香氛"是女性展示优雅魅力的媒介，"精油护肤"则是为了让青春永驻，"紫色花海"是童话中王子和公主约会的地方，"摄影"迎合了这个影像表达个性的时代，"偶像剧"始终让她们孜孜不倦的流泪。可见"薰衣草"这个舶来品借助偶像剧这一传播渠道，使其成为一种浪漫主义象征，与中国城市年轻女性的梦想巧妙地对接在一起。

而由于薰衣草在国内大部分地方难以栽种，从而使这种梦想变得不是那么容易实现，所以更加显现出它的潜在价值。城市年轻女性从来都是商家必争的香饽饽，因为从营销角度上看，开辟她们的市场就相当于赢得了男性市场的半壁江山，毕竟大部分的消费决策权和引导权掌握在她们手里。薰衣草庄园今年开园后马上验证了这一定律，女人来追寻薰衣草的梦想，关系密切的男士就得尾随，当司机也好，摄影师也罢，哪怕只是提水拎包，入园的门票还得照买。当然有很多男性会在发现薰衣草庄园后主动约佳人前往，以博得好感，而由此产生的冲动消费远远大于单一性别市场。这种对细分市场的精准切割为我们开展营销打下了坚实的基础。

薰衣草庄园的品牌推广在商业上也获得了空前成功，但推广费用却微乎其微，且表现内容不但获得了受众的好感，还能让其产生无限向往。有句俗话："只要是钱能解决的问题都不是问题，问题是没有钱！"可见资金短缺还是很多中小企业面临的营销困局，那"薰衣草庄园"是如何打破这一困局的呢？其实很简单，他们只是在正确的时间运用正确的渠道将受众最愿意接受的信息传递给了消费者，并保持互动，范围既不广，强度也不大，但是效果确非常明显。鉴于目标消费群的年龄结构和生活习惯，"薰衣草庄园"一开始就确定了要以网络营销为主，传统媒体免费推广为辅的策略。

凡是媒体，猎奇都是其生存之道，掌握了这一心理，"薰衣草庄园"将薰衣草这个新事物作为话题，打造了一系列的免费媒体宣传，达到了良好的推广效果。这样做最大的好处就是，你不用担心自己哪一半广告费产生了效果，因为压根就没有广告费，当然效果是白送的。具体做法就是先联系了几家有影响力的媒体，发给它们一些不错的薰衣草庄园照片和介绍，邀请它们"第一个"来体验并做专题报道，只要第一个报道出来后一定要善加利用，用它来激发与不同类型媒体的合作，这种免费宣传方式在项目初期比较好用，所以一定要抓紧时间发挥到极致，因为专题报道的传播效果要远胜于直接投放广告的效果。

接下来找准那些意见领袖和容易受人影响的群体。网络营销渠道同样多如牛毛，没有最好，只有更适合。首先，根据薰衣草庄园的特点，"薰衣草庄园"规划了网站，为网络营销打下基础。当然在做第一个网站时切忌华丽，要以实用为准绳，做到将项目最好的一面简洁明了地展示出来。很多企业网站就吃了华而不实的亏，不但找信息困难，对网络带宽的要求也高，不利于被大规模推广。其次，"薰衣草庄园"选择了10种推广方式进行精耕细作，分别是：网站SEO优化、论坛发帖推广、SNS社区口碑推广、美女推广、旅游路书推广、海量信息发布、网站合作、企业电子邮箱推广、QQ群及MSN群推广、网络视频推广等。同样，这些渠道也都是免费的，主要的投入都在人力成本上。

薰衣草庄园的成功很好地解答了三个营销难题：一是中小企业如何开辟蓝海？二是没有充裕的营销费用，如何撬动大市场？三是怎样弥补产品天生劣势，化被动为主动？

（资料来源：http：//wenku.baidu.com）

案例二：旅游策划的创意力量！

数年前，一个叫孙炯的年轻人根据20世纪30年代的小说和电影《消失的地平线》为西方人提供了关于"香格里拉"的想象而把中甸县策划改名为香格里拉县的。当你随便问起哪怕当地的出租车司机：喜欢自己的家乡被叫做"中甸"还是"香格里拉"？都会说："香格里拉。叫中甸，我们没钱赚。"老百姓朴素的语言对旅游策划和创意的力量概括得多么准确啊！

交广传媒旅游策划营销机构认为：创意的力量正在颠覆旅游业界：携程让机票和酒店实现了远程销售、杭州宋城景区与虚拟网络游戏的结合，而如家让更多的人想到了身边的居民房也可以开成连锁旅店等强大的创意力量正在将全世界的资源像"变形金刚"一般重新组合。请看以下案例：

1. 中国（宁海）徐霞客开游节

自 2001 年宁波市人民政府和宁海县人民政府决定，从 2002 年起每年的 5 月 19 日前后，举办规模宏大的"中国（宁海）徐霞客开游节"，从旅游市场角度上，打出了徐霞客的牌子，2006 年"中国十大当代徐霞客"首次评选活动，更加吸引了数百万人关注徐霞客与宁海，使得当代徐霞客们的传奇风采和宁海人的执着大气，一时成为街谈巷议的热门话题之一。

同时将推出了中国首届"徐霞客旅游带"旅游合作峰会，进一步弘扬徐霞客精神，将名人文化和旅游市场有机结合起来，倾力打造新的黄金旅游线，真正把"霞客之旅"打造成为旅游业的重要品牌，促进旅游业的可持续发展。

从前四届开游节的情况来看，文化创意对宁海旅游的最直接影响是带动旅游投资热潮和景区的开发，第一届开游节天河景区对外营业，并带动了前童古镇的开发，第二届野鹤湫风景区对外营业，并带动了梁皇山风景区的开发等。

据 2006 年 9 月统计，宁海县直接从事旅游行业人员达到 2 200 余名。仅 2006 年，宁海共接待国内游客 160 万人次，同比增长 35%；旅游总收入 8.83 亿元，同比增长 35%；接待入境游客 7 640 人次，同比增长 29%，实现外汇收入 249 万美元，同比增长 35%。全县旅游经济呈现出快速增长的良好态势。

2. 周口店猿人头像

周口店自主开发猿人头像等十几种纪念品，并将猿人头像申请了国家专利。在"首届文化旅游产品设计大赛"中获得铜奖。猿人头像系列纪念品分为多种材质，包括纯铜、石膏、树脂、大理石、汉白玉等。因为材质的不同，价位也有高低之分。不过，整体而言，价位并不高。

例如：黄铜制作的猿人头像售价 198 元，一般游客都能接受其价位。很多游客参观完博物馆后都喜欢把猿人头像带回家摆放，或者作为礼物送给亲戚朋友。猿人头像也是周口店遗址博物馆纪念品中销售最好的产品。

同时，周口店遗址博物馆还发明了一种高科技技术——"动物魔法卡片"。周口店遗址博物馆有关负责人介绍，观众只要将"动物魔法卡片"戴在头上，电脑会经过识别，将图像传输到电视屏幕上。这样观众就可以从不同角度看到 50 万年前已灭绝的古动物的样子。目前首批"复活"的动物包括肿骨大角鹿、剑齿虎、披毛犀等十余种类。

3. 宋城千古情

这样成功的案例在杭州也有一些，如万事利集团将文化创意和书画艺术引入丝绸产品，生产出上百种高档礼品，被国家领导人选为赠送外国元首的国礼。尤其值得一提的是"宋城千古情"。

宋城一开始只是一个空穴来风的人工景点，拥有一些仿古建筑。大家都说旅游业需要景点，但是景点旅游只占旅游业的30％，全球旅游业的70％还是文化旅游、休闲旅游，而不是国内常见的赶场似的旅游，放羊一样的看景点、拍照，根本不可能留住顾客。

但是宋城集团创造性地把南宋的百姓生活形态复活到具体的场景中，结合"宋城千古情"的文艺演出，丰富了夜间休闲，把一个人工景点做成了全国效益最好的"创意旅游"点。

4. 大熊猫粪便纪念品

成都大熊猫基地已经开发了10多种以大熊猫为主题的旅游纪念品。为了增加纪念品的附加值，大熊猫粪便纪念品还附有收藏证和一根大熊猫毛。很多外国游人到成都看完憨态可掬的熊猫后，都特别想带走有关熊猫的东西，但目前有特色的纪念品却很少，这些大熊猫便粪纪念品便正好满足了这些远道而来的贵宾的需求。一群来自新加坡的游人甚至愿意出三四千元的高价买下这些大熊猫粪便纪念品带回国去，赠送给自己的亲朋好友。

创意就是在低价交易环境中获得高价利润的游戏，是一种在拥挤的旅游市场中使自己与众不同的方式。创意是头脑风暴，是旅游知识经济的密集反映，是知识经济中思维价值的创造。总之，旅游卖的不是资源而是创意。

如何规划旅游城市新形象，如何推广旅游景区（点），使之成为人们旅游休闲热点？在面对林林总总的传播信息时，如何让旅游者在无数的类似信息中"眼前一亮"，需要创新与设计。如何设计极有创意的传播信息，拉近与旅游者的距离，并从中让旅游者产生美感，必将成为未来传播的主旨。

可以预见，创新传播信息正从单纯的功能需求演变成一种旅游企业必须具备的竞争力。

（资料来源：http://www.chinacpx.com）

【情境模拟】

某旅游宾馆决定运用"头脑风暴法"，结合"2011年中华文化游"主题，确定该宾馆2011年的促销主题。请你根据这项任务，说明如何组织这次策划会。

【实战演练】

1. 为了应对全球变暖以及可能爆发的大规模洪水，俄罗斯建筑师亚历山大·雷米佐夫设计了一种未来节能型酒店项目"方舟"，它既可以在海上也可以在陆地上建造。这种设计思路属于一种什么类型的创造性思维。根据这种思维还可以如何设计未来的酒店？

2. 王先生出席旅游公司的营销传播策略头脑风暴会，他刚发言，就被主持人打断了，并受到批评。你认为主持人这样做合适吗？为什么？

3. 某旅游企业要召开一次旅游新线路开发策划会议，这项工作由企业公关部来承担，如果你是公关部的负责人，你如何来组织这次策划会，并保证会议的效率？

4. 美国拉斯维加斯的恺撒宫大酒店，它的管理新思维就是宁可给客人占便宜，也不要得罪客人。有一年，一位游客预订了每晚159元的标准房，但到酒店后，发现预订的房间已经没有了，于是接待的服务员问可不可以升级到259元的房间，但是要多付100元。游客当然不愿意，服务员思考了一下，然后说，那么给你升级到2 500元的豪华房间，游客听了觉得奇怪，本来已经不愿意多付100元，现在却要升级到2 500元的豪华房间，这多出来的钱我更不愿意付了。不过，服务员笑眯眯地说，如果升级到2 500元的豪华房间是不要你多付钱的，还是按照159元收费。后来这位游客特意找了他们的经理询问，为什么住259元的普通房间要多付差额，反而2 500元的豪华房间，你们可以慷慨提供？

如果当时你是这位酒店的服务员，你会怎么做？你觉得这个酒店的这种做法值得提倡吗？如果你是该酒店的经理，你会怎样回答游客的问题？这个酒店奉行的是一种什么样的管理思维？

工作任务二 制订公关策划方案

【任务导入】

某旅游景区要针对即将到来的国庆长假，举行一系列促销活动，活动主题应该是什么？围绕主题应该开展什么样的活动？请你帮助该企业进行公关促销活动策划，并撰写公关策划书。

【任务分析】

以当地的某旅游景区为背景，结合国庆长假，进行旅游公关活动策划，从活动目标、活动主题、活动内容、活动模式、媒介宣传、经费预算、应急预案等方面进行策划，并撰写公关策划书。

【任务实施】

资讯：

1. 公关策划的步骤及内容有哪些？

2. 公关策划书的要素与格式是什么？

3. 如何审核公关策划书？

决策：

1. 如何制订公关策划方案？

2. 如何审核公关策划方案？

计划：

1. 完成任务的步骤有哪些？

2. 人员如何进行分工？

3. 策划地点如何确定？

4. 需要哪些设备与工具？

实施：

1. 分组确定公关活动目标与主题。

2. 分组讨论公关活动的形式与内容。

3. 分组撰写公关活动策划书。

4. 小组之间互评公关活动策划方案。

检查：

1. 策划的程序是否规范、科学？

2. 策划方案是否有创意且可行？

3. 对策划方案的审核是否认真、全面？

评估：

工作任务评估表

考 评 项 目		自我评估	小组评估	教师评估
团队合作 40%	沟通能力			
	协作精神			
工作成果评定 30%	任务方案			
	实施过程			
	工具使用			
	完成情况			
工作态度 20%	工作纪律			
	敬业精神			
	有责任心			
工作角色、创新 10%	角色认知			
	创新精神			
综合评估 100%				

【知识链接】

一、公关策划的步骤

(一)公关活动目标的策划

1. 确定公关活动目标

经过调查分析，对旅游企业状况有了了解，就可以确定企业公共关系目标。由于企业存在问题的量与解决问题的能力之间的矛盾，因此在确定目标时，应将所有问题排队整理，对近期重要目标、近期次要目标、长期主要目标等分出轻重缓急，以建立一个线索清晰的企业公共关系目标体系。

根据公共关系活动的要求，企业公共关系目标按其作用可分为四类：传播信息、增进感情、转变态度、引起行为。

由于每个目标还可分为更小的目标，因此旅游企业公共关系人员应当尽量将公共关系目标具体化，用定性指标和定量指标分别将它们表示出来，并具体确定目标实现的时间。只有如此，才便于公共关系工作的实施和检验。

2. 确定目标公众

所谓目标公众，即指旅游企业公共关系目标所涉及的公众。要实现公共关系目标，就必须首先确定目标公众。企业公共关系人员在确定公共关系目标时，必须对公众进行辨别、分类，划分出关键的、重要的、一般的公众等，并进一步明确各类公众的组成、居住地、主要角色和他们的各自特点等。

(二)公关活动主题策划

1. 确定活动主题

公共关系目标的实现，有赖于企业公共关系活动的开展。每项大规模的公共关系活动，都是由一系列较小的活动项目组成的。要使这些活动围绕实现公共关系的目标而展开，就必须有一个主题主导整个活动，联系所有项目。

有了明确的主题，公共关系活动便形成有机的体系。公共关系活动要围绕这个主题展开，每一篇讲演稿、每一张宣传画、每一本小册子、每一条广告，都要体现这个统一的主题。

公共关系活动的主题，可以用多种形式表现出来。它可以是一句简单的口号，也可以是一段简练的陈述。但它们都要起到主导、联结整个公共关系活动的作用。在内容上，主题必须含义清楚、观点鲜明、中肯诚实、便于记忆。尤其要注意的是，主题不能华而不实，与企业的实际情况不相符。否则，当企业难以实现承诺时，便会导致失去公众信任、损害企业形象的结果。

【观点链接 7-1】

公关主题词设计要求

(1)紧扣主题，紧紧围绕特定的公关目标；

(2)亲切感人，给目标公众以较强的亲和力；

(3)新颖别致，给目标公众以新奇感和新鲜感；

(4)短小精悍，使目标公众易记，易懂。

(资料来源：http：//baike.baidu.com)

2. 确定活动项目

公关活动项目是针对目标公众、围绕公共关系主题，为实现企业公共关系目标而开展的一系列有组织的活动。不同的目标和主题，要求开展不同的活动项目。较受企业重视和采用的公共关系活动项目，主要有新闻发布会、座谈会、研究会、接待参观访问、举办纪念庆祝活动、赞助社会公益事业、记者招待会等。

(三)公关活动模式策划

不同类型、不同规模的旅游企业或同一企业的不同发展阶段，或同一阶段中针对的不同公众对象及公共关系目标和任务，需要采取不同的公共关系活动方式。

1. 建设型公关活动模式

采取宣传和交际的方式，向公众主动作自我介绍，主动结识各方朋友，努力让更多的人知道自己、了解自己，从而进一步接受自己。它的主要功能是提高企业的知名度，启发引导公众对企业的认识、好感和信赖。建设型公关活动主要适用于企业开创阶段以及某项服务、产品的初创问世阶段，为提高知名度，一般采用高姿态的传播方式，如开业广告、开业庆典、免费招待等。

2. 维系型公关活动模式

是通过各种传播媒介，以较低姿态，持续不断地向公众传送组织的各种信息，在不知不觉中造成并维持一种有利的气氛，使企业的良好形象潜移默化地留存于公众的长期记忆系统中。这一方法适用于企业的稳定、顺利发展时期。如保持一定的见报率，长期树立在高大建筑物上的企业名称、标志等巨型广告；逢年过节对常客的拜访、慰问，对老关系客户实行适当的优惠或奖励制度等。

3. 防御型公关活动模式

主要是发挥企业的内部职能，及时地向决策层和各业务部门提供外部信息，特别是反映批评意见的信息、提出改进的参考方案，协助企业各部门协调内部员工关系，以防为主，堵塞漏洞。防御型公关活动适用于企业出现潜在的公共关系危机的情况。

4. 矫正型公关活动模式

是在企业公共关系出现严重失调、企业形象遭到严重损害的情况下，立即采取一系列有效措施，配合企业的其他部门改造被损害的形象，挽回企业的声誉。一般分为外部矫正和内部矫正两方面。

外部矫正是指由于外在的某种误解、谣言，甚至人为的破坏，损害了企业的形象。为此，公共关系部门应迅速查清原因，公布真相，澄清事实，纠正或消除损害形象的因素。

内部矫正是由于企业内在的不完善造成产品质量、服务态度、服务质量、管理政策、经营方针等方面出现问题，从而导致对外公共关系严重失调。这时，公共关系部门应设计暂时降低企业知名度的方案，尽量控制影响范围，同时将外界舆论反馈给决策者和其他有关部门，分析公共关系失调的原因，提出纠正的措施，并协助有关部门解决实际问题，利用各种方式向传媒和公众及时公布纠正的措施和进展情况，以平息风波，恢复信任。

5. 进攻型公关活动模式

适用于企业系统与环境发生某种冲突、摩擦的时候，为了摆脱被动，开创新局面，抓住有利时机和条件，改变决策，进行迅速调整。该方法可使企业避免受环境的消极影响；改变企业对原有社会环境的依赖型关系；不断拓展新的市场和开发新的产品，吸收新的顾客群；组织同行业联合会进行协作与交流，尽量减少与竞争者之间的摩擦等。

6. 宣传型公关活动模式

利用各种传播媒介迅速地将企业内部信息传送出去，以加强公众对旅游企业的了解程度，形成有利的社会舆论。其具体形式包括发新闻稿、制作公共关系广告、印刷发行公共关系刊物和各种视听资料、举行各种大型活动或表演等。宣传型公关活动的特点是主导性强、时效性强，能有效地利用传播媒介沟通企业与公众的关系。

7. 交际型公关活动模式

是通过无媒介的人与人的直接接触，为企业广结良缘，建立广泛的社会关系。主要包括社团交际和个人交际，如宴会、座谈会、招待会、专访、慰问、电话沟通、亲笔信函等。它具有直接性、灵活性和人情味的特点，能使人际间的沟通进入"情感"的层次。

8. 服务型公关活动模式

以各种实惠的服务为媒介，向公众提供各种实实在在的服务，以期获得公众的了解和好评。如各种消费教育、消费培训与指导、售后服务、免费保修以及各种完善的服务措施等。服务型公关活动对于一家旅游企业来说是至关重要的。

9. 社会型公关活动模式

是利用举办各种社会性、文化性、公益性、赞助性的活动来开展公共关系的模式。其目的在于塑造企业形象、社区公民形象，以提高企业整体的社会知名度和美誉度。具体形式有赞助文化、教育、体育、卫生等事业，支持社区福利慈善事业，扶持新生事物，参与国家、社区的重大活动并提供赞助等。其特点是着眼于整体形象和长远利益，公益性强、文化性强、影响力大，同时成本也比较高。

10. 征询型公关活动模式

公共关系人员以搜集信息、舆论调查、民意测验、参与决策等为手段，以民意代表的姿态出现，及时对民意和舆论情况做出反应，为企业的经营管理决策提供参谋，实现企业与社会环境之间的动态平衡。具体形式包括开办各种咨询业务；建立来访来信制度和宾客意见征询制度；设立热线电话；接受和处理投诉等。征询型公关活动的特点是通过日积月累的努力，逐步形成良好的信息网络。

11. 文化型公关活动模式

是指组织在公关活动中有意识地进行文化定位，展现文化主题，借助文化载体，进行文化包装，提高文化品位的公共活动模式。这种模式的特点是找出饭店文化与公众文化的结合点，使公关活动能够与企业文化和公众文化有机结合，通过活动，让公众认可公关活动中所包含的文化内容，从而产生对组织有利的行为。

12. 网络型公关活动模式

是指社会组织借助互联网络、计算机通信和数字交互式媒体，在网络环境下实现组织与内外公众双向信息沟通，与网上公众协调关系的公关活动模式。这种模式的特点是通过网上调查与网上推广等形式，拓宽传播渠道，建立良好的公众关系，扩大饭店知名度，塑造组织形象。

【观点链接 7-2】

网络公关的形式

（1）网上新闻发布（网络媒体新闻）、网上新闻发布会。

主要平台：网络门户或网络媒体。一般有以下几种类型：

第一种：综合性门户网站。

第二种：行业性门户网站或媒体。

第三种：新闻媒体的网络版。

第四种：网络出版物。

（2）BBS 论坛或社区公关。

主要平台：门户网站专业 BBS 论坛及专业社区网站等。以下列举几种典型的情况：

第一，门户网站或行业门户的专业 BBS 论坛。

第二，专业社区网站。

第三，网络媒体开设的论坛。

（3）网上公关活动。

与线下的公关活动相对应，网上的公关活动主要是指企业在网络上开展或组织的企业公关活动。

主要平台：重要媒体网站、门户网站、SNS 社区、论坛网站等。

（资料来源：http://baike.baidu.com）

(四)公关活动传播媒介策划

在公共关系活动策划中,根据公共关系目标的要求,选择最佳的传播媒介,是提高公共关系成功率的重要保证。传播媒介的选择是一项复杂的工作,公共关系人员必须对各种传播媒介有深入、全面的了解,采用适合公众口味的信息传播行为,才能把企业的有关信息传递给目标公众并为目标公众所接受。

一般来说,可供企业实施公共关系计划选择的传播媒介归纳起来有三类:人际传播媒介、企业自控媒介和大众传播媒介。各种传播媒介各有所长,只有选择恰当的传播媒介,才能事半功倍,取得良好的传播效果。选择传播媒介的基本原则有以下几个方面。

1. 根据公共关系工作的目标、要求选择传播媒介

各种传播媒介都有其特定的功能,适合为公共关系的某一目标服务。选择传播媒介,首先应着眼于企业公共关系的目标和要求。如果公共关系活动的目标是为了提高企业的知名度,则可以选择大众传播媒介。如果公共关系活动的目标是为了沟通与内部员工的关系,增强员工对企业的了解和支持,则可以选择人际传播媒介和企业自控传播媒介进行。

2. 根据不同的目标公众对象选择传播媒介

不同的目标公众对象适用于不同的传播媒介。要想使信息有效地传达给目标公众,就必须考虑到目标公众的经济状况、教育程度、职业习惯、生活方式以及他们通常接受信息的习惯等。然后,再根据这些情况分析决定选用什么样的媒介。比如,对喜欢阅读思考的知识分子,采用报纸、杂志等传播媒介,信息传播的效果就比较好。

3. 根据传播内容选择传播媒介

选择传播媒介时,应将信息内容的特点和各种传播媒介的优缺点结合起来综合考虑。需要注意的是:只对本地区有意义的信息,就不必选用全国性的传播媒介;只对部分特定公众有意义的信息,也不必采用大众传播媒介;而与个别投诉顾客的沟通,则只需要面对面商谈或采用书信等人际传播媒介。

4. 根据经济条件选择传播媒介

在公共关系活动中,运用各种传播媒介都需要支付一定的费用,特别是运用大众传播媒介通常需要较高的费用。因此,公共关系人员在选择传播媒介时,还应考虑企业自身的经济承受能力,精打细算地选择恰当的传播媒介和方式,尽可能以最少的费用争取最好的传播效果。

(五)人员、经费及时间的预算

在确定公共关系目标及项目之后,还应对所需要的人员、费用和时间进行预算,它可以避免人力、财力和时间上的浪费,实行良好的监督和管理,从而保证企业公共关系工作的顺利开展。

1. 人员预算

人员预算就是指对实现既定公共关系目标所需的人力成本进行预算。这种预算对于聘用公关公司的人员,开展公共关系工作的企业来说尤为重要。因为它直接关系到企业公共关系活动费用的支付。设有公共关系部的旅游企业也需要进行人员预算,以便了解人力状况,决定人员的调配和聘用。

2. 经费预算

公共关系经费预算的项目主要有劳务报酬、宣传费用、器材费用、实际活动费用、调查研究所需费用、培训费、各种赞助费、行政办公费等。

3. 时间预算

时间预算是指对实现公共关系目标所需时间进行的预算，也就是为实现公共关系具体目标而制定的时间表。通过时间预算，规定各个时期的具体工作内容，以便企业公共关系人员按部就班地进行公共关系工作。

在进行时间预算时必须考虑到一个关键的因素，即时机因素。因为这一因素常常会决定公共关系计划实施的成败。正确选择时机，应该注意以下几点。

（1）避开或利用重大节日

同重大节日没有任何联系的公共关系活动，都应该避开节日，以免被节日活动冲淡。同重大节日有直接或间接联系的公共关系计划，则可以考虑利用节日烘托气氛，扩大公共关系活动的影响。

（2）避开或利用国内外的重大事件

需要广为宣传的公共关系活动，都应避开国内外重大事件，以免被重大事件所冲淡。需要为大众所知，又希望减少震动的活动，则可选择在重大事件发生之时，这样可借助重大事件的影响，减少舆论的压力。

（3）不宜同时开展几项活动

不宜在同一天或同一段时间里，同时开展两项或多项重大的公共关系活动，以免其效果相互抵消。

(六)应急程序设计

一个完善的公关活动计划，一定要有应急的程序计划，一般来说，应急的程序计划有下列几项。

1. 保安的措施

保安措施包括在活动期间所有人员特别是首长、嘉宾的保卫工作，包括与会人员的行为秩序，人员和车辆的导流路线。设备安全如舞台等行人坐立行走设施、高空架设物、用电设备、机械设备，或者像气球一类易燃易爆物品的安全使用措施。每一项都不能掉以轻心，要有一个周详的安全使用计划。

2. 保健措施

假如参加活动人员多，各人身体条件情况复杂，尤其是有老人或小孩参加的活动，保护措施就要考虑周全，常见的户外活动有不少人被太阳晒久了容易晕倒，所以要求大型活动配备医护人员及用于急救的车辆。保健措施基本都被列入公众活动的常见项了。

3. 意外发生时人员疏散计划

策划时对意外事故的发生，要充分预测，并制定出相应的应急措施。较大型的活动，一定要制订一套意外人员疏导计划，以防万一。

4. 防火措施

尤其是有易燃易爆物品时，必须事先备好防火措施。

5. 户外雨天工作程序

假如是户外活动，预防下雨几乎成了必然的议题。之前，当然是通过气象台预测天气，采取相应的措施。但即使有气象台预测天气也不能掉以轻心，尤其是在天气不稳定的情况下，必须准备好雨天工作程序。

二、公关策划方案的撰写

公关策划方案当无定式，策划者一般根据实际的需要和自己的文笔风格来撰写。但无论方案形式、内容有着如何的差别，理应包含的基本要素都不可或缺。一份完整的策划方案应当具备 5W、2H、1E：What（什么）——策划的目的、内容；Who（谁）——策划组织者、策划者、策划所涉及的公众；Where（何处）——策划实施地点；When（何时）——策划实施时机；Why（为什么）——策划的缘由；How（如何）——策划的方法和实施形式；How much（多少）——策划的预算；Effect（效果）——策划结果的预测。上述 8 个要素即是一份完整的公共关系策划方案应当具备的基本骨架。针对不同组织不同内容与形式的公共关系策划方案，应当围绕这 8 个要素，根据自己的需要去进行丰富完善和组合搭配，公关策划方案的创意与个性风格，就存在于对要素的丰富完善和组合搭配的差异之中。

公关策划方案的基本格式，大致包括下列五项。

(一)封面

策划方案的封面不必如书籍装帧那样去考虑其设计的精美，但文字书写及排列应大小协调、布局合理，纸张只要略比正文厚些即可。封面内容一般包括：①题目。题目必须具体清楚，让人一目了然。②策划者单位或个人名称。方案如系群体或组织完成，可署名"某某公共关系公司""某某专家策划团"或"某公司公共关系部"，对其中起主要作用的个人也可在单位名称之后署名，如"总策划某某某""策划总监某某某"等。方案如系个人完成则直接署名：策划人某某某。③策划文案完成日期。写明年月日甚至具体时间。④编号。比如根据策划方案顺序的编号，根据方案的重要性或保密程度的编号或根据方案管理的分类编号等。⑤在需要的情况下，可考虑在封面上简洁地加上说明文字或内容提要。⑥如策划方案尚属草稿或初稿，还应在标题下括号注明，写上"草案""讨论稿""征求意见稿"等字样。如果前有"草稿"，决策拍板后的策划方案就应注明"修订稿""实施稿""执行稿"等字样。

(二)序文

并非所有策划方案都需加序，除非方案内容较多较复杂，才有必要以简洁的文字作为一个引导或提示。

(三)目录

目录是标题的细化和明确化，要做到让读者通过看标题和目录后，便知整个方案的概貌。

(四)正文

正文即是对前述 8 个要素的表述和演绎。其主要内容有：①活动背景分析；②活动主题；③活动宗旨与目标；④基本活动程序；⑤传播与沟通方案；⑥经费概算；⑦效果预测。

正文的写作需要周到，但应以纲目式为好，不必过分详尽地去加以描述渲染，也不要给人以头绪繁多杂乱或干涩枯燥的感觉。

(五)附件

重要的附件通常有：①活动筹备工作日程推进表。②有关人员职责分配表。③经费开支明细预算表。④活动所需物品一览表。⑤场地使用安排表。⑥相关资料。主要是提供决策者参考的辅助性材料，不一定每份方案都需要，例如完整的或专项的调查报告、新闻文稿范本、演讲词草稿、相关法规文件、平面广告设计草图、电视片脚本、纪念品设计图等。⑦注意事项。即将策划方案实施过程中应当注意的事项作一重点集中的提示。比如完成活动需事前促成的其他条件、活动实施指挥者应当拥有的临时特殊权限、需决策者出面对各部门的协调、遇到特殊情况时的应变措施等。

三、公关策划方案的审核

审核公关策划方案主要从以下几方面进行。

(一)形式结构方面

1. 内容框架是否全面恰当。

2. 附件的情况怎样。

(二)分析方面

1. 分析是否基于全面准确的信息(包括调查得到的资料信息),而不是拍脑袋想当然。

2. 分析是否客观准确。

3. 分析是否清晰。

4. 分析是否周到深入。比如正反两面、优势劣势、竞争情况、上级下级、短期长期等方方面面。

(三)策略方面

1. 主题、定位是否明晰准确。

2. 策略措施是否得当。

3. 方案选择是否能尽量好地满足公众或相关方面的需求。

4. 方案是否尽量协调好各方利益。

5. 策略选择是否理据充足(上中下三策)。

6. 构思是否有创意。

(四)程序方面

1. 操作次序是否得当。

2. 操作环节是否全面。

3. 主要安排是否周到细致。

4. 主攻方向、主攻对象是否找准,主攻方式是否与之相符。

5. 重点难点是否解决。

6. 计划安排是否精细。

7. 人力、物力、财力和时间的安排是否合理,以达到最优化效果。

(五)预测、监控和效果方面

1. 预备资金与应用资金的比例是否恰当。

2. 预测、监控体系(如保证措施)如何。

3. 可执行度如何(时间、地点、条件,天时、地利、人和,政治尺度、技术尺度、经济尺度、伦理尺度)。

4. 整个方案亮点在哪里。

5. 是否考虑到可能出现的问题及对策,或是否有应变机制,包括对可能失败的补救应变措施。

【职场案例】

案例一：节庆活动　营造浓浓旅游氛围

特色节庆活动不但可以塑造地区的旅游形象，提高地区知名度，还可以宣传推介当地旅游、吸引旅游资源，对拉动旅游经济发展具有重要作用。2010年，大连金石滩旅游度假区旅游部门精心组织承办的各项节庆活动，为度假区旅游营造了浓厚氛围。

4月1日，以发现王国重新开园为契机，以"欢乐辽宁·快乐启程"为主题的"2010辽宁旅游欢乐节"启幕，率先拉开了全省春季旅游的帷幕。

4月18日，首次承办的"第24届'体育彩票杯'大连国际马拉松赛"暨"2010'全日空杯'全国马拉松冠军赛"预选赛在新区举办，共有来自世界5大洲21个国家和地区的1万余名选手报名参赛。

6月16日至30日，举办了"2010大连（金州新区）国际樱桃节"，期间，通过举办"海外游客大樱桃之旅""百城电视台台长采风""樱桃之约"公益集体婚礼、"金州菜系农家菜美食大赛及金州菜系"品牌店挂牌等20余项活动，实现了旅游综合收入6亿元，带动农民增收3.715亿元。与此同时，新区还与台湾旅游同业者协会联袂推出了"大樱桃之旅"，共有10架包机1 000余名台湾等海外游客参与了本届国际樱桃节，实现了大连国际樱桃节历史上的新突破。

7月18日，为期一个多月的"第七届大连国际沙滩文化节"在金石滩举行，市民沙雕大赛、沙滩足球、国际沙滩极限飞盘公开赛、发现王国夏季狂欢夜场盛典等一系列富有趣味性和挑战性的活动，吸引了数以百万计大连市民和海内外游客的目光。

10月15日，推出的旅游资源和产品走向第七届东亚国际旅游博览会，共推出常规旅游资源、旅游温泉、高尔夫旅游等6个展区。

在节庆活动的推动下，今年1～10月，度假区累计接待中外游客845万人次（其中海外游客11.5万人次），同比增长8.1％；实现旅游收入62.8亿元，同比增长10.6％，游客人数和旅游收入实现了双增长的良好局面。

（资料来源：http：//www.dltour.gov.cn）

案例二：长城、毛驴、洋人

1983年，中国第一家五星级宾馆，也是第一家中美合资的宾馆——北京长城饭店正式开张营业。按照通常的做法，开业伊始应该在中外报刊、电台、电视台做广告等。这笔费用是十分昂贵的。一开始，北京长城饭店在美国的几家报纸上登过几次广告，后来因为经费不足，收效不佳，只好停止。广告攻势虽然停止了，但公关活动却没有停。

北京市整修慕田峪长城、准备开放之际，北京长城饭店不失时机地向慕田峪长城管理处提出由他们来举办一次招待外国记者的活动，一切费用都由北京长城饭店负担，双方很快便达成了协议。记者游长城那天，长城饭店在慕田峪长城脚下准备了一批毛驴，毛驴是中国古代传统的代步工具，既能骑，也能驮东西；这次他们除了准备一批毛驴提供给愿意骑的记者之外，主要在毛驴背上驮上饮料和食品。当记者陆续来到了山顶之际，主人从毛驴背上取下法国香槟，在长城上打开供记者们饮用。长城、毛驴、洋人，记者们觉得这个镜头对比太鲜明了，连呼"Wonderful"，纷纷举起相机。照片发回编辑部，也使编辑们甚为动心。于是，第二天世界各地的报纸几乎都登出了慕田峪长城照片，并提到长城饭店，这一家以长城命名的饭店名声也随之大振。

（资料来源：杜笙. 瞒天三步：总统入局当代言[J]. 经营管理者，2008(1)：78—81）

【情境模拟】

某旅行社在每年的高考期间，通过为参加高考的学生服务来提升旅行社的企业形象，请你为旅行社策划一次公关活动，并撰写公关活动策划书。

【实战演练】

1. 公司小张是新到公关部工作的，经理问他策划书应该怎么写？小张回答得非常正确。你知道他是如何回答的吗？

2. 元旦快到了，当地某家旅行社拟推出一些新的旅游线路，请你为该企业策划一次公关活动，并撰写策划书。

3. 当地旅游局拟在世博会期间举办露天旅游产品宣传活动。为保证活动的顺利进行，应急计划必不可少。请问：该活动的应急计划应该包括哪些主要内容？

学习情境八

专题活动的策划与实施

●●●● 情境描述

　　旅游企业的公关专题活动是指以旅游企业公共关系为主题，有计划地开展各种有特定目的和内容的形象传播活动。这类活动如果策划与操作得当，能引起社会各界对企业的广泛兴趣和关注，有助于提高旅游企业的知名度和凝聚力，从而树立企业的良好形象。本学习情境通过公关专题活动的策划、公关专题活动的实施两大工作任务的学习与实践，掌握庆典活动、销售公关活动、危机公关活动、赞助活动等公关专题的策划与实施要点，并能够为旅游企业组织各种类型的公关专题活动，提高企业的知名度和美誉度。

●●●● 职业能力目标

专业能力：

能联络活动现场；

能布置活动场地；

能使用投影仪、幻灯机、照相机和摄像机；

能制订具体的行动方案；

能按要求执行活动方案；

能对公关专题活动进行管理；

能编制活动预算；

能对专题活动进行现场监控。

方法能力：

能够根据企业的实际情况，策划有针对性的公关专题活动；

能够灵活运用各种策划的方法；

能够掌握各类专题活动实施的技巧。

社会能力：

具有强烈的职业意识；

具有良好的沟通能力；

具有敏锐的观察力；

具有一定的分析判断力；

具有一定的创造性；

具有强烈的责任心；

具有一定的合作精神。

工作任务一　公关专题活动的策划

【任务导入】

某饭店准备进行十周年庆典活动，作为该饭店的公关人员，请你为饭店准备相关资料，写一份邀请市长参加庆典活动的请柬，并为来宾中的某饭店老总撰写一篇庆典祝词，为媒体提供一份公关新闻，编写一期公关简报。

【任务分析】

以当地某旅游企业为背景，策划一次公关专题活动，本次工作任务是帮助当地的某饭店策划一次十周年庆典活动，同时制作请柬、拟定庆典祝词、撰写新闻稿、编写公关简报。

【任务实施】

资讯：

1. 公关专题活动的类型有哪些？每种类型的活动在策划时要掌握哪些要点？

2. 庆典活动策划的要点有哪些？

3. 如何编写公关专题策划方案？

4. 请柬、祝词、新闻稿、公关简报写作有哪些要求？

决策：

1. 庆典活动策划的主题是什么？

2. 庆典活动内容有哪些？

计划：

1. 制定完成任务的步骤。

2. 对人员进行分工。

3. 对完成任务的时间进行部署。

4. 对完成任务所需要的资料如何进行搜集。

实施：

1. 搜集完成任务所需的各项资料。

2. 分组进行庆典活动的策划。

3. 撰写庆典活动方案。

4. 请柬、祝词、新闻稿、公关简报的写作。

检查：

1. 活动的主题是否鲜明？

2. 策划流程是否规范？

3. 策划方案是否科学、可行？

4. 各类写作是否符合要求？

评估：

工作任务评估表

考评项目		自我评估	小组评估	教师评估
团队合作40%	沟通能力			
	协作精神			
工作成果评定30%	任务方案			
	实施过程			
	工具使用			
	完成情况			
工作态度20%	工作纪律			
	敬业精神			
	有责任心			
工作角色、创新10%	角色认知			
	创新精神			
综合评估100%				

【知识链接】

旅游企业公关专题活动涉及范围广泛，内容丰富，对公众的吸引力也特别大。它们的特点是：每项活动都有明确而突出的主题，并且每次活动都需要综合运用各种传播沟通方式以强化传播效果，能较明显地引起社会舆论的关注、制造新闻效应。

一、庆典活动策划

(一)庆典公关活动的特征

庆典公关活动一般包括开幕庆典、闭幕庆典、周年庆典、特别庆典和节庆活动等。它要求场面隆重、热烈、丰富多彩，给公众留下强烈而深刻的印象。最好能有"一石激起千重浪"的强烈反响，在社会上获得广泛的响应和支持；并以此为契机，树立企业的良好形象，提高企业的知名度与美誉度。

1. 开幕庆典，即开幕式，就是指第一次与公众见面的，展现组织新风貌的各种庆典活动。

2. 闭幕庆典是组织重要活动的闭幕式或者活动结束时的庆祝仪式。

3. 周年庆典是指组织在发展过程中的包含各种内容的周年纪念活动。

4. 特别庆典是指组织为了提高知名度和声誉，利用某些具有特殊纪念意义的事件或者为了某种特定目的而策划的庆典活动。

5. 节庆活动是指组织在社会公众重要节日时举行或参与的共庆活动，这里的重要节日可以是传统的节日，还可以是改革开放后引入的源自西方的节日。

(二)庆典活动策划的要点

1. 求新、求异

一方面要求公关策划具有独创性，能够吸引公众的注意力；另一方面要善于从相同或相似的事物中发现不同之处，从共性中找出个性。

2. 注意传播

庆典型活动要求具有轰动效应，产生"人人都知道我""人人都爱我"的效果，因此传播尤其重要。庆典型活动离不开传播，而且传播的频率要快、渠道要广、方式要新、内容要奇。例如，电视剧《公关小姐》中的公共关系部经理周颖，在酒店即将开业之际，巧妙地利用中国农历年虎年，策划在酒店大厅摆上一只真的大老虎，以此制造新闻，让公众在争相观看老虎的同时，也了解了中国大酒店。

3. 形式多样

庆典的程序一般为迎接、签到、宣布典礼开始、宣读重要来宾名单、致辞、剪彩等。但为了吸引公众，烘托气氛，也可以安排文艺表演、乐队、游戏、宴请、趣味有奖征答、赠送礼品等。庆典既可以在旅游企业举行，也可以在富有深刻寓意的某地热热闹闹地开场。必须注意庆典活动要形式多样、具有特色和感召力。

4. 严谨有序

庆典活动要气氛热烈、场面壮观。为了使热闹非凡的庆典活动井然有序，必须要有周密严谨的实施步骤与程序。要考虑一切可能的干扰因素以及相应的应急措施，自始至终头脑要冷静，严谨有序地操作。

(三)庆典活动的模式

庆典活动策划多采用宣传型与交际型公关活动模式，其策略可概括为宣传建设型与主动进攻型两种。

宣传型公关活动模式主要是利用各种传播媒介的对外传播，主导性和时效性强，速度快、范围广，能有效地影响公众。

交际型公关活动模式以无媒介的人际交往为主。目的是广交朋友、广结善缘，具有直接性、灵活性和人情味，在不知不觉中实现企业公关的策划目标。

具体讲，庆典公关策划的策略是通过宣传、报道等强有力的传播手段，塑造出旅游企业的良好形象，使传播效果深入人心，最大限度地鼓动人、影响人。方式上要主动积极地打进攻仗，为企业夺取一个又一个成功的"高地"。

二、销售公关活动策划

(一)销售公关活动的特征

销售公关活动是市场营销学中独特的市场营销策略。它的主要特点是通过宣传树立企业形象、扩大影响、争取支持、排除障碍，为企业经营销售创造有利条件，以间接的促销手段达到完成企业利润指标、创收盈利的重要目的。

旅游企业的中心工作是服务，通过服务将旅游服务设施、服务技能、服务规范等同时展现在客人面前，客人当即就可根据自身的体验，对旅游企业的服务形象做出评判。因此，以提供服务设施、出售服务劳动而盈利的旅游企业，必须通过服务来进行销售。只有树立起优良的服务形象，旅游企业才可能获得经济效益和社会赞誉。由此可见，旅游企业促销的根基就在于提高服务质量。

例如，长城饭店成立之际，聘请了美国达拉斯凯饭店富有经验的公共关系经理露西·布朗女士担任该店公共关系部经理。当时人们对公共关系相当陌生，觉得很神秘。一次，有位服务员在打扫房间时，发现客人的床头摊放着一本书，她没有挪动书的位置，也没有信手把书合上，而是细心地在书摊开的地方夹进了一张小纸条，以起书签作用。事后，客人对服务员细致的服务倍加赞赏，并将此事告诉了同来的几十名同事，告诉了她所认识的所有朋友。布朗女士抓住这件小事，告诉大家：这就是公共关系，公共关系需要从细微的服务工作中体现出来，树立完美的形象。

(二)销售公关活动策划的要点

1. 重视推销企业形象

现代公关的推销观，一改传统的"跑单帮"为"全员推销"，把推销商品、推销服务的过程看成是塑造企业形象的过程。公关活动推销的重点不是商品，而是企业的各项优异成果信息，使旅游企业在公众心目中树立起完美的形象，获得公众的支持。良好的社会效益必然会转化为良好的经济效益，这是销售公关策划应特别注意的要则。

2. 注重"名人效应"

销售公关策划中，要注重以"名人效应"来促销，一般来讲，经理的知名度、旅游企业（景点、旅行社、酒店）的知名度、服务水准的知名度当中的核心是企业的知名度。但公众最容易接受、印象最深的却是总经理的知名度和高水平的服务质量。因此，公关策划中宣扬总经理的"名人"策略，绝非只是个人声誉问题，而是与企业形象密切相关的。在日常生活中，公众对总经理的看法往往不是对他个人的评价，而是对企业的评价，总经理几乎是企业的化身。如果一家知名度不高的企业上任了一位声名显赫的企业家，该企业就能名声大振，其间的"名人效应"是不可低估的。

3. 推行全员公关

现代推销倡导的是企业内人人都树立经营意识、公关意识。旅游业是个特别需要公关意识的大行业，它的显著特点是生产与消费在同一地点、同一时间，服务人员的一举一动直接影响着企业的声誉，服务工作与公关工作紧密相连。提高服务质量、树立公关意识，既是技术上、业务上的要求，也是公关工作的要求。因此，全员公关意识是旅游企业公关策划中不容忽视的重要因素。

4. 提高服务质量

在旅游行业里，服务质量既是开展公关工作的基础，又是进行公关工作的内容。销售公关策划应特别注意提高服务质量。完善的服务是密切企业与公众之间关系的桥梁，它包含的不仅是完善的售前、售后服务，还有服务工作中的技能和技巧。同时，完善的服务还应考虑顾客的个性体验、心理需求等多方面因素。

(三)销售公关活动的模式

旅游企业销售公关策划所采取的活动模式，应以服务型公关活动模式为主，其公关策略有实惠型与服务型两种。

实惠型公关活动，是以提供各种实惠服务为主（如消费指导、产品介绍、服务指南、优惠消费等），以此获取社会公众的了解与好评。实惠型公关活动中的一点一滴都渗透着企业的真诚与爱心。

服务型公关活动就是一切从顾客出发、一切为顾客着想，以实实在在的行动获得顾客的好感而达到促销的目的。

三、危机公关活动策划

(一)危机公关活动的特征

旅游企业在与内外环境的关系中，不可避免地会发生摩擦和冲突，这些矛盾与冲突构成了危机。旅游企业危机表现最多的是投诉，投诉者最多的是顾客，当然还包括竞争对手、社区、员工、股东等。

投诉的原因有两种：一种是自身工作没做好，造成不良后果；另一种是公众的误解，个别公众的诬陷与诽谤。两种原因造成的后果都是对旅游企业形象的损害。

危机公关活动的目的就是面对企业形象的损害，设法澄清事实，扭转偏见，将损失降低到最低限度；同时，努力重整旗鼓，将坏事变为好事，维持企业的声誉，扩大企业的影响。

(二)危机公关活动策划的要点

1. 实事求是

客观地面对事实，让投诉者把话讲完；实事求是地对待投诉是成功解决问题的前提。如果是企业的责任，要诚恳道歉并承担一切损失；如果是外部原因或公众误解，就应在调查研究的基础上，掌握充分的证据，澄清事实，消除误会，并感谢投诉者为企业工作提出的宝贵意见。

2. 重视公众利益

公众投诉一般是因个人利益严重受损，难以忍受而产生的一种维护个人正当权益的行为。此时，投诉者往往不可避免地会出现言辞激烈，甚至行为失控的现象。公共关系人员应设身处地为公众着想，站在投诉者的位置上思考问题、分析问题，充分理解投诉者的过激表现，要表现出耐心与诚恳。当企业利益与公众利益发生冲突时，应自觉地将公众利益置于企业利益之上，这是危机公关策划应遵循的要旨。

3. 引导舆论

这是危机公关策划所必须重视的要点。危机产生后，势必影响企业形象，损害企业声誉。公众舆论可以淹没企业，因此危机公关尤其要重视舆论的力量，在公关策划中着意于引导舆论，求得公众的谅解，帮助企业重振声誉。在引导公众舆论的过程中，首先应本着实事求是、有错就改的态度，在良好的态度基础上，积极将企业有关信息通报给社会公众，获得公众情感上的谅解。然后采取积极措施，主动改进工作，从而使企业解除风险、转危为安。

(三)危机公关活动的模式

危机公关活动一般采用防御型与矫正型的公关活动模式。

防御型公关活动模式，是当企业与内外公众发生矛盾的初期，及时采取相应的调整措施，争取主动，防患于未然，避免严重损害企业形象事件的产生。

矫正型公关活动模式，是在企业公关状态严重失调，"形象事故"已经构成的情况下，公关人员采取一系列有效措施，将不利因素尽量缩小；并通过与社会其他部门(如新闻界、公共关系公司、专业技术机构)协同作战，组织修正被损害的形象、挽回企业声誉的活动。

四、赞助活动策划

(一)赞助活动的特征

赞助活动的显著特征，是企业通过某些经济上的资助，获得公众信誉与投资效果。赞助是一种有效的公关活动，通过对社会的捐赠，表现了企业的社会责任感和奉献精神。它是在公众心目中塑造良好形象的重要途径，也是通过实际行动扩大企业影响、增强广告说服力的有效方式。

(二)赞助活动策划的要点

1. 旅游企业公关部门应协助企业领导，对赞助进行研究，根据企业的总体目标以及相关的公关目标，确定赞助的方向和政策。

2. 制订全年赞助计划，其中包括赞助的金额、赞助的范围以及预期要达到的赞助效果等。

赞助的范围和内容，一般以社会公众关心的热点、热线为中心，主要有：

(1)赞助体育比赛

由于体育活动具有极强的竞争性和群众性，体育比赛常常是最能引人注目的时刻。旅游企业赞助一些具有深远意义的体育比赛，通过媒介、体育界的传播效应，能引起公众对企业的关注和好评。

(2)赞助文艺活动

文化艺术活动主要包括音乐会、演唱会、影视节目制作、学术研究、艺术探索、优秀出版物发行等内容，对这方面的赞助，通常能广泛引起公众的关注。特别是有影响的文艺竞赛，会产生新的歌星、舞星、影星，在这些新秀获得公众认可的同时，赞助单位也因此拥有了公众的认可，在获得广泛赞誉的同时提高了企业的知名度。

(3)赞助希望工程

国家的强盛在于国民素质的提高，而国民素质的提高必须依靠教育。教育是将科学技术投入再生产的过程。它是今天的投资，明天的效益，对推动生产力的发展具有重要的战略意义。旅游企业对教育的赞助，是利国利民、广受赞誉的好事，具有深远的社会意义。

(4)赞助慈善事业

孤、老、病、残都是生活中的弱者，都是社会同情、帮助的对象，旅游企业对这些人承担部分责任，符合中华民族的传统美德，容易获得社会的好评。

3. 对外界的赞助要求进行审核与评议，决定赞助金额和赞助的时机。一方面，赞助要考虑旅游企业的经济承受能力，必须列入企业的预算，依财力情况量力而行。不要因某种诱惑而盲目赞助，使企业遭到不必要的损失。另一方面，赞助要善于抓住时机。一是要选择影响较大，有利于扩大企业声誉，与企业有密切联系的活动，不惜重金进行赞助，以提高企业的社会地位；二是当其他财大气粗的企业已经赞助了巨额资金后，如果无力超过别人，就应适可而止，不必打肿脸充胖子。

4. 在赞助项目实施过程中，要有效地运用各种手段，通过赞助活动扩大社会影响。出面主持某些公开活动，如颁奖、晚会、新闻发布会等，并予以最大限度的曝光。

5. 当赞助活动结束后，对赞助的效果进行评估，多方面地了解反馈信息，总结经验，指导今后的赞助工作。

(三)赞助活动的模式

社会性、公益性是赞助活动策划的基点,其活动模式一般有以下几种:

1. 组建运动队。国际、国内一些大企业、大财团都有国际水准的体育运动队,可以此鼓舞士气、获得卓著声誉。

2. 承办有影响的大型文艺演出。树立自身的"文化形象",既可为社会推出文艺新秀,繁荣社会文化生活,又可扩大旅游企业的影响。

3. 点播电视剧、歌曲,通过培养与公众的良好感情,提高旅游企业的知名度。

4. 赞助社会活动。通过大众传播媒介,赞助一些知识性、趣味性强,又是社会公众关心的、热点的有奖竞猜、有奖竞赛、有奖征文等活动,利用公众关心的社会热点问题,开展公共关系工作,提高旅游企业在社会公众中的感召力和吸引力。

5. 大力捐赠科学与教育事业。

五、专题公关活动方案的制订

旅游企业如何将公关专题活动办得有声有色,引起社会公众的广泛注意,是需要进行精心策划的。制订公关专题活动方案就显得非常必要。公关专题活动方案内容主要有以下几点。

(一)选择公关专题活动的形式

在专题活动的主题内容确定以后,还必须选择反映和表现本主题的有关活动项目和形式,而且其活动形式要选择多种方案。例如,饭店的开业庆典,可供选择的形式有开放参观、免费品尝、美食节、招待酒会、新闻发布会、座谈会、文艺晚会等。

(二)确定公关专题活动主题

举办公关专题活动必须根据所确定的目的,以及自身的需要和公众的需求进行精心设计,选择适合的主题来巧妙地开展公关活动;这样,才能显示开展公关专题活动的目的和作用,才能收到应有的效果。

公关专题活动的主题一般和活动类型密切相关。主要有以下几点。

1. 节庆活动

节庆是利用盛大节日或共同的喜事而举行的表示快乐或纪念的庆祝活动。常见的官方节日有元旦、妇女节、消费者权益保护日、国际劳动节、儿童节、国庆节、圣诞节、感恩节、复活节等,民间传统节日有春节、元宵节、清明节、端午节、中秋节等。

节庆是旅游企业特别是旅行社、旅游景区、宾馆酒店等接待服务单位开展公关活动的绝好时机。所以,每年 6 月 1 日前后,大小商店都会在小孩商品上绞尽脑汁;中秋节前,则会爆发一轮又一轮的月饼大战;五一和十一长假前夕,旅游胜地和饭店就会大张旗鼓地宣传和推介其优质的特色服务。

2. 纪念活动

纪念活动是利用社会上或本行业、本组织的具有纪念意义的日期而开展的公关活动。可供组织举办纪念活动的日期和时间有很多,如历史上的重要事件发生纪念日、本行业重大事件纪念日、社会名流和著名人士的诞辰或逝世纪念日;而本组织的周年纪念日、逢五逢十的纪念日及重大成就的纪念日,更是举办纪念活动的极好时机。通过举办这样的活动,可以传播组织的经营理念、经营哲学和价值观念,使社会公众了解、熟悉进而支持本组织。因此,举办纪念活动实际上又是一次极好的公关广告。

3．典礼仪式

典礼仪式包括各种典礼和仪式活动，如开幕典礼、开业典礼、项目竣工典礼、毕业典礼、颁奖典礼、就职仪式、授勋仪式、签字仪式、捐赠仪式等。在实际工作中，典礼仪式的形式多样，并无统一模式。

有的仪式非常简单，如：某个企业办公楼的开工典礼，放一挂鞭炮，企业老总喊一声"开工"，仪式便宣告结束。有的仪式非常隆重、庄严，如：英国女王登基、国外皇室婚礼及葬礼等，甚至还有一套严格的程序和繁文缛节。

（三）确定活动邀请的对象

举办公关专题活动当然需要邀请一些宾客光临。邀请宾客时不仅要考虑有关单位和左邻右舍，特别是比较重要的庆典活动还要邀请一些社会名流和新闻界人士参加。名单拟定以后，要将请柬于庆典活动举行前至少 72 小时送到被邀请人手中，如果是函寄方式，对于那些特别的宾客还有必要采用打电话等方式进行双重邀请。

公关专题活动的发言人必须具有一定的代表性，或应具备一定的社会影响力。应该事先拟定好致辞，重要活动还要将发言稿提前印发给与会者。如果需要来宾发言，则应该提前与之联系，并在活动之前逐一落实。如果安排有剪彩活动，那么参与剪彩的主方代表应该是企业的负责人，客方人员则应邀请地位较高或有一定名望的知名人士。

（四）确定活动时间和地点

公关专题活动时间，包括活动起止时间和活动期间的具体时间安排。

活动的地址，一般安排在旅游企业举行，不另行安排其他地点。

（五）活动安排

公关专题活动既是社会组织面向社会和公众展现自身的机会，也是对自身的领导和组织能力、社交水平以及文化素养的检验。因此，举办专题活动时，公关人员应做到准备充分、接待热情、头脑冷静、指挥有序。

1．活动内容及人员分工

在公关专题活动期间，活动内容很多，需要事先进行精心的设计，并安排合适的人员去完成相应的工作。主要有：活动期间相关宣传品的制作；相关证件的制作；辅助活动的安排；媒体的联络与宣传；邀请函的发放；场地的租用与布置；音响灯光的控制；安全保卫、交通的管制；消防、医疗保障；供电的安全；礼仪接待的安排；后勤供给等。

2．物品的准备

公关专题活动的现场，需要有音响设备、音像设备、文具、电源等。需要剪彩的，要有彩绸带。鞭炮、锣鼓等在特殊场合，也要有所准备。宣传品、条幅和赠予来宾的礼品，也应事前准备好。赠送的礼品要与活动有关或带有企业标志。另外，为活动助兴，可以安排一些短小精彩的文艺节目，这些节目可以组织内部人员表演，也可以邀请有关文艺团队或人员表演，节目力争要有特色。

3．专题活动流程的安排

操作程序包括：升本组织的旗帜；鸣鞭炮、敲锣鼓、放彩带、飞鸽、气球等；剪彩、揭牌、颁奖、签字等。致辞，宾主分别致贺词和致答谢词；礼成，安排助兴节目；活动结束后，可组织来宾参观，如参观本组织有纪念性的馆室、店堂及建筑设施、商品陈列等，增加宣传组织、传播信息的机会；通过座谈、留言形式广泛征求意见，并综合整理形成记录，总结经验；适当安排宴请来宾。

(六)传播途径

在整个活动过程中，要注意做好新闻报道的工作，帮助记者做好各项事宜的采访，向记者提供有关资料。若记者未能亲临，旅游企业就要充分利用自己的条件和设备代为完成录音、录像工作，并写出新闻稿，提供给新闻媒介播发。

(七)费用预算

公关专题活动的费用根据活动的项目进行核算。

(八)预期效果

1. 活动实际参加人数不少于××人次。
2. 媒介对活动的相关报道不少于××篇次。
3. 活动信息覆盖率占本地区人口××％以上。
4. 活动现场执行情况不发生明显失误。
5. 活动经费严格控制在预算范围内。
6. 活动后饭店知名度提升××％以上。
7. 活动后饭店美誉度提升××％以上。

【职场案例】

案例一：长城饭店的集体婚礼

长城饭店是一家五星级的豪华酒店，长城饭店的住店客人95％以上是外国客人。由于全体员工的努力，开业不久，就为国家赚取了大量的外汇。但在北京市民的心中，长城饭店是外商管理的酒店，是国人不敢问津的地方，产生了一种逆反心理，时常有一些误解和不利酒店的舆论。饭店公共关系部根据这一情况，策划了一项以防御型为主的公共关系专题活动。1988年春节前夕，公共关系部利用旅游淡季在《北京日报》《北京青年报》、中央人民广播电台发布消息，每个普通的北京市民都可以参加长城饭店举办的集体婚礼，还可以带上15位亲友，酒店将免费为新婚夫妇举行结婚典礼。当95对新婚夫妇和一千多名亲友步入长城饭店豪华富丽的大厅时，酒店为他们提供了最优质的服务，并为这些普普通通的北京市民举行了隆重的集体婚礼。公共关系部借此良机，及时传播了长城饭店全体员工为国奉献的各种信息，并赠送了富有纪念意义和宣传功效的小礼品。这一切加上新闻媒介的大力传播，使长城饭店在北京市民心中树立了美好的形象，一些不利于饭店的公众舆论烟消云散，大大提高了饭店的美誉度。在第二年的全国优秀饭店评选中，长城饭店名列前茅。

(资料来源：孙金明. 新编公共关系理论与实务训练. 南昌：江西高校出版社，2009)

案例二：国家旅游局在越南举办大型旅游专题促销活动

2010年8月9日和11日，中国国家旅游局在越南首都河内市和胡志明市分别举办了两场高规格的"中越友好年，旅游共携手"《中国旅游之夜》大型旅游专题促销活动，向越南游客宣传中国广袤的大地、丰富的资源、独具特色的旅游产品和中国改革开放30年取得的成果。国家旅游局局长邵琪伟、中国驻越南大使孙国祥、中国驻越南胡志明市总领事许明亮、越南文化、体育和旅游部部长黄俊英等中越旅游官员、中方使节及越南旅游业界共1 000多人出席了促销活动。云南、广东、广西三省(区)旅游局领导率团参加了宣传促销活动。云南省旅游局朱飞云书记率红河州旅游局、文山州旅游局促销团参加了这次旅游宣传促销活动。

中越两国山水相连，两国旅游资源都十分丰富。中国的高原雪域风光，越南的热带海岸风光，成为互补性资源，互为旅游市场，且两国文化相通，习俗相近，开展旅游合作有着天时地利人和得天独厚的条件。近年来，两国旅游业界在中越友好"十六字方针"和"四好精神"的指引下，旅游交流与合作取得了令人鼓舞的成绩，双方接待的游客量呈逐年增长趋势。在中越两国建交60周年之际，为纪念这一象征中越友好的伟大日子，进一步巩固两国的传统友谊，增进了解、增强互信、促进交流、加强合作，国家旅游局特在越南首都河内市和胡志明市举办这次高规格的"中越友好年，旅游共携手"《中国旅游之夜》大型旅游专题促销活动，进一步促进两国旅游的交流与合作，推动两国旅游业发展。国家旅游局局长邵琪伟、中国驻越南大使孙国祥、中国驻越南胡志明市总领事许明亮、越南旅游文化、体育和旅游部部长黄俊英等中越旅游官员、中方使节分别在河内市和胡志明市宣传促销活动上发表了热情洋溢的讲话。云南、广东、广西三省(区)旅游局在越南首都河内市和胡志明市的宣传促销活动上先后进行了旅游宣传推介。

红河州与越南老街省接壤，有848公里国境线，有河口国家一类口岸，开展中越跨国旅游有着得天独厚的优势。从1992年与越南开展旅游合作至今已有近二十年的历史，双方旅游合作实现了从无到有，从小到大。旅游业务从最初单纯的边境半日游、一日游，发展到现在拥有多条长短不等的旅游线路及从一日到十日不等的旅游行程，基本能满足不同层次游客的需求。2010年1～6月，红河州接待越南游客达20 045人次，其中，长线游3 769人次；中国游客出境越南人数达19 415人次，其中，长线游9 855人次。越南有8 600万人口，是东南亚人口大国之一，是红河州最近、最现成的外国客源市场。按每年5‰出游率测算，越南市场每年有近50万游客的潜力，再加上每年到老街沙巴旅游的20万左右的第三国游客，是一个很可观的数字。如果工作做得到位，每年吸引20万左右越南游客和5万左右第三国游客从河口进入红河州旅游是能够实现的。

红河州旅游局高度重视开发越南旅游市场，高度重视这次赴越南旅游宣传促销活动，及早做好了充分准备。精心策划、设计、制作了针对越南市场的纯越南语版《红河旅游》折页和纯越南语版《导游红河》光盘，同时邀请红河州歌舞团随团赴越南演出。在河内市和胡志明市旅游专题宣传促销活动期间，红河州促销团积极投入工作。吕娅莎局长利用宣传促销活动的间隙率全体工作人员拜访了国家局领导，向他们汇报红河州旅游发展情况，寻求国家旅游局领导的支持。此外，还拜访了多家越南旅游企业、旅行社，与他们进行了业务洽谈，谋求进一步的交流与合作。在宣传促销活动上，省旅游局朱飞云书记、方利敏副处长、红河州旅游局吕娅莎局长等领导身体力行亲临会场摆放旅游宣传品、发放宣传品。云南省促销团的好客热情吸引了大量的嘉宾，展位前人头攒动，新华社驻越南记者站和越南通讯社等越南主要媒体聚集云南展位、聚集红河州促销团。精致的旅游宣传品受到越南同行的欢迎。两场宣传促销活动共发放了1 000多份《红河旅游》折页和近百张《导游红河》光盘及阿庐古洞张贴画、宣传品等。红河州歌舞团独具民族特色的舞蹈表演得到中越旅游官员和嘉宾的高度赞赏，把宣传促销活动推向高潮。

"中越友好年，旅游共携手"《中国旅游之夜》大型旅游专题促销活动，在中越旅游官员、中国驻越南大使等领导同声高唱《越南中国》歌曲声中圆满结束。

(资料来源：http://www.cnta.gov.cn)

【情境模拟】

某旅游景区近期正赶上一个全国的技能大赛在当地举办，为了提升景区形象，决定赞助教育事业，请你为该企业制订赞助活动计划及活动方案。

【实战演练】

1. 调查你所在地区的某个饭店，了解该饭店近两年有没有举行过各种类型的庆典活动？有没有提高饭店的知名度和美誉度？如果没有，请你为该饭店出谋划策，提供一份庆典活动策划案。

2. 如果你是某旅游企业的公关人员，请你为该企业制订本年度的赞助计划。

工作任务二　公关专题活动的组织

【任务导入】

教师节来临时，某旅行社举办了该市"100 名优秀教师免费旅游"活动，如果你是该旅行社公关部负责人，你将如何组织这次活动？

【任务分析】

以当地某旅游企业为背景，以教师节为公关内容，策划一次公关专题活动，要求先制订活动的方案，再组织实施活动，特别要注意媒体的宣传。

【任务实施】

资讯：

1. 公关专题活动在实施过程中要注意哪些事项？

2. 各类公关专题活动如何组织？

3. 媒体在公关专题活动中的作用有哪些？

决策：

1. 如何制订活动方案？

2. 如何组织专题活动？

3. 在公关专题活动中如何利用媒体？

计划：

1. 完成任务的步骤有哪些？

2. 如何对人员进行分工？

3. 需要准备哪些设备与工具？

4. 在什么地方实施专题活动？

实施：

1. 分组制订专题活动方案。

2. 准备完成任务所需要的资料与设施。

3. 模拟组织专题活动。

检查：

1. 方案是否有创意、具备可操作性？

2. 活动组织是否规范、高效？

评估：

工作任务评估表

考 评 项 目		自我评估	小组评估	教师评估
团队合作 40%	沟通能力			
	协作精神			
工作成果评定 30%	任务方案			
	实施过程			
	工具使用			
	完成情况			
工作态度 20%	工作纪律			
	敬业精神			
	有责任心			
工作角色、创新 10%	角色认知			
	创新精神			
综合评估 100%				

【知识链接】

一、公关专题活动实施的工作要点

公关方案的实施是指公关策划方案设计完成并被采用之后，将策划方案变为现实的过程。为了实现方案中既定的公关目标，旅游企业要充分依据方案的设想和各种实施条件，对公关策划方案进行实际展开与具体运作。

公关策划是公关工作过程的先导，而公关实施乃是整个公关活动的中心和关键环节。因为，策划是对未来行动的一种预见和设想，只有经过努力，将它转变为现实，才有实际意义；否则，只是一纸空文。而公关实施则是将公关策划变为实际行动的过程。因此，公关实施将更为重要。在实施阶段，应做好以下三个方面的工作。

（一）实施开始时的选择

1. 选择好具体实施日期

由于客观环境，包括面对的公众都处在不断地发展和变化之中，若实际的公关形势乃至企业面临的整个形势与计划发生出入，就要根据实际情况对计划进行必要的调整。同时，公关计划实施的时机选择也是公关工作的重要技巧问题，如促销性的公关活动，安排在商品销售旺季到来之前比较妥当；否则，得不偿失。

2. 选择恰当的传播媒介

公关活动实际上是针对目标公众而进行的信息传播活动。要想使这种传播活动取得最大的效果，必须使发出的信息全部或大部分为目标公众所接受，这就需要通过对象公众所惯常使用的传播媒介或渠道来传递信息。

3. 制作公众容易接受的信息

根据调查研究和计划过程中所了解的对象公众的文化、社会心理等方面的特点，公关人员在设计制作信息时就可以参照这些特点，使自己写出的新闻稿件、广告稿、演讲词、展览说明、小册子等能够适合对象公众的特点，激发他们的兴趣。同时，公关人员在制作将要提供给新闻媒介的信息时，还要考虑新闻媒介的特点，以及针对目标公众或对象公众的那些新闻媒介的具体情况，使企业发出的新闻稿件尽可能被有关编辑、记者选中作为新闻发表，或作为进一步采访的线索。

(二)实施过程中的检查

公关策划执行情况的检查是公关实施过程中不可缺少的一个环节。

1. 实施过程中检查的作用

实施过程中的检查有四个方面的作用：首先，可以及时了解公关策划是否真正落实到每个人，并与责任制挂钩；其次，可以深入地考核计划执行的实际情况，及时发现存在的问题、矛盾和薄弱环节，以便采取相应措施使计划得到全面完成；再次，可以发现计划是否符合实际，便于及时提出修改意见；最后，可以总结计划编制和组织执行中的经验教训，积累资料，以便提高今后公关计划的科学性。总之，计划检查非常重要，应从计划下达就开始抓起，并伴随着计划执行过程不断进行，直到计划期结束。

2. 实施过程中检查的内容

公关策划实施检查的内容有三个方面：第一是进度。即检查计划完成的进度。它是指实际完成的绝对数字和完成数占计划数的百分比。第二是效益。即检查公关活动是否符合预算和财务计划要求，投入与产出比例是否恰当。第三是关系。其中包括公关计划与企业整体计划、与各部门计划的执行情况是否协调；彼此配合是否默契，是否符合党和国家的方针政策。

(三)实施过程计划的修订和干扰的排除

公关计划实施过程中，由于内外环境的不断变化，预订的计划往往跟不上形势的发展，这就需要适度的修改。同时，公关计划实施过程中还会遇到各方面的干扰，这就需要不断地排除干扰。

1. 公关计划的修改

在执行公关计划中要严格控制工作进度，保证计划按步进行。同时，要十分重视公共关系活动的开展与实现企业目标的一致性，统筹全局，不能因过分拘泥于某一个阶段或局部工作，而忽略了整体目标。若发现忽略了整体目标的倾向，要及时调整、修改，按照整体修改后的公关计划开展公共关系活动，以保证每个局部工作都能够紧扣整体目标。

2. 排除实施计划过程中的干扰

由于传播问题本身的障碍，加上社会及公众的复杂性、多变性，某项计划、某个行动在执行中常常会受到谣言或其他信息的威胁和干扰，有的竞争对手采取非法竞争手段，甚至故意制造谣言，引起混乱，混淆公众视听。对此，要非常敏锐地觉察并迅速将其真情向公众传播，及时澄清谣言，取得社会舆论和公众的理解，以实现公共关系计划和目标。

影响公关方案实施的干扰因素是众多而复杂的，必须在实施前对来自于公关实施主体、客体和实施环境的各种可能影响和阻碍实施行为的因素进行分析，以便消除这些障碍。一般说来，这些障碍来自三个方面：即实施主体障碍、实施过程中的沟通障碍及实施环境障碍。

（1）实施主体障碍

这是来自实施主体自身的影响因素。主要包括：

①实施人员素质障碍。公关方案的实施人员违反实施方案，工作态度不认真，不热情，职业道德差，工作能力不强；实施人员之间关系紧张，不合作；实施人员情绪不佳，身体状况差等。排除这些障碍，关键是选择经过培训的高素质实施人员，并建立目标管理责任制。

②公关策划方案中的目标障碍。包括目标不合适，不明确，不具体；目标过低或过高；目标的实现条件不完备；目标不切合公众和社会利益；公关方案目标没有服从于组织总体目标等。在做公关目标策划时，一定要多方面征求意见，达成目标共识，并对目标进行论证，确立出正确、明确和具体可行的公关目标。

③公关实施方案的方法障碍。包括实施方法不正确，不符合公众心理需求，方法的针对性不强；方法的可操作性差，实施难度大；方法的创新性、吸引力不够等。消除方法障碍，提高方法的水准，关键在于组织那些具有实施经验和能力的专家来策划方法，并征求实施人员的意见，力求做到实施方法科学、适用和有效。

（2）实施过程中的沟通障碍

这是指在公关方案实施过程中的社会组织与公众之间的传播沟通障碍。方案实施的过程实际上就是传播和沟通的过程。传播沟通过程中并非是一帆风顺的，常因种种因素的干扰而影响传播沟通的效果。这些因素主要有：

①语言障碍。常见的语言沟通障碍有语音混淆、语意不明、语意误解、语法不通、用词不当、文字标点差错。

②习俗障碍。常见的习俗障碍主要表现为在公关实施中违反传统礼仪道德和风俗习惯。

③观念障碍。常见的观念障碍主要表现为保守封闭观念、自私落后观念、愚昧观念、拜金观念、偏执观念、片面观念等。

④心理障碍。指的是人的认识、情感、态度等心理因素对沟通过程的影响，公关实施的障碍性心理主要有消费心理、交际心理、文化心理、情感心理、偏见心理等。

⑤组织障碍。公关实施过程中的组织障碍主要表现为：信息传递层次过多造成信息失真；机构臃肿造成沟通缓慢；条块分割造成沟通中断；多头领导造成信息不统一；沟通渠道单一造成信息量不足；沟通媒体形象不佳造成公众对信息的不信任。

（3）实施环境障碍

公关方案的实施环境是复杂多变的，各种反面的因素（制约性的、对抗性的、干扰性的）都会影响实施工作的进行。综合起来，主要有以下几种类型：

①政治环境制约因素。包括政府的有关政策、法规的制约以及政治形势、政策变化的影响。

②经济环境制约因素。经济体制、政策及经济发展趋势的影响。

③社会文化环境制约因素。民族传统文化、社区文化、宗教文化等的影响。

④竞争对手的对抗、干扰因素。

⑤社会突发事件的干扰因素。包括人为的纠纷造成的危机（公众投诉、新闻媒介的批评、不利舆论的冲击）和自然突变危机（地震、水灾、火灾、空难等）。

二、庆典活动的实施

庆典活动是充分展示公关人员的组织能力、社交水平及业务能力的好机会，往往能给公众留下深刻印象。庆典活动时间不长，形式也不复杂，但要办得隆重热烈、丰富多彩却也很不容易。它要求公关人员沉着冷静、热情有礼、善于协调、长于鼓动，而且指挥有序。通常要做以下工作。

（一）拟定被邀请人员名单

被邀请人员一般应包括政府机关负责人、协作单位负责人、新闻记者、社区代表、员工代表以及相关公众代表。名单确定以后应提前将请柬送至被邀请人手中。

（二）拟定典礼程序

典礼应按事先拟定好的议程有序地进行。典礼一般程序为：宣布典礼开始；宣读重要来宾名单；宾客代表致贺词；企业负责人致谢词；剪彩（或举行奠基颁奖等仪式）；助兴节目，如奏乐、燃放烟花、举行酒会、文艺演出、戏剧或电影招待会等；组织宾客参观或留言留影等。

在典礼开始前要做好迎接、签到、佩花等准备工作。

（三）确定剪彩人员

剪彩人员除有主方负责人外，还应邀请客方中地位、职务、声望较高的知名人士担任。

（四）确定主持人和致贺、谢词主宾人员

主持人一般由有丰富经验的公关人员担任。通常由企业的上级主管负责人或宾客中职务最高者致贺词，企业主要负责人如总经理致谢词。贺词和谢词都应简单明了，只求达到增进了解、沟通感情的目的，应由企业公关人员预先拟好讲稿，提早送达致辞人。

（五）其他有关事项

为了烘托气氛，还可以根据典礼的特点，安排礼仪小姐迎宾，使典礼气氛欢快热烈。

任何一种典礼仪式均需策划，使之热烈隆重、丰富多彩，给人留下深刻印象。要安排好各项接待事宜，诸如来宾签到、专人接送、播音和灯光设备的安排，以及摄影录像等方面的工作，使各项工作都有专人负责，并且保证他们在典礼仪式开始前进入指定岗位。

典礼仪式结束后，信息反馈也非常重要。旅游企业必须预先设置好宾客留言簿或布置好座谈会的环境设施和会议用品，以加深感情交流和广泛征求意见。

三、销售公关活动的实施

（一）公关促销活动的实施

现代营销是公关与推销的结合，它摒弃了传统的推销思想，变"跑单帮"式的推销为"全员推销"，使公关塑造形象的功能和促销功能有机地结合起来。

1. 塑造优质服务的形象

通过方便服务占领市场；通过实惠服务让消费者得到实惠；通过体验服务把娱乐与餐饮消费结合起来，把休息、休养与健身、养身合为一体，满足消费者多样化的需求；通过细节服务，以情动人、以情感人，细微之处见真情，体现旅游企业待客的一片赤忱之心。

例如许多酒店对初次光临的客人，热情相迎，引客入座，介绍菜肴，主管或领导为客人开单，使客人产生亲切感。临走，送至门外，经理呈上名片，欢迎再次光临。对熟悉的客人，热情周到地尊称其姓名，报出他们喜欢吃的菜肴，表明他们是这里格外优待的贵客；注意满足客人希望受到特殊接待的心理，记下重要客人的姓名和嗜好。每逢生日，主动拨通电话："明天是您的生日，餐厅为您准备了您所喜爱的菜肴，愿意为您提供生日宴请服务，欢迎光临！"等都是吸引顾客之法宝。服务上乘，情意浓厚，自然宾客盈门。

2. 创造美感服务

旅游企业的工作是"情感价值＋美感价值＝经济价值"。一个优秀的服务员代表了旅游企业的形象。服务员的走姿、站姿、坐姿、手势、发型、服饰是外观的显示，而语言则是美感的体现。人的美感、物的美感、语言的美感、行为的美感，都是旅游企业工作给公众留下美好印象的关键。

有位美籍华人第一次跨进上海某酒店大门时，门厅迎宾员形神俱佳，使客人眼前一亮，留下了走进酒店的第一感观印象，接着迎宾员笑容可掬，点头致意："您好，欢迎您光临酒店。"当他第二次来店时，这位迎宾员边行礼边说："再次见到您真高兴，欢迎光临。"这位先生第三次跨进酒店大门时，这位迎宾员笑容更加灿烂，除点头致意外，还清楚地叫出了该先生的姓名，并告知活动安排的地点。该先生亲身体验了热情、周到、温馨的服务，不禁盛赞该酒店："人美、店美，服务也很美。"

3. 推广服务形象

(1)由专题活动进行服务形象的推广

大型的专题活动范围广、影响深，都是传播旅游企业服务形象的好机会。公关部门应抓住时机寻找题材，因地制宜地进行富有新意的公关活动策划。

例如，海南省决定2011年组织20多项海外旅游促销活动，其中海外旅游展销活动13项，组织专项促销活动6项。其中针对港澳台市场开展的5项专项促销活动包括：参加香港春节花车巡演；对香港主题公园和大型旅游设施经验进行考察；台北旅展；结合香港国际旅游展和香港端午节龙舟赛开展"一程多站"推广活动；香港中秋节节庆促销等。

(2)由重要客人进行服务形象推广

所谓重要客人，是指与企业效益有直接关系的人，一般指有一定身份、地位，对提高企业知名度有重大影响的客人，如国家元首、政府要员、商贾大亨、社会名流等；或与客源机构有直接联系、影响旅游企业营销的客人；还有一些是旅游企业的老主顾。这三类客人均属重要客人。

(二)展览展销活动的实施

展览、展销，一般是通过实物展览、图片资料以及专人讲演与示范的方式，生动、具体、直接、客观地宣传企业形象与产品形象的。由于运用各种传播媒介，图文并茂、生动形象，能给人留下深刻的印象。很多企业都可以利用参展的机会，时时亮相，广用举办展览会、展销会的方式来塑造旅游企业形象、扩大企业影响，与公众建立广泛的联系，谋求长期而稳定的客源市场。

展览会与展销会的组织过程主要包括以下几点。

1. 确定参展目的

明确参展的主题思想，围绕目的来组织有关材料。根据参展的目的，确定展览的内容、沟通方式和接待形式。

2. 组建展览班子

根据展览的目的和类型，组建相应的专门班子。由专人策划展览风格，写出展览脚本，反复论证、分析和比较，确定展览计划。再由专业人员，如摄影人员、美工人员进行布局与安排。

3. 人员培训

展览会的工作人员，如讲解员、接待员、服务员自身的业务素质和展览的业务技能，都将对展览会的成败产生影响。因此，除了对他们进行公共关系培训外，还要进行有关展览项目的专业知识培训，以保证展览获得理想的效果。

4. 展览地点选择

展览地点力求醒目、吸引人，注意环境与主题的协调。为了方便参观者，可考虑设置咨询台和签到处，张贴展览平面图，并附上鲜明的标志。甚至可以用简洁的文字写成"参观指南"，强化参观者的印象。

5. 成立宣传机构

成立专门的宣传机构，准备好展览会必需的辅助宣传材料，如文字资料、幻灯、录像等；与新闻媒介广泛接触，时时注重公共关系宣传。要善于发掘材料、捕捉有新闻价值的信息，策划相应的公共关系宣传，争取最大限度地扩大展览会的影响。

6. 纪念品制作

根据展览会、展销会的主题，制作展览会徽章和小礼品(纪念品)，便于在业务洽谈时赠送，以达到传播信息、加深理解、联络感情的目的。

7. 预算编制

展览会经费一般包含场地费、设计费、陈列装修费、工作人员劳务费、交际费、宣传广告费、运输费和保险费等。

四、赞助活动的实施

赞助活动是旅游企业形象塑造的最佳公关活动之一，赞助活动能体现旅游企业强烈的社会责任心，显示企业的雄厚实力。它向社会表明，旅游企业维护企业利益的同时，积极承担必要的社会义务，乐于为社会做出应有的贡献，从而建立起良好的企业形象。

赞助活动实施的步骤包括：

(一)场地的布置

赞助会的举行地点，一般可选择受赞助者所在单位的会议厅，也可租用社会上的会议厅。会议厅要大小适宜，干净整洁。会议厅内，灯光亮度适宜。在主席台的正上方，悬挂一条大红横幅，在其上面，应以金色或黑色的楷书书写着"某某单位赞助某某项目大会"，或者"某某赞助仪式"的字样。赞助会会场的布置不可过度豪华张扬，略加装饰即可。

（二）人员的选择

参加赞助会的人员既要有充分的代表性，又不必在数量上过多。除了赞助单位、受赞助者双方的主要负责人及员工代表之外，赞助会应当重点邀请政府代表、社区代表、群众代表以及新闻界人士参加。所有参加赞助会的人士，与会时都要身着正装，注意仪表，个人动作举止规范，以与赞助会庄严神圣的整体风格相协调。

（三）会议的议程

赞助会的会议议程应该周密、紧凑，其全部时间不应超过一小时。其议程是：

1. 宣布会议开始。赞助会的主持人，一般应由受赞助单位的负责人或公关人员担任。在宣布正式开会之前，主持人应恭请全体与会者各就各位，保持肃静，并且邀请贵宾到主席台上就座。

2. 奏国歌。此前，全体与会者须一致起立。在奏国歌之后，还可奏本单位标志性歌曲。

3. 赞助单位正式实施赞助。赞助单位代表首先出场，口头上宣布其赞助的具体方式或具体数额。随后，受赞助单位的代表上场。双方热情握手。接下来，由赞助单位代表正式将标有一定金额的巨型支票或实物清单双手捧交给受赞助单位代表。必要时礼仪小姐要为双方提供帮助。在以上过程中，全体与会者应热烈鼓掌。

4. 双方代表分别发言。首先由赞助单位代表发言，其发言内容，重在阐述赞助的目的与动机。与此同时，还可将本单位的简况略作介绍。然后由受赞助单位代表发言，集中表达对赞助单位的感谢。

5. 来宾代表发言。根据惯例可以邀请政府有关部门的负责人讲话。其讲话主要肯定赞助单位的义举，呼吁全社会积极倡导这种互助友爱的美德。该项议程，有时也可略去。至此赞助会结束。

6. 会后，双方主要代表及会议的主要来宾，应合影留念。此后，宾主双方稍事晤谈，来宾即应告辞。

【职场案例】

案例一："蜡烛事件"公关策划

苏北徐州在经历了"非典"之后，为改善投资软环境，从 7 月份开始，借"非典"期间提出的"做有情有义的徐州人"的倡议，提出了徐州形象的概念，所有媒体均拿出大量的篇幅，邀请社会各界人士讨论徐州精神，讨论徐州形象。文明的徐州人、有情有义的徐州人、高尚的徐州人等多次成为众多报纸的大标题，在这样的背景下，一家媒体突然捕捉到了一个非常典型的事件

一　事件

贾汪区郊区的一处位于徐州市老矿区的一座单位公寓，因公寓内少有独立的卫生间，该公寓的住户长年累月使用该公寓内的一座公厕。一年前，该单位破产，工人下岗，几个月前，该公寓产权单位无法承受沉重的电费负担，致使该公寓内唯一的公厕，一到晚上漆黑一片，给公寓内的住户生活造成了很大困难。公寓楼内待业青年杨明了解到了这个情况后，从超市买来一根蜡烛，点好后，放在厕所里，为黑夜里上厕所的人送上了一双明亮的眼睛。从第一根蜡烛点起，到第 10 根，到 50 根，到第 100 根，杨明坚持下来了，他的毅

力，他的举动，他的热心，感动了这座公寓里所有的住户。有人给当地的报社打了电话。

当地的报社认为这是一个非常符合现实潮流的题材，符合正在热切讨论的徐州精神、徐州形象的题材。他们赶到了现场，采访了所有有关的人员，将这位正在待业的、职业中专毕业的年轻人推上了镁光灯和采访笔齐聚的舞台。

接连几天，媒体一直在陆续报道。因为杨明的出现，供电部门觉得自己太势利了，于是给公厕安装了电灯；因为杨明的出现，许多电话打进报社，许多青年在忏悔自己所做的错事；因为杨明的出现，许多事情变得一下子从红灯转向到了绿灯，好多学生也在公交车上给老弱病残者让位了。但此时的媒体并未就此作罢。报纸不仅仅只担当了舆论监督和引导的工具，还担当了职业介绍中心。在点燃蜡烛事件后，他们着重提出了杨明至今没有工作。

二　时机

某酒店是一家位于淮海路上的二星级酒店，正在筹备晋升国家四星级旅游涉外饭店。在蜡烛事件刚刚被披露时，这家酒店也接到了江苏省旅游局颁发的国家四星级旅游涉外饭店证书。配合晋升四星级旅游涉外饭店工作，酒店准备好了一大笔宣传资金投入。这个时候，蜡烛事件正点亮徐州人所有热情的眼睛，正温暖所有热情的徐州人的心。无疑抓住这次机遇，就有可能创造一个奇迹：借助这一个事件，就有可能将美誉度提高一个层次。于是，酒店向报社联系核实，那个点蜡烛的待业青年，愿不愿意到酒店上班。因为酒店晋升四星，缺的就是这样的人才；因为酒店是服务业，需要的就是点蜡烛的这种精神；因为酒店是徐州地区形象的窗口，要的就是能够代表徐州人形象的观念、意识、精神和人才。于是双方一拍即合。

随着杨明到该酒店上班，这样，有关这一事件的策划开始进入了高潮：媒体当时希望的是，有三个结果：一是使自己发现的当事人能够成为当时正在热门讨论的徐州精神、徐州形象有一个很好的论据；二是使公厕能够通上电；三是事件当事人能够在就业非常紧张的环境下找到一份满意的工作。前一个结果是媒体应有的职责；后两个结果则使媒体在公众面前提高了自己的威信、亲和力和美誉度。

三　结果

蜡烛事件的当事人杨明到酒店上班后，酒店借这一事件所要的结果正一一显露出来。因为蜡烛事件已经被当地媒体进行了全面报道，许多员工也知道了这件事情，现在终于能够与当下的明星零距离、面对面了，对他们精神上的感染和刺激，也起到了促进员工精神境界和服务观念改变的作用。当地的电视、报纸等媒体大幅地介绍了将要晋升国家四星级旅游涉外饭店的酒店接纳了蜡烛事件的当事人杨明。酒店的总经理在接受媒体的采访时认为：杨明的精神是服务业从业人员最需要的一种服务精神，他的这种精神也符合我们徐州人的精神。电视在报道时特地与前些日子当地人哄抢开业用的花篮作了对比，不仅使杨明的形象更加突出，还使接受杨明工作的酒店形象更加突出。

一连几天，酒店的形象一直和蜡烛事件的当事人杨明联系在一起。而在所有的媒体宣传杨明的时候，都没有忘了提一句，酒店正在晋升为"国家四星级旅游涉外饭店"，正需要杨明这样的人才。人们为杨明能到这样的一个酒店上班而高兴。酒店晋升为"国家四星级旅游涉外饭店"的消息也随着杨明一起传播到千家万户，这时候，虽然酒店业内人士都知道该酒店是本市内第三家晋升为"国家四星级旅游涉外饭店"的酒店；但许多老百姓却认为该酒店是本市第一家晋升为"国家四星级旅游涉外饭店"的酒店，是徐州人值得骄傲的酒店。因为它在晋升四星时，接纳了徐州形象和徐州精神的代表人物，真正将徐州精神落到了实处，将杨明放在那样一个接待海内外贵宾的地方，对于所有的徐州人也是一个值得自豪与骄傲的事情。

（资料来源：姜华．酒店公共关系．北京：中国人民大学出版社，2009）

案例二：2010 年金石滩旅游促销活动

金石滩国际旅游度假区，位于大连市区的东部，距老市区 58 公里。1992 年正式建区，被评为国家旅游度假区。2000 年成为全国首家 4A 级旅游度假区。

2010 年金石滩旅游度假区开展了丰富多彩的旅游促销活动，实现旅游收入 58.5 亿元。主要有：

1. 开展旅游促销万里行活动。3 月 9 日至 29 日，组团奔赴山西、内蒙古、河北、天津等十省市，通过旅游产品说明会、精品线路推介会和旅游同业联谊会等形式，全面启动 2010 年金石滩旅游促销活动。春节过后，组团和随团赴西安、柏林、大阪、首尔、台北等城市参加国际旅游博览会、东北"4+1"城市旅游推介、重庆中国国内旅交会、上海世博会辽宁周等大型推介活动，推动了同业区域间的合作与互动，提升了金石滩的知名度和影响力。

2. 在知名媒体打造金石滩品牌形象。与央视 4 频道《走遍中国》栏目合作，策划制作《点石成金》金石滩宣传专题片，并在 2 月 8 日向全球播放。与《中国地名》杂志社合作，编辑出版中国地名神州行——大连金石滩专刊向全国发行。

3. 加大广告推广力度培育节庆品牌。利用辽宁欢乐节、大连国际马拉松赛、樱桃节、沙滩节等大型活动载体，为旅游宣传造势。大连樱桃节期间各媒体刊发新闻 90 余篇，其中头版头条 5 篇，5 个整版专题深度报道，网络浏览量达 120 万人次。7 月 9 日至 29 日，在央视 1 频道《朝闻天下》持续播发每天 15 秒的"展演金石魅力、彰显新区风采"主题广告，为沙滩节预热造势。利用国域无疆传媒轻轨大连站 LED 大型屏幕、市内主干路 50 处城市导航员 LED 联播网、大连机场 13 个出租车亭投放 6 个月的金石滩形象广告，推广沙滩节系列活动。沙滩文化节期间，制作 1 万册《魅力金石滩·大连后花园》旅游手册，印制 1 500 册《金石神韵》特色邮册。在 202 国道设置 2 处大型立柱广告，《大连日报》《大连开放先导区》报推出沙滩节整版广告。央视 4 频道、中国网络电视台、凤凰卫视、亚洲卫视现场采访报道，大连电台、天健网现场直播沙滩节开幕式盛况。8 月 22 日，大型 3D 动画片《发现王国》第二部《酷乐小子》在大连电视台少儿频道播出，并将进一步在东北各地上映。

4. 整合资源打造新区旅游吸引力。从 8 月开始，大连电台 SM103.3 新闻频道、SM99.1《阿贵游天下》旅游栏目更新播出"魅力新区·多彩旅游"系列广告。国际啤酒节期间，制作 2 台新区旅游花车参加星海湾广场大巡游。全省乡村旅游现场会期间，新华社、中国旅游报、东北新闻网等 20 余家媒体跟踪报道，并在大连旅游网同步直播。创建相应都市农业乡村旅游网站。《大连开放先导区》报推出"浪漫时尚·历史人文·自然休闲"主题《魅力新区·多彩旅游》和"绿色田园·魅力乡村"主题《方兴未艾的乡村旅游》2 个通版，创意设计《魅力新区·多彩旅游》和《金州新区乡村游》2 个折页宣传品，扩大新区旅游的影响力。

5. 强化媒体宣传助推旅游业发展。各媒体多层面、宽领域、全方位地对 500 亿元打造国内超级文化旅游航母、赵国红副省长察看新区迎"两节"准备情况和旅游项目、省市领导为关向应纪念馆4A级景区揭牌、全省乡村旅游现场会在金州新区召开、投资5亿元打造五星级温泉会馆、市领导调研金州新区旅游项目、区政协视察新区旅游工作、新区旅游推出"国庆黄金周"系列活动等进行大量专题采访和深度报道，为旅游业发展营造舆论氛围。

6. 旺季旅游经营实现双增长目标。8月组织旅游集团与市旅游局共同派出6批次人员前往东北、华北、西北、华东等地推广系列优惠政策，加大促销招徕力度，迅速挽回"7·16"事件的不利影响。随市旅游局组团赴宁夏参加西北旅游交易会，进一步拓展目标客源市场。9月发现王国适时启动"情侣玫瑰月""秋收狂欢节""狂欢加勒比"经典夜场和化装舞会、"王国盛典"万圣节巡游等系列主题活动，增强了对市民和游客的吸引力。唐风国际温泉9月27日试营业，为旅游经营聚集了人气。2010年1～9月，全区累计接待中外游客760万人次(其中海外游客9.8万人次)，同比增长8.5%；实现旅游收入58.5亿元，同比增长12.5%，旅游经济实现了游客来访和旅游收入双增长的良好局面。

（资料来源：http://www.0535-0411.com）

【情境模拟】

某饭店想在端午节来临之际，举行一次纪念屈原的庆典活动，作为该饭店的公关人员，你认为都应该做哪些工作？

【实战演练】

1. 假如你是学校公关部的一名成员，学校要组织全校学生篮球赛，请你就这次活动去旅游企业拉赞助。要求先制订一份赞助计划书和赞助合同书，然后再去实施。

2. 某旅行社近期由于服务质量问题，引起游客的强烈不满，如果有游客投诉导游在带团过程中，一是每天去的购物点超过两个；二是在购物点停留时间过长；三是在购物点存在强买强卖现象；你该如何处理？

学习情境九

旅游危机公关

● ● ● ● ● **情境描述**

　　旅游企业在经营过程中难免有失误，必然会给企业形象带来影响。本学习情境通过制订危机管理计划、危机对策与技巧、危机管理方案的制订与演习三项工作任务的学习与实践，要求公关人员能够制订企业的危机管理计划，熟悉企业危机处理的程序，掌握旅游企业危机处理的技巧，能够制订企业的危机预警方案，防患于未然。

● ● ● ● ● **职业能力目标**

专业能力：

能制订危机管理计划；

能协调危机中相关方面的关系；

能及时处理危机事件；

能主持危机管理计划的实施；

能监控危机事件信息传播；

能起草危机管理预警方案；

能承担危机传播管理工作。

方法能力：

能够掌握各种危机处理的方法与技巧；

能够灵活运用相关知识进行危机管理。

社会能力：

具有一定的危机意识；

具有强烈的形象意识；

具有良好的沟通能力；

具有一定的分析判断力；

具有强烈的责任心。

工作任务一　制订危机管理计划

【任务导入】

从"非典"到禽流感，从禽流感到苏丹红，再从苏丹红到"天绿香""秒杀门"，肯德基一次又一次地陷入危机，但也一次又一次成功地走出危机。危机使得公司对危机管理计划越来越重视，现公司决定制订一份危机管理计划，以备危机时能够从容应对，请你帮助制订一份危机管理计划。

【任务分析】

以肯德基为背景，了解制订危机管理计划的重要性，掌握危机管理计划的内容，并能够有效地组织危机管理计划的制订和审定。

【任务实施】

资讯：

1. 危机管理计划制订的步骤有哪些？每个步骤应该注意什么问题？

2. 一份完整的危机管理计划书包括哪些内容？其格式是什么样的？

3. 调查你所在地区的某旅游企业，了解其是否有危机管理计划？

决策：

1. 如何制订危机管理计划？

2. 如何编制危机管理计划书？

计划：

1. 人员如何分配？

2. 时间怎样安排？

3. 解决问题的步骤有哪些？

4. 需要哪些设备与工具？

实施：

1. 研究所搜集的资料，掌握制订危机管理计划的相关内容。

2. 调查当地的某旅游企业，了解其危机管理计划情况。

3. 以肯德基为例，制订企业危机管理计划。

检查：

1. 制订危机管理计划的程序是否正确规范？

2. 危机管理计划书的格式是否规范？内容是否全面？操作是否可行？

评估：

工作任务评估表

考 评 项 目		自我评估	小组评估	教师评估
团队合作 40%	沟通能力			
	协作精神			
工作成果评定 30%	任务方案			
	实施过程			
	工具使用			
	完成情况			
工作态度 20%	工作纪律			
	敬业精神			
	有责任心			
工作角色、创新 10%	角色认知			
	创新精神			
综合评估 100%				

【知识链接】

一、制订危机管理计划的作用

危机管理计划是特定企业或社会组织为了预防危机的发生或在危机发生时尽可能减少损失而制订的较为全面具体的关于危机事件预防、处理和控制的书面计划。它是制定危机管理手册，开展危机管理教育的基本依据。

制订危机管理计划目的如下：

其一，预防危机发生。

其二，减少危机发生。

其三，使抢救工作忙而有序。

其四，维护声誉，抓住机遇。

二、危机管理计划的类型

要制订符合企业或社会组织实际的计划，需要了解危机管理计划的类型，以便确定要制订什么样的计划。

依据内容或工作的侧重点来看，危机管理计划分为危机应急计划和危机传播计划。

危机应急计划是企业或社会组织在全面分析预测的基础上，针对出现概率较大的危机事件而制订的有关工作程序、措施方法、应对策略等的书面计划。危机应急计划的侧重点在于：具体危机出现后如何施救处理。

危机传播计划是针对企业或社会组织出现声誉受损、形象受挫以及伤亡事故等制订的旨在维护声誉、消除误解、告知大众的书面计划。危机传播计划的侧重点是危机事故发生后的新闻传播、信息控制。

三、制订危机管理计划的原则

危机管理计划是危机处理的纲领性文件。它是危机管理工作的全面反映。

制订危机管理计划的原则主要有：

1. 危机管理计划必须是具体的、可操作的，不应该有任何含糊之词。

2. 危机管理计划必须保持系统性、全面性和连续性，应明确所涉及组织及人员的权利和责任，对人员进行有效配置，做到事事有人管，人人有事做，从而使企业全体成员在危机来临时都能够迅速找到自己的位置，发挥主观能动性……如果危机管理计划体系混乱，杂乱无章，相关人员就会反应迟钝、迷茫无助或混乱不堪。

3. 危机管理计划必须保证其灵活性、通用性和前瞻性。由于企业所处的环境瞬息万变，加之危机发生时的情形充满未知，因此危机管理计划不能过于僵化和教条，不要把重点放在细节上，不要把精力放在描述特定的危机事件。从而确保企业在遭遇没有预知的紧急状况下，能够在遵循总体原则的前提下，采取针对性的策略和方法。

4. 危机管理计划的制订应该是全员参与的，应该是决策者、管理者及执行者精诚合作的结晶。没有决策者的重视，或者执行者的积极响应，危机管理计划只会成为漂亮的摆设。因此应促使危机管理计划的实施者对计划了如指掌，从而在思想上、认识上有机地统一起来，完美地将危机管理计划付诸实施。

5. 危机管理计划的制订应建立在对信息的系统收集和系统传播与共享的基础上。负责制订和实施危机管理的人员应充分了解企业内部及外部的信息，并及时充分地沟通。同时应和相关利害关系（如政府部门、行业协会以及紧急服务部门等）各方加强联系。企业如果没有系统地收集制订危机管理计划的信息，就会在制订危机管理计划时顾此失彼，漏洞百出。

6. 对细节给予最认真的关注。细节成就完美。任何一个细节的疏忽都可能导致灾难性的后果。任何人都必须从根本上认识到，他的一举一动都事关公司的声誉和未来。

7. 应有标准的报告流程和清晰的业务流程。从而确保信息及时充分地沟通以及危机反应计划能迅速有效地实施。

8. 应有轻重缓急、主次优劣的区分。首先对危机管理的目标应有优先序列，然后对系列的危机也应先急后缓，先重后轻。

9. 必须有危机管理的预算。危机管理预算和营销预算同等重要。制订危机管理计划必须以自身的人力、物力、财力资源为基础，而不能以危机事件的种类为依据，否则危机管理计划只会成为水中月，镜中花，没有任何现实意义。

10. 为保证计划的有效性，应定期对计划进行检查及更新。最好的危机管理计划是能够解决问题的计划。制订好危机管理计划后，并不是万事大吉，束之高阁，而是应定期组织外部专家及内部责任人员进行核查和更新，否则就可能发生用过时的军用地图去制订作战方案的悲剧。

四、制订危机管理计划的主要步骤

(一)做好应对危机的思想和组织准备

1. 预测可能发生的危机。

2. 建立公共关系危机管理小组。

如何建立公共关系危机管理小组，并使它发挥正常的作用呢？主要应考虑如下方面：

一是规模和编制。

二是成员结构。

三是明确任务。

3. 确定危机发生时共同遵守的准则。

4. 明确工作步骤和责任要求。

5. 对策与预演准备。

6. 监督执行情况。

(二)制订危机管理计划的组织

主持制订危机管理计划的工作，主要体现为组织工作。危机管理计划的组织工作主要包括：

1. 确认危机管理小组的领导人、负责人、专业成员和相应的骨干力量。

2. 聘请危机管理专家或行家培训危机管理小组全体成员，强化危机管理意识，统一认识。

3. 根据小组成员的工作经历、经验或特长进行分工，明确责任。

4. 危机管理小组负责人或领导人委派小组成员开展调查，分析预测可能出现的危机，并写出分析报告；如果需要，同时还可以请危机管理小组以外的人开展危机调查和预测。

5. 检查、审核分析报告，或对比两份分析报告。

6. 召开危机管理小组成员和专家会议，反复论证、分析危机处理的程序和对策。

7. 达成基本一致的意见后，将危机管理计划形成书面计划。

8. 将书面计划初稿印发给危机管理小组成员，两次阅读和修改。

9. 形成正式的危机管理计划，以企业或社会组织文件的形式印发执行。

(三)编写危机管理计划书

一份完整的危机管理计划书应包括以下三个部分：

1. 序曲部分

(1)封面：计划名称、生效日期及文件版本号。

(2)总裁令：由公司最高管理者致辞，并签署发布，确保该文件的权威。

(3)文件发放层次和范围：明确规定文件发放层次和范围，确保需要阅读或使用本计划的人员能够正确知悉本计划的内容。同时文件接收人应签署姓名和日期，以表明对本计划的认可。

(4)关于制订、实施本计划的相关管理制度：包括保密制度，制订、维护和更新计划的方案，计划审计和批准程序以及启动本方案的时机和条件。

2. 正文部分

正文部分通常包括十二个方面的内容：

(1)危机管理的目标和任务：主要是对建立危机管理体系的意义、在企业中的地位和要达成的目标进行描述。

(2)危机管理的核心价值观和企业形象定位：这是企业进行危机管理的纲领。

(3)危机管理的沟通原则：危机管理的核心是有效的危机沟通，是保持对信息流通的控制权。危机管理的沟通原则包括内部和外部沟通原则，为危机管理的沟通定下基调。

包括：对员工沟通原则、对受害者的沟通原则、对公众的沟通原则、对媒体沟通原则、对政府的沟通原则、对股东和债权人的沟通原则、对供应商和经销商的沟通原则、对竞争对手的沟通原则等。

(4)建立危机管理小组：确定首席危机官或危机管理经理；确定危机管理小组的组成人员，并对各成员的权利和职责进行描述和界定；培训和演习方案；替补方案；如果在危机发生后，危机管理小组成员因故不能履行职责时，人员替补方案及计划变通方案；外部专家组成员；指挥、沟通与合作程序。

(5)危机管理的财物资源准备：危机管理计划的预算包括危机管理小组的日常运转费用、危机管理设备的购买、维护和储备的费用以及危机管理计划实施的费用；财物资源的管理即由谁管理，通过何种途径获得，如何使用等；财物资源的应急措施即当企业所储备的资源用完后，应如何获取相应资源；财物资源的维护制度，如定期检查、修理或更换制度；财物资源的使用制度即由谁使用、如何使用等。

(6)法律和金融上的准备：紧急状态下在法律和金融方面的求助程序。

(7)危机的识别与分析：识别危机，对企业的薄弱环节及内外部危机诱因进行列举；分析危机，对危机发生的概率、严重性进行分析和评估。

(8)危机的预控措施：包括预控的政策；检查和督促。

(9)危机的发现、预警和报告程序：建立危机预警体系的程序；由谁建立、改进和维护危机预警体系；如何界定危机信息；危机信息汇报的原则和程序；危机预警后的反应措施。

(10)危机的应变指挥程序：界定不同的危机应变的方式和危机管理人员的应变职责。

包括：启动危机管理程序；确定危机应对方案；如何减少损失和消除负面影响；危机管理小组成员工作的原则和程序；信息汇报制度；决策制度；人、财、物的调度制度；内部和外部沟通制度和程序；求助程序即向哪些机构或组织寻求帮助。

(11)恢复和发展计划：恢复和发展的原则；危机带来哪些长期影响？如何消除影响？如何恢复正常的组织运营程序和经营活动？危机管理小组成员在危机后的工作安排；回答员工关心的问题，统一员工思想；解除外部公众和媒体的疑问；稳定债权人、股东、供应商和经销商队伍，争取他们的支持；积极与政府部门配合；赢得竞争对手的尊重。

(12)危机管理的评估：危机结束后，对危机管理的评估程序。包括文件存档、评估损失、检讨危机管理行为。

3. 附录部分

罗伯特·希斯把附录部分称为PACE清单。P指Preparation，准备；A指Action，行动；C指Contact，联络；E指Equipment，装备。我们把这部分分为四块：流程图、应用性表单、内部联络表、外部联络表。

(1)流程图：危机管理各流程的图表。

（2）应用性表单：整个危机管理程序中所涉及的环节中必须应用的表单，如危机记录和监控表单、危机汇报表单等。

（3）内部联络表：危机管理人员的姓名、职位、联系方式及职责。

（4）外部联络表：在危机应对过程中，外部相关组织（如政府、行业协会、银行、保险公司、供应商、经销商等）的联络方式。

（四）审定危机管理计划

1. 审定危机管理计划的原则

要做好危机管理计划的审定工作，需要遵循以下原则：

（1）务实。

（2）仔细。

（3）可行。

（4）全面。

2. 审定危机管理计划的工作要点

如何审定危机管理计划？下面是一些审定危机管理计划的工作要点：

（1）选定审定危机管理计划的主持人。

（2）召开危机管理计划审定会议。

（3）查阅企业或组织的经营战略计划，确认高层领导是否真正具备危机管理意识。

一般说来，企业或组织高层领导人较强的危机意识主要体现在以下几个方面：

①把危机管理放在企业经营管理的决策层上来考虑。

②有远见，未雨绸缪，事先制订危机应急计划，确定和培训处理危机的专职或兼职人员。

③面临危机镇定自若，临危不惧，亲自指挥，并充分发挥公关人员的作用。

④平时注意保持与新闻界联系，危机时特别重视与新闻媒介沟通。

⑤始终把顾客利益、公众利益、企业信誉、企业良好形象放在第一位，不因局部的眼前的利益而患得患失。

（4）从务实的角度来检验危机管理的流程。

（5）务必一再检查所有的细节。

【职场案例】

案例一：肯德基秒杀门

2010年4月6日，肯德基中国公司在网上推出"超值星期二"三轮秒杀活动，64元的外带全家桶只要32元，于是在全国引爆热潮。但当消费者拿着从网上辛苦秒杀回来的半价优惠券（优惠券上标明复印有效），突然被肯德基单方面宣布无效。而中国肯德基发表声明称，由于部分优惠券是假的，所以取消优惠兑现，并向顾客致歉。但"各门店给出的拒绝理由并不一致"。消费者认为是肯德基忽悠了大家，在各大论坛发表谴责帖子，不时出现"出尔反尔，拒食肯德基"这样的言论，有网友甚至把各地的秒杀券使用情况汇总，一并向肯德基投诉。肯德基陷入"秒杀门"。

4月12日，肯德基发表公开信，承认活动欠考虑，未能充分预估可能的反响，承认网络安全预防经验不足，表示应对不够及时，个别餐厅出现差别待遇带来不安全因素，承认第一次声明中"假券"一说用词欠妥。

6月1日，肯德基在中国内地的第3 000家餐厅落户上海，公司高层首次就"秒杀"事件公开向消费者致歉。

"秒杀"是网上竞拍的一种方式。"秒杀门"源自去年的"淘宝秒杀门"。首先暂且不论电子优惠券的真假，肯德基各门店单方面以不同的理由取消活动已经侵犯了消费者的权益。实体店运用网络电子商务手段搞促销优惠本来无可厚非，但因为经验的不足且处理不当带来的必然是信誉的损失和消费者的流失。

在消费维权方面，今天中国消费者越来越成熟：当肯德基在"秒杀门"事件上表现诚信缺失之后，许多愤怒的网民在互联网集结成群惩罚肯德基——许多城市网民互相约定在就餐的高峰期一起涌进肯德基，并在肯德基餐厅中叫麦当劳的外卖，这种带有行为艺术性质的恶意维权行为得到许多年轻网友的响应。面对汹涌的舆论压力，肯德基最终不得不承认错误。

在一个不断成熟的消费氛围中，消费者维权的意识必然越来越高，维权的手段也必然越来越多元化，企业必须高度重视与消费者之间的沟通与关系维护，防止出现恶性的消费维权事件，从而引发企业危机事件发生。

（资料来源：http：//www.boraid.com）

案例二："市长向游客道歉"

5月6日上午，西安市人民政府通报并严肃处理了"五一"黄金旅游周期间，西安市城墙管理所北门办公室的个别"害群之马"殴打、刺伤四川游客事件。

5月2日下午4时许，68名四川游客来到西安市北门瓮城参观仿古入城式。同行的人都登城墙去了，游客周爱宜因身体不好，与妻子留下休息，坐在一小卖部门口长凳上。此时，西安市城墙管理所北门办公室工作人员过来阻止，并搬回长凳，二人便席地而坐，为此，与工作人员发生纠纷。争执中，参与迎宾节目演出的一群披盔戴甲、身着古装的"武士"，与四川观光团成员互相撕拉，并用道具将游客打伤，其中一名游客被"武士"用"红缨枪"刺成重伤。

事件发生后，陕西省委书记李建国十分重视，要求西安市举一反三，采取得力措施，提高旅游等方面的管理水平和服务质量。西安市委书记栗战书、市长孙清云要求全市各商贸旅游服务企业，要以此为契机，展开增强服务意识的大讨论。

事发当晚，西安市有关部门领导，前往四川游客下榻的宾馆了解情况。5月3日，西安市副市长李雪梅前往看望受伤游客，并代表西安市委、市政府向游客道歉。目前，持械伤人的"武士"赵某已被刑拘，城墙管理所北门办主任停职检查，其他打人者皆被辞退，与此有关的其他责任人，在进一步调查后均将做出相应处理。

4名年纪较大的受伤游客共获北门办公室1万元赔偿，年纪较轻的受伤游客则大度地表示放弃索赔。

西安的"市长向游客道歉"事件给国人不小的震动，从危机公关的意义上说，政府部门的反应，是值得肯定的，表明政府更关心公众安危利益了，也说明我们的"危机公关"意识萌芽了，旅游业危机公关意识从无到有，是一个大家乐见的进步。

（资料来源：郑少忠．古装"武士"刺伤四川游客 西安市副市长向游客道歉[N]．人民日报，2002-05-08）

【情境模拟】

某酒店的危机管理计划书包括以下内容：宗旨、紧急计划、抢救受害者、重新安置客人、通知酒店管理部门、通信设备的开通、紧急防护措施、同媒体的联系、紧急事故调查、管理部门审查、计划审查、结论。

你认为该计划书的内容是否合理？存在什么问题，提出你的建议。

【实战演练】

1. 某旅行社已经运营了几年了，几年来，外界环境的变化、内部人员的流失，让旅行社经常处于一种疲于应付的局面。为了解决这个问题，有公关专家建议制订危机管理计划，帮助企业在遇到危机时知道如何处理，顺利地渡过难关。如果聘请你来帮助该旅行社制订危机管理计划，你该从哪儿入手？

2. 小马是刚入职的公关人员，经理让你带他尽快进入工作状态，小马询问你如何制订危机管理计划书，你会如何回答？一个完整的危机管理计划的主要内容和项目有哪些？

3. 某旅游企业的公关部经理突然外出处理紧急事情。主持制订危机管理计划的任务被企业领导委托给人事公关工作还不到一年的小章。小章思考了半天也不知道如何是好。请你告诉他怎样才能主持好制订危机管理计划的工作。

工作任务二　危机对策与技巧

【任务导入】

2009 年 5 月以来，甲型 H1N1 流感疫情蔓延使得旅游业遭受重创，尤其是出入境旅游市场大受影响。为刺激游客的出游热情，航空公司、酒店和旅行社推出更多价格优惠，不少出境游线路价格达到历史最低。如果你是某旅游企业公关部的经理，如何来应对这场危机？请你根据企业面临的危机，为解决这一事件找到合适的办法与对策。

【任务分析】

以当地某旅行社为背景，通过危机处理练习，使学生能够应对各种危机，并灵活运用各种技巧，化解危机，协调矛盾。通过实训，提高学生分析问题、解决问题的随机应变能力。

【任务实施】

资讯：

1. 危机管理的程序有哪些？每个阶段应该注意哪些问题？

2. 处理危机的技巧有哪些？旅游企业遇到危机时应该如何应对？

3. 调查当地旅游企业遇到危机时处理的情况及技巧的运用。

决策：

1. 处理危机的对策是什么？

2. 如何在处理危机中灵活地运用各种技巧？

计划：

1. 如何进行人员分工？

2. 完成任务需要哪些步骤？

3. 需要什么设备与工具？

实施：

1. 研究所搜集的资料，掌握饭店危机管理的程序及技巧。

2. 在老师的指导下分组，拟订活动方案并选好自己扮演的角色。

3. 以当场表演的形式掌握危机公关程序与技巧。

检查：

1. 处理程序是否规范？处理结果是否满意？

2. 技巧运用是否灵活、恰当？

评估：

工作任务评估表

考 评 项 目		自我评估	小组评估	教师评估
团队合作 40%	沟通能力			
	协作精神			
工作成果评定 30%	任务方案			
	实施过程			
	工具使用			
	完成情况			
工作态度 20%	工作纪律			
	敬业精神			
	有责任心			
工作角色、创新 10%	角色认知			
	创新精神			
综合评估 100%				

【知识链接】

一、危机管理过程的沟通协调

任何企业或社会组织都生活在一个不断变化的环境当中。企业或社会组织适应不断变化的环境就是在不断地调整和调适方方面面的关系。从这种意义上讲，企业或社会组织开展危机管理，其实质就是与自己面临的各种公众进行沟通协调。专业的公共关系人员以及危机管理小组成员必须具备娴熟的沟通协调技巧，在危机管理过程中积极地建立联系、不断地传递信息、善于协调关系，并根据反馈的信息调整管理策略。

危机管理工作分为危机来临前、危机处理中和危机后期三个阶段。在不同的阶段，沟通协调工作的要点不同，技巧有别。

(一)危机来临前

1. 注重平时。危机来临之前的沟通协调工作要遵循重在平时的原则。目的是为危机发生后的沟通协调作准备。国外危机管理专家指出，在危机时，你要与各种政府部门和顾客打交道。如果你不认识政府有关部门中的任何人，或者你从来也没有与顾客组织进行过交谈的话，你就会遇到困难了。你必须与那些将来在危机时需要进行沟通的关键集团、组织、政府部门事先建立沟通网络或桥梁。

2. 为"战时"做好相应准备。比如，对方的单位地址、电话、传真、电子邮件地址、重要人物的家庭住址等要准备好。要进一步确认在特殊情况下与谁联络。

3. 切忌仅仅与个别人联系。平时的沟通协调要以组织为重点，切忌只与个别人保持联系。多数情况下，发生危机的组织是希望得到组织的帮助而不仅仅是个人。通常，组织的力量大于个人的力量。

(二)危机处理中

国外危机管理专家曾总结出5项适用于各种危机的沟通原则。这些原则适合我国企业或社会组织开展危机处理以及沟通协调工作。危机中沟通的5项原则及包含的有关技巧如下：

1. 控制事态。危机发生时，必须尽早在物资上和舆论上控制住问题的进一步扩展。物质上控制通常是头等重要的事情。

2. 开诚布公。要做到坦率、忠实。要告诉人们事实真相。

3. 勇于承担责任。在危机处理过程中要勇于承担责任，不要企图回避问题、推卸责任或者闪烁其词。

4. 表示同情与关心。要利用简短而有效的、持积极态度的声明来对受害人表示出真诚的关心和同情。

5. 采取积极行动。公司对发生危机应做出的反应采取一系列积极的补救行动。

我国公关专家游昌乔先生也总结出危机处理的5项原则，称为5S原则。

第一，承担责任原则(shoulder the matter)。

第二，真诚沟通原则(sincerity)。

第三，速度第一原则(speed)。

第四，系统运行原则(system)。

第五，权威证实原则(standard)。

(三)危机后期

当把采取的一系列行动告诉公众之后，人们关注的往往是效果怎么样？因此，在危机后期，要注意：

1. 迅速通过适当的方式和渠道传递采取行动之后的效果，尤其是好的效果。

2. 通过具体的行动，继续表示对受害人及其亲属的关心、同情、安慰、帮助。

3. 危机管理小组成员总结、交流对危机的处理情况。

4. 与专业人员、专家交流，评估危机处理的得失。

5. 搜集所有反馈信息，为调整协调和沟通措施提供依据。

作为公关专业人员，在危机的沟通协调工作中，应该尽可能借助现代化的通信工具来达到自己的目的。为此，危机管理小组的成员或公共关系专业人员，应当随时带着一些必要的配备。这些配备包括：召开记者执行会的西装、移动电话、寻呼机、同事的通信录、新闻媒介记者的名单、手提电脑、录音机、录像机、空白磁带等。

【观点链接 9-1】

危机善后工作要点

危机过去之后，留下的是利益的减少，设施的损坏，损害赔偿的支付，人才的耗损，企业声誉和良好形象的恶化等损失。为了消除危机的消极影响，通常以下列工作为重点：

（1）恢复声誉和形象。比如制作道歉信。为表明企业的态度，以企业或领导的名义写道歉信，送交受害各方。道歉信的内容应包括：重建的现状、危机发生的原因的调查报告、防止危机再发生的具体对策和落实情况等。

（2）继续关注、关心、安慰受害人及其亲属。在这一过程中，进一步表明企业或组织重建的决心和信心，并期望对方的支持、帮助。

（3）重新开始宣传广告。危机期间要停止播出广告，当进入危机善后工作阶段，需要重新刊登广告。目的在于将重拾雄风的决心和期待援助的愿望确实无误地传达给有关公众。

（4）在不同场合继续强化、教育员工，建立"预防就是一切"的危机管理意识。

（5）开展重建市场的工作。有时，危机会破坏市场组织、销售渠道等，重建和恢复市场的工作就显得非常重要。

（6）适当开展一些公益或社区活动，支持地方经济和社会建设，树立新的良好的形象，建立更高的声誉，补偿诸如环境损失等。强化企业或组织在公众心目中的社会责任，造福一方，获得持久的支持和认可，以协调各方面的关系。

（资料来源：劳动和社会保障部中国就业培训技术指导中心．公关员职业培训与鉴定教材．上海：复旦大学出版社，2001）

二、各类危机事件的处理要点

不同类别危机事件的原因不同，因此处理要点也不同。

（一）组织行为不当引起的危机处理

组织行为不当引起的危机是公关危机的内容之一，它对社会组织公关状态影响最大，危害也最深，如果处理不及时，将给社会组织带来巨大的损失。

对于一个旅游企业来说，旅游线路设计欠科学、财务管理不善、产品质量与广告宣传不相符、对消费者的承诺不能实现、随意提高产品价格、服务不周等引起的危机，都属于此类危机。危机发生后，旅游企业社会声誉严重下降，经济活动受到很大影响，甚至出现生产经营活动的全部停滞。

处理危机是公关部门的重要职能。当旅游企业由于自己的行为过失而给社会公众造成损失或危害时，就需要公关部门及时协助组织的领导，妥善处理危机，争取社会公众的谅解，挽回社会影响，将损失降低到最低程度。

一般来说，处理此类危机的程序可分为四个步骤：

1. 认真听取意见。危机出现以后，公众或投书、或电话、或通过新闻媒介，向社会组织提出批评，甚至诉诸法律。不管何种情况，也不管公众是否采取偏激行为，作为公关人员都要认真、耐心、虚心地听取意见，绝不可简单驳回，更不可置之不理。

2. 设法查清事实。造成危机的原因很多，虽然都是由于组织的行为所致，但究竟是哪些行为造成了组织危机？为什么会发生这种现象？需要查清事实，找出问题的症结，这是处理危机的关键。

3. 充分交流意见。在查清事实的基础上，与公众民主地、平等地交流意见，共同寻求解决问题的途径，妥善处理好危机中造成的纠纷，争取公众的谅解。交流意见的方式很多，如与公众面对面交谈，或与公众代表交谈，或者通过新闻媒介。态度一定要诚恳，调查报告一定要详尽。

4. 多方了解反映。危机处理完毕后，组织与公众达成了谅解，但并不意味着公共关系工作的结束，还要进行多方面了解，调查公众对危机处理的看法，及时搜集反映，总结工作，以便进一步做好公共关系工作。

总之，在危机处理时，旅游企业的公关人员始终要本着与公众达成谅解的态度对待公众。如果遇到公众与组织对立比较严重，有可能诉诸法律，此时，公关人员也一定要协助有关部门，通过法律解决问题，以挽回影响。

(二)突发事件引起的危机及处理

在市场经济条件下，竞争激烈，社会环境错综复杂。社会组织处在这样的环境中从事经营活动，突发事件是在所难免的。突发事件一旦发生，必然会给社会组织带来灾害性的打击，而要处理好突发事件，重新恢复组织的声誉，则要通过组织开展行之有效的公关活动来实现。

对于一个旅游企业来说，诸如飞机失事、火车脱轨、轮船沉没、毒气泄漏、食物中毒、火灾、爆炸、坍塌、产品漏电、漏水、漏油等恶性事故均属于突发事件。突发事件使企业陷入巨大的舆论压力和危机之中。因此，对突发事件处理的效果如何，是关系到企业生死存亡的大事。

突发事件大多数是出乎意料的，非可控因素较多，舆论压力大，时间紧迫，处理起来比较棘手。面对强大的公众压力和危机四起的环境，需要动员组织的最大力量，综合运用各种手段和传播媒介，积极有效地进行危机处理。其处理方法是：

1. 保持镇定，判明情况

当突发事件发生后，公关负责人员首先要保持镇定，尽快全面了解事情的经过，判明有关情况。如果公关负责人员没有冷静的头脑，不能镇定自若，面对强大的公众压力，就会在处理问题时由于自己的急躁情绪而使自己的行为出现失误，其结果会使危机事态进一步复杂化。

2. 谨慎从事，坚决果断

公关人员处理突发事件要通盘考虑，谨慎从事，切忌鲁莽行事。因为突发事件牵扯各方面的关系，对于组织来说是极大的不幸。但是，如果通过公关活动将事件处理得非常得当，不仅能够消除不利因素，而且对重塑组织形象、提高组织声誉是非常有益的。但如果问题已经明确，处理事件上的措施已经确定，就应该坚决果断地付诸行动，尽快控制事态，绝不能优柔寡断，贻误时机。

3. 求得谅解，稳定局势，挽回影响

事件发生后，对于事件反映最为强烈的自然是与本组织或事件本身有利害关系的其他组织和个人以及新闻单位。组织要加强与这些公众的联系，认真听取他们对事件的处理意见，并表明自己处理事件的态度，以求得社会各方面的谅解，稳定局势，挽回对组织不利的影响。

4. 及时报道，以诚相待，争取主动

事件突发后，各种传闻不胫而走，各种猜疑顿时产生，舆论哗然，引起轰动，对此，公关部门应及时地报道事件的真相，争取主动。如果公关部门不及时报道事件的真相，而由其他渠道去传播消息，传播者往往因为对事件的真相了解不全面，加上主观的因素，使得传播既不全面，又有可能失去真实，反而给组织造成更为不利的社会环境，所以组织主动报道事件的真相，既可避免事件传播的失真，又可通过诚实的报道来求得公众的谅解，变被动为主动，使组织在处理事件中始终处于主动的地位。

5. 注意措辞，统一口径

由于企业的公关部门处理突发事件，总是面对公众舆论，面对新闻机构，因此，对于公关人员来说，他们所披露的任何消息，都代表组织，事关大局，影响甚大，一旦发布有误，就会给整个事件的处理带来不利影响，使组织处于被动局面。这就要求公关工作者一方面披露有关情况时要注意措辞，切忌随便议论事件的有关情况。另一方面，要注意统一口径，以免有些人从公关人员的言辞差异中找疑点，捕风捉影，乱加猜测。同时公关工作者统一口径，能给公众留下他们仍是凝聚力很强的整体，企业领导人有能力、有决心、有诚意处理好这一突发事件的良好印象。

6. 勇于承担责任，妥善处理问题

在处理突发事件时，要有强烈的责任感，以极大的耐心去处理突发事件所带来的各种问题，并勇于承担责任。这样就会使组织由突发事件造成的被动地位转化为主动地位，并且通过组织全力以赴地处理事件的行动来激励和调动起全体职工同心协力、共渡难关的积极性，从而更妥善地将问题处理好。

7. 通过职工关系网的作用，疏通有关关系

企业处理公共关系，特别是在居民对策和外协单位对策中，以组织的名义传播信息，效果并不理想。相反，利用本企业职工同外协单位或个人的民间往来，传递信息，疏通关系，会出现更佳的效果。利用这种形式要注意的是：本企业人员在对外传播信息时，必须严格按照公关部门的统一口径发表言论，避免传播的失误或出现反作用。

8. 多方出击，全面进攻

在突发事件的处理过程中，仅仅靠单一的方法和单一的传播媒介显然是有局限性的。必须以多种形式、多条渠道、多个侧面、多个角度来进行。特别是对于无形损失突发事件的处理。要改变企业在公众中的形象，打消公众的诸多猜疑，更要综合运用多种传播渠道，从不同的侧面、不同的角度来树立本企业的良好形象。

(三)失实报道引起的危机处理

旅游企业在公众关系活动中，需要经常对组织的外部环境进行监测，发现对组织不利的因素，及时采取措施进行补救，避免因外部环境的变化给组织带来的不利。特别是与新闻界的联系更为重要，有时候，由于新闻报道的失实，也会给组织带来危机，因而影响到

组织的声誉。

旅游企业在工作中出现局部失误是不可避免的，失误出现后，对社会的危害并不大，但由于新闻媒介对事实的了解不够全面，或记者听取一面之词，或主观判断，继而加以报道，结果使一件本不严重而且可以纠正的事情被报道得过分严重，使公众哗然，事态恶化，即使组织纠正了失误，也还处于危机之中。这种危机的处理是一件非常棘手的问题，因为新闻媒介的报道影响力大，公众印象深刻，而且可信度大，已经报道出去的消息再去纠正，难度是相当大的。因此，及时有效的公关活动就成为处理危机的重要途径。

失实报道影响面广，给企业带来的损害非常严重，因而对失实报道引起的危机的处理也就成为企业最为迫切的问题。如何处理才能使企业转危为安呢？其方法是：

1. 深入调查研究，及时纠正偏差

俗话说："无风不起浪。"新闻媒介既然对社会组织进行报道，就说明有一定的原因。要想澄清事实，首先要深入调查研究，通过调查研究，搜集真实的资料，寻找问题，分析原因，及时纠正自己行为中的偏差，为处理危机打下良好的基础。

2. 及时与新闻界取得联系

危机发生后，旅游企业要积极主动地与新闻界取得联系，讲明事件真相，提供真实的资料，要求新闻界给予更正。在与新闻界打交道时，要抱着认真解决问题的真诚态度来求得新闻界的帮助与合作，促使新闻界与组织共同来澄清事实，消除不良影响。

3. 开展形式多样的公关活动

为了消除危机造成的严重后果，旅游企业要集中力量根据需要开展形式多样的公关活动，如组织参观、与公众进行沟通、召开记者招待会、关心社会公益事业等，通过公关活动，传播组织的准确信息，改变公众对组织的看法，从而重新树立组织的形象。

4. 积极与社会各界进行多方面的沟通，澄清事实

危机发生后，最主要的是让社会各界了解事实真相。这就需要企业积极与社会各界进行广泛的沟通，澄清事实，让尽可能多的公众了解事实真相，从而改变由失实报道而引起的环境危机。同时还要调动起组织全体员工的积极性，齐心协力，共渡难关。因为危机发生后，对企业的打击非常大，如果职工不同心协力，共同消除危机，那么组织内部人心涣散，外部危机四起，就会使组织濒临崩溃。

5. 及时进行信息反馈，调整公关工作

危机发生后，旅游企业为处理危机做了大量的工作，是否有效果，还需要搜集外部的信息资料，进行反馈，以便不断地调整公关活动的方式方法，避免盲目性，提高公关活动的效果。

除此之外，公关人员还要在处理危机的过程中，不断地总结经验教训，调整公关活动的方向，协同企业协调各种关系，避免类似危机的出现。

三、危机对策与基本技巧

不同的危机有不同的危机处理对象。公关危机处理没有固定的模式。这里所谓的对策，从某种意义上来说，仍然是一种原则性的提示，一种理论上的思路。

(一)组织内部的对策

1. 迅速成立处理危机事件的专门机构。假如企业已成立危机管理小组，可在该小组

的基础上增加部分人员。如果事先没有设置与危机管理小组相似的专门机构，需要立即成立。这个专门小组的领导应由企业负责人担任。公关部的成员必须参加这一机构，并会同各有关职能部门的人员组成一个有权威性、有效率的工作班子。

2. 了解情况，进行诊断。成立专门机构应迅速而准确地把握事态的发展，判明情况。确定危机事件的类型、特点，确认有关的公众对象。

3. 制定处理危机事件的基本原则、方针、具体的程序与对策。

4. 急速告知需提供援助的部门，共同参加急救。

5. 将制定的处理危机事件的基本原则、方针、程序和对策，通告全体职工，以统一口径，统一思想认识，协同行动。

6. 向传媒人士、社区意见领袖等公布危机事件的真相，表示企业对该事件的态度和通报将要采取的措施。

7. 危机事件若造成伤亡，一方面应立即进行救护工作或进行善后处理；另一方面应立即通知其家属，并尽可能提供一切条件，满足其家属的探视或要求。

8. 如果是由不合格产品引起的危机事件，应不惜代价立即收回不合格产品，或立即组织检修队伍，对不合格产品逐个检验。通知有关部门立即停止出售这类产品。

9. 调查引发危机事件的原因，并对处理工作进行评估。

10. 奖励处理危机事件的有功人士；处罚事件的责任者，并通告有关各方。

(二)受害者对策

1. 认真了解受害者情况后，诚恳地向他们及其亲属道歉，并实事求是地承担相应的责任。

2. 耐心而冷静地听取受害者的意见，包括他们要求赔偿损失的意见。

3. 了解、确认有关赔偿损失的文件规定与制定处理原则。

4. 避免与受害者及其家属发生争辩与纠纷。即使受害者有一定责任，也不要在现场追究。

5. 企业应避免出现为自己辩护的言辞。

6. 向受害者及其家属公布补偿方法与标准，并尽快实施。

7. 应由专人负责与受害者及其亲属慎之又慎地接触。

8. 给受害者安慰与同情，并尽可能提供其所需的服务，尽最大努力做好善后处理工作。

9. 在处理危机事件的过程中，如果没有特殊情况，不可随便更换负责处理工作的人员。

(三)新闻界对策

1. 如何向新闻界公布危机事故，公布时使用何种措辞，采用什么样形式，有关信息怎样有计划地披露等，应事先达成共识，统一口径。

2. 成立临时记者接待机构，专人负责发布消息，集中处理与事件有关的新闻采访，向记者提供权威的资料。

3. 为了避免报道失实，向记者提供的资料应尽可能采用书面的形式。介绍危机事件的资料应简明扼要，避免使用技术术语或难懂的词汇。

4. 主动向新闻界提供真实、准确的消息，公开表明企业的立场和态度，以减少新闻界的猜测，帮助新闻界做出正确的报道。

5. 必须谨慎传播。在事情未完全明了之前，不要通过媒体对事故的原因、损失以及其他方面的任何可能性进行推测性的报道，不轻易地表示赞成或反对的态度。

6. 对新闻界表示出合作、主动和自信的态度，不可采取隐瞒、搪塞、对抗的态度。对确实不便发表的消息，亦不要简单地"无可奉告"，而应说明理由，求得记者的同情和理解。

7. 不要一边向记者发表敏感言论，一边又强调不要记录。

8. 注意以公众的立场和观点来进行报道，不断向公众提供他们所关心的消息，如补偿方法、善后措施等。

9. 除新闻报道外，可在刊登有关事件消息的报刊上发表歉意广告，向公众说明事实真相，并向公众表示道歉及承担责任。

10. 当记者发表了不符合事实真相的报道时，应尽快向该报刊提出更正要求，并指明失实的地方。向该刊物提供全部与事实有关的资料，派重要发言人接受采访，表明立场，要求公平处理。特别应注意避免产生敌意。

(四)上级领导部门对策

1. 危机事件发生后，应以最快的速度向企业的直属上级部门实事求是地报告，争取他们的援助、支持与关注。

2. 在危机事件的处理过程中，应定期汇报事态发展的状况，求得上级领导部门的指导。

3. 危机事件处理完毕后，应向上级领导部门详细地报告处理的经过、解决方法、事件发生的原因等情况，并提出今后的预防计划和措施。

(五)有业务往来单位的对策

1. 危机事件发生后，应尽快如实地向有业务往来的单位传达事故发生的消息，并表明企业对该事件的坦诚态度。

2. 以书面的形式通报正在或将要采取的各种对策和措施。

3. 如有必要，还可派人直接到各个单位去面对面地沟通、解释。

4. 在事故处理的过程中，定期向各界公众传达处理经过。

5. 事故处理完毕，应用书面的形式表示歉意，并向理解和援助的单位表示诚挚的谢意。

(六)消费者对策

1. 迅速查明和判断消费者的类型、特征、数量、分布等。

2. 通过不同的传播渠道向消费者颁发说明事故梗概的书面材料。

3. 听取受到不同程度影响的消费者对事故处理的意见和愿望。

4. 通过不同的渠道公布事故的经过、处理方法和今后的预防措施。

(七)消费者团体对策

1. 所有的对策、措施，都应以尊重消费者权益为前提。

2. 热情地接待消费者团体的代表，回答他们的询问、质询。

3. 不隐瞒事故的真相。

4. 及时与消费者团体中的领导以及意见领袖进行沟通、磋商。

5. 通过新闻媒介向外界公布与消费者团体达成的一致意见或处理办法。

(八)社区居民对策

1. 社区是企业生存和发展的基地,如果危机事件给社区居民带来了损失,企业应组织人员专门向他们致歉。

2. 根据危机事件的性质,也可派人到每一户家庭分别道歉。

3. 向全国性的大报和有影响的地方报刊发谢罪广告。明确而鲜明地表示企业敢于承担社会责任、知错必改的态度。

4. 必要时,应向社区居民赔偿经济损失或提供其他补偿。

除上述关系对象外,还应根据具体情况,分别对事件有关的交通、公安、市政、友邻单位等公众采取适当的传播对策,通报情况,回答咨询,巡回解释,调动各方面的力量,协助企业尽快渡过危机,使企业形象的损害控制在最低限度。

四、旅游企业如何做好危机公关

最近几年伴随景区投诉的增多,危机也频繁发生,危机公关也被提到了景区日常管理中,其实这里所谈的危机公关是指:由于景区企业的管理不善、同行竞争甚至遭遇恶意破坏或者是外界特殊事件的影响,而给景区品牌带来危机,景区针对危机所采取的一系列自救行动,包括消除影响、恢复形象、重新建立与消费者正面沟通关系等,但这仅仅属于危机管理系统中的危机处理部分,而并非危机管理体系的全部。危机产生的背后原因都是景区企业在管理上出了问题,其实造成危机的许多诱因早已潜伏在企业的经营管理之中,比如缺乏严格的质量管理体系和选产管理体系,有时,看起来很不起眼的小事,经过"连锁反应""滚雪球效应""恶性循环",有可能演变成摧毁景区企业的危机。

就旅游行业来说,市场竞争日趋激烈,旅游企业面临各种压力与挑战,而旅游行业本身又是一个眼球经济,旅游市场目前来说并不十分规范,游客在吃、住、游、购、娱等方面容易与其他各个方面产生矛盾,因此,危机在旅游行业时时刻刻存在着。这种危机分为两个方面,一方面是旅游企业本身的原因造成危机。比如"香港强迫购物门"事件,就是一起旅行社违规同时旅游监管不力共同造成的危机。而且,在中消协等很多网站都会发现旅游投诉的事件,包括对旅行社、景区景点、宾馆饭店以及娱乐场所等,其中大部分都是属于旅游行业本身管理、宣传、处理事件态度等出现的问题。另一方面是旅游企业被动造成的危机。但无论是哪种危机,对于旅游企业来说都是危机,基于危机管理体系来说,我们要建立一套危机应对机制,才是做好旅游企业危机公关的关键。

旅游作为窗口服务行业,本身的服务质量才是第一位的,服务质量提升才是避免危机的最好方法,因此危机管理主要从以下几方面着手:

(一)完善制度,加强管理,建立有效的公关管理体系

比如进行全员公关,树立负面信息意识、统一宣传口径,所有人员要言行一致、设立公关管理的常设机构、建立负面信息预警系统、制定负面信息管理方案、企业内部的公关培训、建立并维护良好的媒体合作平台、加强企业内部传播流程管理等。将危机处在萌芽状态时就消灭,这是做好危机管理最重要的。旅游企业公关部的主要任务就是加强媒体沟通,制定危机内部处理流程,对全体员工上至总经理下至普通员工进行公关培训,统一思想与认识,通常情况下公关负责人就是旅游企业的新闻发言人,这样当危机来临时才不会

慌乱，多头处理，言行不一致。

（二）日常管理中加强公关传播，树立旅游品牌良好的公众形象

很多旅游企业在做公关工作时都抱着一个观点：做公关就是做广告，需要大量的资金投入。事实上，广告和公关的区别是很大的：广告专注的是诉求，公关借助的是沟通、广告张扬，公关内敛、广告做市场，公关做"势场"。旅游产品的特性，决定了旅游品牌形象对于旅游业发展有着至关重要的作用。只有旅游景区的对外形象完整、系统、良好地表现出来，并被有效地传达到消费者时，才有可能获得旅游者的认可。

公关就是立足之本，深入挖掘内涵，制定适合的发展战略和有创意的营销策划，通过整合各种公关手段加以表现，比如新闻、网络口碑、事件营销等，不断传播景区利好新闻，扩大影响，提升景区的知名度和美誉度。

（三）发生负面信息就要及时处理，避免演变成危机

1. 成立危机公关小组，寻找危机源头，控制与处理危机源头，避免事件进一步扩大

很多旅游企业对日常出现的危机大多采用不理不睬，其实很多负面信息都是可以第一时间处理，往往是负面扩大之后，才进行干预，但此时需要花的力气是非常巨大的。比如贵州旅游虎口脱险记事件，如果当地旅游有关部门能最早时间启动纠纷处理机制，积极联系媒体等信息传播平台，把事实真相及时公之于众，并借机向广大受众解释误解、纠纷产生的原因，宣传当地的各种少数民族的生活习惯和民俗禁忌等，以积极手段回应"小便事件"，一方面能够尽可能地挽回受损的旅游形象；另一方面也能让更多的游客了解当地少数民族的文化，并倡导文明的旅游行为，而且绝大多数受众也乐于接受这种基于鲜活案例的正面传播。

2. 在危机爆发过程中，旅游企业表明态度、主动承担责任、实施有效措施、对相关利益群体进行关怀、信息及时披露与化解矛盾，避免信息扩散传播

其中媒体在危机公关中扮演非常重要的角色，因此在宣传报道上旅游企业要坚持诚实和透明的原则，建立媒体中心，并用它来发布新闻简报，迅速发布有关危机的准确和可靠信息。同时，采取迅速调查策略。旅游部门应该主动了解第一手的资料，尽可能并尽快向危机发生地派出自己的调查队伍，以了解危机期间的旅游情况、客源情况和旅游动机，危机期间当地媒体报道的主要方向、消息来源以及对旅游目的地形象的影响等，然后迅速将这些信息反馈给宣传和沟通部门。

3. 危机过后重振旅游形象，恢复旅游者信心

危机结束后，危机带来的负面影响将仍会在潜在旅游者心中保持较长的一段时间，因此此时旅游企业在危机过后仍然要积极做好危机新闻媒体沟通与受众人群沟通工作。一是要重建形象，比如可以积极宣传政府采取的反危机措施以及旅游主管部门采取的使旅游业恢复正常的措施，及时向新闻媒介通告旅游业的复苏计划和具体措施。可以邀请媒体重返目的地向他们展示所取得的成绩，以抵消危机在旅游者心目中形成的不利形象。二是要调整促销策略。危机过后会产生新的旅游需求，因此要针对新的机会市场开发新的旅游产品并展开促销活动。在促销时要努力提高旅游业的服务质量，提高旅游产品的性价比。

【职场案例】

案例一：桂林 A 饭店中毒事件

一　案例背景

广西桂林 A 饭店是一个全国连锁饭店，以泉水加秘方烹饪鸡鸭和桂林家常菜为特色。由于顺应绿色消费潮流、味道鲜美以及定位中低档消费而颇受顾客欢迎。

2000 年 7 月的一天，A 饭店在广西南宁的一个分店遭到消费者投诉。

一个消费者来到该分店，说昨天他们一行 8 人在此店吃饭，6 人发生腹泻。到医院看病，医生说是食物中毒，并开了药。消费者要求该分店赔偿昨天的餐费，否则给予曝光。当时，主持工作的是分店经理助理，他说食品卫生绝对没有问题，要来人出具证明。消费者对这种处理不满，于是告到《南宁日报》。记者从南宁打电话到桂林 A 饭店总部，说如果再不妥善处理，将予以曝光。总经理接到电话，意识到曝光对于一个连锁店的严重性，当即告诉记者第二天到达南宁市亲自处理。记者同意在没有与总经理面谈之前不报道。但是第二天由于有教授来公司讲学，A 饭店总经理没有去南宁市。第三天，《南宁日报》即以醒目标题报道了此事件，也就是在同一天，伍品芳总经理派助理去了南宁市，向受害者表示赔礼道歉并赔偿了损失费。《南宁日报》决定跟踪报道桂林 A 饭店的处理结果。

但是，A 饭店总经理认为记者言而无信，报道失实，给公司造成名誉损失，使得公司赔了夫人又折兵，要起诉该记者。当时日报社给予桂林 A 饭店的答复是：如果起诉，A 饭店会胜诉，但是对于记者本人不会有大的损失；如果不起诉，《南宁日报》答应免费连续报道一下桂林 A 饭店。

二　危机处理

A 饭店管理层经过讨论，认为对于公司来讲，重要的是公众形象。与记者打官司，胜败并没有谁去关注，反而浪费了自己的精力。所以，当时决定不起诉，写出公司的连续报道资料，同时与媒介搞好关系。A 饭店意识到加强卫生的重要性，改变了过去由分店经理负责食品卫生的做法，成立了卫生质量检查部，制定食品卫生标准和检查程序，定期对所属二级分店进行检查，使公司更加正规化。

三　危机启示

1. 品牌竞争时代，饭店要把塑造企业品牌形象放在重要位置，遇到危机集团品牌形象的危机事件要高度重视，迅速处置，将危机事件造成的损害降到最低。

2. 饭店企业不要与消费者、新闻媒体对立，而要表现出对消费者、社会公众的关心与重视；公司要处理好与新闻媒体的关系，使之为宣传公司正面形象服务，以重新树立集团品牌形象。

3. 危机期间饭店集团与新闻媒体、公众之间进行及时、有效传播沟通十分重要，要专门设立新闻发布机构或公关经理负责对为信息发布以及和新闻媒介沟通，掌握对外报道的主动权，告知公众公司正在采取什么措施来解决问题，防止危机中由于信息谣传对公司形象造成更大的损害。

4. 严格按照品牌危机事件处置程序进行操作，品牌危机预防管理、品牌危机处理管理以及品牌危机恢复管理环环相扣、紧密衔接，以降低品牌危机事件对集团品牌形象的损害。

5. 对危机事件所暴露出来的饭店经营管理中存在的问题要及时采取措施进行整改，防止以后类似事件再次发生。

（资料来源：http：//travel.sohu.com）

案例二：从"希尔顿"发家史看危机中的机会

一　企业概况

希尔顿（Hilton Conrad，1887—1979），美国旅馆业巨头，人称"旅店帝王"。1887年生于美国新墨西哥州，曾控制美国经济的十大财阀之一。

1907年，正当美国发生经济大恐慌的那年圣诞节，一个名叫康拉德—希尔顿、年龄仅20岁的孩子在美国新墨西哥州圣一安东尼奥镇堆满杂货的土坯房里开办了家庭式旅馆以应付生计并庆祝自己的生日，他还对母亲说："我要集资100万美元，盖一座以我命名的新旅馆。"又指着报纸上一大堆地名说："我要在这些地方都建起旅馆，一年开一家。"

……

1928年，也是圣诞节，时光过了21年，康拉德—希尔顿41岁生日这一天，所有这些梦想都一一实现了，并且速度大大超过预期。在达拉斯阿比林、韦科、马林、普莱恩维尤、圣安吉诺和拉伯克都相继建起了以他的名字命名的饭店——希尔顿饭店。

希尔顿酒店集团（Hilton Hotels）是一家国际化，全球性连锁的五星级酒店。

2004年7月，美国《HOTELS》杂志公布2004年的统计，希尔顿集团（美国）2004年有酒店2259座，房间358408间，列第11位；2003年列10位，酒店2173座，房间348483间。

……

2008年，全球超过约2800家希尔顿酒店……

二　关于微笑

故事一：1930年是美国经济萧条最严重的一年，全美国的旅馆倒闭了80%，希尔顿的旅馆也一家接着一家亏损不堪，一度负债达50万美元，希尔顿并不灰心，他召集每一家旅馆员工向他们特别交代和呼吁："目前正值旅馆亏空靠借债度日时期，我决定强渡难关。一旦美国经济恐慌时期过去，我们希尔顿旅馆很快就能进入云开月出的局面。因此，我请各位记住，希尔顿的礼仪万万不能忘。无论旅馆本身遭遇的困难如何，希尔顿旅馆服务员脸上的微笑永远是属于顾客的。"事实上，在那纷纷倒闭后只剩下的20%的旅馆中，只有希尔顿旅馆服务员的微笑是美好的。

经济萧条刚过，希尔顿旅馆系统就领先进入了新的繁荣期，跨入了经营的黄金时代。希尔顿旅馆紧接着充实了一批现代化设备。此时，希尔顿到每一家旅馆召集全体员工开会时都要问："现在我们的旅馆已新添了第一流设备，你觉得还必须配合一些什么第一流的东西使客人更喜欢呢？"员工回答之后，希尔顿笑着摇头说："请你们想一想，如果旅馆里只有第一流的设备而没有第一流服务员的微笑，那些旅客会认为我们供应了他们全部最喜欢的东西吗？如果缺少服务员的美好微笑，正好比花园里失去了春天的太阳和春风。假如我是旅客，我宁愿住进虽然只有残旧地毯，却处处见到微笑的旅馆，也不愿走进只有一流设备而不见微笑的地方……"

故事二：当希尔顿的资产从几千美元奇迹般地增值到几千万美元时，他曾欣喜而自豪地把这一成就告诉了母亲。然而，母亲却淡然地说："依我看，你跟从前根本没有什么两样……你必须把握更重要的东西：除了对顾客诚实之外，还要想办法使来希尔顿旅馆住过的人还想再来住，你要想出一种简单、容易、不花本钱且行之久远的办法去吸引顾客，这样你的旅馆才有前途。"为了找到一种具备母亲所说的"简单、容易、不花本钱、行之久远"四大条件的办法，希尔顿逛商店、串旅店，以自己作为一个顾客的亲身感受，终于得到了答案——微笑服务。只有它才实实在在地同时具备母亲所提出的四大条件。同时，他一贯坚持的用人之道和经营风格，足以保证员工的笑容是真实的、发自内心的。

三　经营启示

1. 敢于梦想很重要，敢想才敢做。

2. 领导者和成功者，他们的眼光很重要，能够花精力在重要的东西上，持续改善它，让你的事业保持青春与前途。

3. 在危机中的幸存者，只要坚持下来，并且保留住了相当的服务品质。往往就是最好的胜者，其实腾讯在互联网的成功也非常类似。相信类似的故事还在继续着。

4. 如果做企业，也许可以想想现在可以做点什么。有什么在危机中可以帮助众人的，简单、容易、不花本钱且行之久远。

（资料来源：http：//www.20ju.com）

【情境模拟】

某旅行社组织了30人赴某地区旅游。按照合同约定，旅游者于出发日乘某次火车硬卧返程。旅行社难以买到约定的车次车票，购买了其他车次返程车票。旅游者明确表示无法接受，要求旅行社给予赔偿。由于双方分歧过大，结果旅游者滞留在旅游目的地。

如果你是该旅行社的经理，你该如何应对此事？

【实战演练】

1. 某饭店客人在住店期间，不小心被开水烫伤，客人非常不满，要求饭店给予赔偿，并扬言要把此事曝光给媒体，如果你是饭店公关部的经理，如何处理此危机？

2. 某旅游企业由于遇上"非典"，使经营陷入困境，你能否以此情景，帮助该企业解决此危机？

工作任务三　危机管理方案的制订与演习

【任务导入】

某旅游企业发现近年来市场竞争越来越激烈，因此，为了应对环境的变化，避免出现危机时手忙脚乱，惊慌失措，使公司能够顺利地步入正轨，企业决定制订一套危机管理方案，并进行演习。请你帮助该企业制订一套危机管理方案。

【任务分析】

以当地的某旅游企业为背景，调查旅游企业所面临的市场环境，认识预防危机的重要性，制订危机管理方案，并通过实战演习，发现危机管理方案中的问题并予以修正完善。要求学生能够掌握演习的基本流程并独立地组织一场危机处理演习活动。

【任务实施】

资讯：

1. 旅游企业危机预警方案的内容及制定原则？

2. 如何组织旅游企业的危机预警演习？

3. 了解当地旅游企业危机预警方案的制订情况？

决策：

1. 如何制订危机预警方案？

2. 如何组织危机预警演习？

计划：

1. 完成任务的步骤有哪些？

2. 人员如何分配？

3. 时间如何安排？

4. 需要哪些设备与工具？

实施：

1. 研究所搜集的资料，分析旅游企业危机的类型，并制订危机预警方案。

2. 根据危机预警方案进行危机处理演习。

检查：

1. 方案是否科学？要素是否齐全？

2. 演习活动组织是否有序？是否起到了相应的作用？

评估：

工作任务评估表

考评项目		自我评估	小组评估	教师评估
团队合作 40%	沟通能力			
	协作精神			
工作成果评定 30%	任务方案			
	实施过程			
	工具使用			
	完成情况			
工作态度 20%	工作纪律			
	敬业精神			
	有责任心			
工作角色、创新 10%	角色认知			
	创新精神			
综合评估 100%				

【知识链接】

危机管理的重点在于预防，了解预防危机的重要性，制订危机管理方案并进行相应的演习，对任何一个组织来说都是必要的。

一、旅游企业危机预警系统的建立

旅游业一直以来都是综合性、风险性强的敏感行业，充满危机。我国旅游业自20世纪80年代诞生以来曾经历过1989年的政治事件、1994年的"千岛湖事件"、1998年的特大洪水、2002年的国航空难，东南亚金融危机、"9·11"恐怖事件和伊拉克战争等局部战争带来的种种危机，还有普吉岛海啸事件，以及正在发生的禽流感等，当然还有最为沉重的一次就是曾给我国旅游业带来"休克性"危机的SARS疫情。作为"阳光下产业"的旅游业非常敏感，政治、军事、天灾人祸等都有可能危及旅游业的发展，旅游企业的生存。可以说旅游企业的发展就是与危机共舞，旅游企业危机的存在是必然的。

在由中国社会科学院旅游研究中心组织中外专家撰写的《2002—2004中国旅游发展：分析与预测》中，专家指出，未来我国旅游业的发展趋势体现在八个方面。首当其冲的就是危机管理成为重中之重。经过一系列的危机尤其是SARS之后人们已经深刻认识到了危机的存在、危机的影响，意识到健全危机管理机制的重要性。另有权威统计表明，有80%的企业寿命不到3年，10%的企业寿命不到8年，只有2%的企业寿命能达到40年以上。2%企业幸存的基础是什么？答案就是：危机管理。防患于未然才能临危不惧，理智处理危机。作为敏感行业的旅游业更是必须重视危机管理，建立危机管理机制。

危机管理机制包括预防、处理、善后三个方面。俗话说得好："人无远虑，必有近忧"，"凡事预则立，不预则废"，在危机管理机制中，建立健全危机预警系统是首要问题。有权威调查发现近四成的企业在制订年度经营计划时并没有制订正式的危机管理计划。

建立预警系统的最大好处是当危机来临时，不至于手足无措，内部乱成一锅粥，外面谣言满天飞。而能够使有关人员冷静的按照预定计划迅速反应，将损失减少到最低限度，处理好的话甚至能因祸得福。远在1904年"公关之父"艾维·李就成功地将宾夕法尼亚铁路事故处理成提升企业形象的奇迹；近看新加坡航空公司的一次空难，从发现空难到让总部知道这个消息，到组织新闻发布会，新加坡航空整个危机应对系统迅速启动，24小时之内做到联络媒体、警方、医院，联系、安慰家属等，采取了一系列措施，在最短的时间内以最统一的信息、最透明的方式让全世界的媒体都知道发生了什么，公司正在尽力做着什么，他们是多么负责任，他们是多么值得同情和赞许，把握住了处理问题的先机和主动权。如果没有这套危机预警系统，仅仅撰写新闻稿就需要几个小时的时间，这个时间的空白就很有可能造成"外部指责之声铺天盖地，内部人心惶惶一片混乱"的局面。

那么，旅游企业如何建立危机预警系统呢？关键要做到以下几方面工作：

(一)建立危机管理小组

从学科上来看，危机管理属于公共关系的内容，但危机管理的实践不能只是企业公共关系部门的问题。联想到我国目前很多企业公关部门形同虚设的现实和公关部门权限上往往只限于一个普通职能部门的事实，如果只是将危机管理交由公关部门来做的话，解决问题的能力可能就要大打折扣。由于危机发生时涉及企业全局，特别是旅游危机往往直接关系到企业的生存，因此不能只是一个部门的事，而是各个职能部门和每一个员工的事。同时，危机处理对参与人员的素质要求很高，这些人员如果不提前进行准备，就很难在危机发生时找到合适的人员，从而延误时机并导致处理失败，所以有必要建立危机管理小组。

危机管理小组的领导者不一定是旅游企业的最高领导，但必须是高层管理中的权威人物之一。小组成员，应尽可能选择熟知本企业和旅游行业内外部环境、有较高职位的管理人员和一线的专业导游以及公关专业人员参加。才能纵览全局，敏感的发现问题，在问题发生时也才能有权力、有能力及时调动可用资源，才能够妥善协调关系、处理危机。

危机管理小组是企业的常设机构。危机管理小组的工作主要在于搜集相关资料、制定本企业的危机管理机制、发现可能的危机；通过日常危机教育，提高全体员工的危机意识；进行危机模拟实验，提高危机企业应对能力；与企业内外部相关部门，特别是新闻媒体进行信息沟通，为危机发生时创造必要的信息畅通渠道等。

（二）强化员工危机意识，进行危机模拟训练

企业危机往往关系到整个企业的生存发展，事关每个员工的利益。纵观多起企业危机，当危机发生的时候由于企业的宣传口径不一致造成谣言满天飞，增加公众的疑虑和不信任感，从而增加危机处理的难度；又由于旅游企业是服务行业，几乎每个员工都直接面对消费者，有些危机可能就是由于员工的服务缺陷造成的。所以对于旅游企业更有必要加强员工的危机意识教育，并适当进行危机模拟训练，提高员工应对危机的整体能力，在危机发生时发挥集体的力量共渡难关。

危机管理意识教育，首先在于强调"居安思危"，让企业所有员工都明白危机管理的重要性和必要性，强化其危机意识，强调许多大的、灾难性的危机可能仅仅源于小的疏漏，提高警惕性；其次在于培训员工的应对能力。在危机发生时作为员工该做些什么，应该如何与游客、合作伙伴、媒体、政府等群体进行及时有效的沟通；熟悉危机时企业内部的沟通系统和应急反应计划、知道如何协调工作，共同解决危机；特别强调作为非发言人的一般员工要做到不随便发表"内部小道消息"，统一口径，先声夺人对企业危机的处理至关重要；再次在于培训员工的服务技能，保证服务的质量，减少企业自身出错和错失的机会；最后在于培养员工合作与奉献的精神。

（三）制订企业危机应变计划

危机管理小组在法律法规和企业政策允许的范围内制订相应的灵活具体周密的危机处理对策计划，形成书面方案，使之制度化、规范化。为保证危机处理计划的全面性和客观性，可聘请专业公关公司来主持或协同编撰。制订危机应对计划时，尽可能全面，考虑到企业可能会发生什么危机，每一种危机都应有一个可能的应对方案；每一个应对方案都至少包括以下方面：危机可能造成的最坏影响；每一种可能所采取的具体应对方法；人、财、物的调配方案；主要发言人和后备发言人的名称、地址、联系方式；发言人的讲话稿；需要联系的相关部门，比如媒体、行政部门、医院、交通部门、警察、景点负责人等的联系方式、联系人等。

这些具体的危机管理系统平常就放在企业的网站上，在危机发生时，相关管理者输入密码就可以打开。按部就班的组织实施，做到处乱不惊、迅速应对、条理井然、增加危机处理的成功率。

(四)观察发现危机前兆，分析预计危机情境

有了管理小组，有了危机管理系统，有了内部员工的"群众的力量"，还需要有一双及时发现危机，做到"防患于未然"，尽可能将危机消灭于萌芽状态的"慧眼"。才能够真正发挥预警系统的优势。任何事物都不是空穴来风，多数危机在爆发前都有或多或少的预警信号，只是在危机真正爆发之前，这些蛛丝马迹的预警信号往往没有引起人们的注意和足够的重视而已。这就要求危机管理小组十分关注与企业经营相关的宏观与微观因素的变化趋势、及时发现危机前兆、超前决策，争取主动、尽可能将危机消除在潜伏期。

及时发现危机先兆，依靠的是全体员工的危机意识，依靠的是危机处理小组的工作能力。危机处理小组以高度的危机意识和高度的工作责任感在日常搜集的相关资料中敏锐的发现问题。意识到问题的重要程度，并及时与相关领导沟通信息，才能够及时启动危机预警系统，抢占先机、减少损失。

二、制定危机管理预警方案的步骤

危机管理的关键在于预防，在于捕捉先机。危机管理预警方案就是危机预防的书面体现。如何撰写危机管理预警方案呢？可以参考以下步骤：

(一)搜集危机信息

可以从不同的方面搜集危机信息。比如，从消费者窗口、市场营销部门、财务部门、生产部门和人事部门等方面搜集显性的和隐性的危机信息。通常，企业或组织应该建立舆论监测或反馈系统来捕捉危机信息。

(二)建立专家小组

专家小组和危机管理小组的成员可以是交叉的，也可以是不交叉的。搜集的信息应提交给各位专家成员。

(三)分析评价危机信息

专家小组和危机管理小组成员将显性的、隐性的信息集中起来，进行评价。危机会由于企业种类、状况、规模、发展程度的不同而各异，因此要从本单位实际出发，将危机信息分类、估计危机发生的概率，制定对策。

(四)针对每种潜在危机制定策略

要设想最坏的可能，为每种潜在危机制定策略。比如，人员怎样召集，何人就何事做什么工作，谁向谁传达什么样的指令。又如，谁负责处理企业停工问题，谁负责产品处理？谁对外沟通等。类似这些问题必须明确、具体、清晰。

(五)危机管理预警方案的内容和格式

危机管理预警方案是对危机预防、分析、对策等全面内容的表述。其主要内容就是危机管理计划的具体化。

(六)对检查做出规定

由于工作非常繁忙，企业领导和危机管理小组成员容易忽视或忘记对预警方案执行情况的检查。因此，在危机管理预警方案中，还应该确定对危机防范情况定期检查的若干规定。比如，什么时候检查？哪些人主持检查？检查什么？用什么方式检查等。

三、撰写危机预警方案

危机预警方案主要包括以下内容：

(一)危机预测

1. 对公众安全和广泛利益具有重要影响的事件。
2. 最常发生的意外事件、突发事件、敏感事件。
3. 组织的脆弱环节、薄弱环节和易受攻击的环节。
4. 不可重复的关键环节。

(二)危机的分级

一般事件——非常规情形需要引起立即关注。

紧急事件——对常规情形造成破坏，引起人员伤亡或财产损失。

危机事件——当上述事件变得无法控制，且在大范围内对企业产生负面影响。

(三)危机应变方案

1. 在组织内进行危机教育，树立危机意识，对危机保持正确、积极的态度。
2. 在组织内部长期灌输公众意识，促使组织的行为尽量与公众的期望保持一致。
3. 平时要注意通过一系列对社会体现负责和善意的行为来建立组织的信誉。
4. 建立有效的社会信息反馈机制，监测社会环境的变化，对潜在的危机做出分析和预测，并随时准备把握危机中的机遇。
5. 组建一个跨部门的危机管理小组，该小组必须有权调动组织的人、财、物资源来应付危机和处理危机，同时具有发布信息的权威性。
6. 分析研究各种与组织有关的潜在的危机形态，界定有关的危机类型。
7. 制定预防危机的方针、对策，并落实到组织的制度和运行机制中，尽可能避免危机的发生。
8. 为处理每一种潜在的危机制定具体的战略和战术。
9. 确定可能受到危机影响的公众。
10. 为最大限度减少危机对组织声誉的破坏性影响，建立有效的传播沟通渠道。
11. 组建危机评估和危机控制的专家小组。
12. 由专家和行政人员共同制订危机应急计划。
13. 写出具体的危机处理书面方案。
14. 根据方案反复进行试验性演习。
15. 事先培训处理危机的专业人员。

(四)主要危机的分类及其基本对策

舆论危机指社会公众对组织的负面态度和负面意见的公开流传和表达。舆论危机有两种类型：人际舆论危机和大众舆论危机。

1. 人际舆论危机

人际舆论危机是指人们以口传的形式，在社会公众中形成的负面舆论。谣言就是一种比较典型的人际舆论危机。

人际舆论危机的基本对策：

(1)主动沟通，切勿保持沉默；

(2)以事实(数据真相)说话；

(3)借助第三者，增强事实的客观性和公正性。

2. 大众舆论危机

大众舆论危机是指由新闻媒体传播而形成的大范围或大规模的负面舆论。

大众舆论危机的基本对策：

(1)主动与媒体联系；

(2)与媒体合作，主动沟通、说明；

(3)对不实报道进行解释，请求更正；

(4)及时解决问题或纠纷，并将结果告知媒体，争取主动，重塑形象。

恶性竞争分为两种，一种是竞争对手制造事端；另一种是竞争对手散布谣言。

1. 竞争对手制造事端的应对策略

(1)迅速上报，注意自我克制，不与闹事者发生冲突，以防事态扩大，误中圈套；

(2)危机管理工作小组赶赴现场处理，有效控制事态，迅速查明事件真相；

(3)尽快与当地政府部门和公安机构取得联系，吁请介入，明辨是非，维持正常秩序，博得舆论同情和支持；

(4)联络主要媒体，打招呼，寻求支持；

(5)必要时追究对方法律责任；

(6)慰问、表彰员工，弘扬正气，激励士气。

2. 竞争对手散布谣言的应对策略

(1)发现谣言，迅速报告；

(2)加强监控，查明源头和可能扩散范围，及时通报情况，提高戒备；

(3)若涉及面有限，可不直接回击，但组织正面报道，释疑解惑；

(4)若涉及面广泛，可通过第三方背书方式，加以正式声明，以正视听，影响社会舆论；

(5)若能查明谣言原始制造者，可依法追究其责任。

四、危机管理预警方案的演习

我们每个人对消防队的工作多多少少有些了解，消防队员为了不惜最短的时间做出反应，经常要举行演习。他们通过演习来提高自己的反应速度、强化自己的行为。危机管理与消防队员的工作相类似，需要演习危机管理预警方案。

首先，通过演习来强化危机意识。

其次，通过演习来检验准备工作。

再次，检查企业或组织在真正面临危机时的协调程度。

最后，完善和修正危机管理方案。

总而言之，对危机管理预警方案的演习是为了检验危机管理预警方案的可行性程度，修正不足。

(一)如何组织演习

成功的演习需要做认真的准备。演习之前的准备工作主要包括：

1. 思想准备。在演习之前，应该将准备演习的决定告诉员工，让他们深入了解企业或组织实施危机管理的重要意义。了解应付危机来临时的具体步骤、应遵守的原则等。思想认识的深化是演习成功的保障。

2. 指挥机构。演习需要组织，需要指挥。为了保证学习能够像真正危机来临的那样，需要成立演习的指挥机构。一般而言，危机管理小组可以担任指挥机构的责任。如果要考察危机管理小组的水平，也可以适当聘请一些专家参与指挥工作。

3. 设计步骤。演习的指挥机构要设计整个演习的进行步骤，制定检查的标准和方法。尽管是演习，许多部门会表现出强烈的集体荣誉感和责任心。他们仍然会对结果比较在意。因此，事先的评比标准有助于工作的正常开展，减少不必要的矛盾发生。

4. 制定检查表格。为了使工作一目了然，执行和检查都便于操作，许多演习需要事先制定一系列表格。需要特别指出的是，当进行危机原因分析时，编制表格的方法最为有效。在表格中，可以不断地加入其他企业或组织已经发生的危机及其原因，非常清晰地检查、对照自己的情况。使预演、危机原因分析等工作更加完善。

5. 学习评定小组。指挥机构和评定小组不同，它主要负责演习的组织、指挥、协调。评定小组主要任务是监督。检查相关部门是否协调、是否达到了要求。

6. 落实相关物资。演习需要许多设备和物质。因此，准备这些设备和物质就成为一项重要的准备工作。

(二)执行演练

通常，准备工作就绪，就可以进行演习。但是，并不是一定要等各部门完全准备好了再演习。也不是准备好了一定就马上演习。在演习的具体时间上，应该由指挥小组确定。演练的具体执行时间，应该是机密。因为真正的危机来临是不会事先告诉你的。

执行演练的过程，就是把蓝图变成现实。如同设计师与建筑师的关系那样。

在执行过程中，危机指挥机构要设计一些"图纸"上事先就没有的意外，以检查随机应变的能力。比如，新闻发布会上可以提一些事先没有准备的问题；可以在救急一件事的同时，连续出现其他的意外，令危机参与人员防不胜防，检查他们连续救急的能力。或者，大家都认为危机演习已经结束之际，马上又来临危机。

(三)总结演习

演习结束后，要尽快地进行总结。这时大家还清楚地记得所发生的事情和采取的行动。

需要进行总结的人或机构主要有：直接参与危机演习人员；作为观察人的专家；评定小组；指挥机构；高层领导等。

对于做得好的，一定要奖励；对于存在问题的，一定要指出存在的具体问题及解决措施、办法。切忌笼统的表扬和笼统的批评。笼统的表扬和笼统的批评不会解决实际问题。

将总结通过企业或组织的内部通讯印发，组织员工认真学习、讨论。还可组织大家就存在的问题提出建设性的建议。做到危机管理预警方案大家参与，集思广益。

预防演习考虑的重点问题包括：

1. 企业是否有实施危机管理预警方案内容的资金和人力？

2. 所遭遇的危险情况是否真正影响企业的最终目的？

3. 所鉴别出的潜在危机其真实性如何？

4. 企业现有的行为是否能够阻止危机的产生？

5. 所制定的预防方针和政策是否经得住公众的考验？

6. 企业是否具备行动所需的资源？

7. 是否有采取行动的决心？

8. 不采取行动的结果将会怎样？

(四)修正方案

通过对演习作全面的总结，修正不足的，不符合实际的，以及程序不优化的地方。

修正方案时应重点考虑：

1. 定期检查应急设备的情况。

2. 培养新成员吗？由于种种原因，参与危机处理紧急救援的工作人员会更换，因而需要对新成员进行培训。自己培训还是请公关公司帮助训练？

3. 更新背景材料内容的周期。在紧急事件中需要向媒介提供的背景材料需要经常更新。

4. 修改应急媒介反应工作程序吗？在某些情况下，传播技术的变化还会影响信息的传播。

5. 设计应急反应联系的方式需要修改吗？等等。

修正之后的方案，需要更新内容印刷，下发执行。

【职场案例】

案例一：香港迪士尼拒客事件

2006 年春节，由于大量游客涌入，导致香港迪士尼乐园爆满，部分游客被拒门外，引起消费者极大不满，随后，国内各大媒体对此事全面跟踪报道，各大门户网站都推出相关专题，由此一场有关香港迪士尼的拒客风波迅速传遍全国。

"声音一度哽咽，以手掩鼻，泪眼盈盈……"，这是香港迪士尼乐园副总裁安明智 2 月 4 日在新闻发布会上道歉时的一幕场景，拒客风波发生之后，香港迪士尼乐园方面连续进行了三次道歉，并承诺退款。

尽管当时媒体批判的声音一波高过一波，也暴露了迪士尼乐园售票方式不科学、管理不完善、销售本土化预测不到位等多方面的问题，但香港迪士尼乐园对危机的反应和处理速度，"以消费者为中心"解决问题的原则，跟媒体及时快捷沟通的原则，勇于承担责任的原则，这三大景区危机公关的处理原则，还是值得内地景区学习和借鉴的。

相比国内一些著名景区，北海游客被宰事件，平遥游客被殴事件，泰山老虎事件等，最后都是不了了之，甚至都没有部门出来负责，更不要谈解决了，充分暴露了国内景区的危机意思淡薄，香港迪士尼的拒客风波，给国内景区一个最大警示就是旅游景区危机预警和防范机制的建立和完善。

（资料来源：http：//www.cntour2.com）

案例二：这家企业怎样躲过"灭顶之灾"

上海一家大型旅游企业在国内不少旅行社都遭受到了突如其来的"非典"重创时，这家旅游企业却能依靠完善的预警机制"幸运"地躲过了这场"灭顶之灾"，将损失降到了最低限度。

案例背景：生意红火之时危机悄然而至

春秋国际旅行社是一家大型综合性旅游企业，其境内游业务连续 9 年居全国首位。2003 年年初，和国内绝大多数同行一样，这家旅行社迎来了历史上最兴旺的"牛市"。但 3 月下旬企业经营出现了异动，企业针对白领市场精心开发的一些高端旅游产品，如"自由人""纯玩团（只观光不购物）"等出现了滞销迹象。高端产品卖不动，说明外国游客和外企白领游客减少了。猛然间，春秋国旅总经理王正华想起了3月17日世界卫生组织宣布的有关"非典"疫情的消息，心中一紧。通过连续几昼夜的数据搜集和分析，春秋国旅终于得出了结论："非典"疫情会对当地旅游市场产生重大影响。

于是，当国内绝大多数旅游企业依旧因3月、4月份旅游产品价格走高而坚决不肯降低销售利润时，春秋国旅已抢先在全国31家分社打响应对"非典"的紧急战役，为化解风险争取了时间。

对策之一：断然舍弃短期利益

情况危急！4月1日，春秋国旅正式向国内各大航空公司递交报告，分析"非典"疫情的严重性；4月5日起，旅行社包机部所有工作人员被派往各家航空公司，商榷包机停飞以及可能形成损失的分担方案。

当时，"非典"疫情对国内旅游行业的影响尚未显现，旅游市场价格持续走高。此刻，春秋国旅停退包机的做法招致诸多非议，内部员工也颇有怨言："有生意不做，有钞票不赚……""不管别人说什么，包机坚决要退，而且只能快不能慢。"春秋国旅高层的态度十分鲜明。不仅如此，他们还紧急下达了第二道让同行费解的命令——全国各分社将包机销售流量尽量往前推，即使不赚钱，甚至赔点钱也要把机票尽早售出。

事实证明，春秋国旅的急救措施很奏效。4月24日，最后一家四川航空公司也同意停退包机；在所有航线停退之前，春秋国旅包下的多数航班都已卖掉99%的座位，损失被减小到最低限度。与此形成鲜明对比，许多兄弟旅行社直到4月下旬方才察觉手中的机票滞销，甚至完全卖不动，心急火燎地要求航空公司停飞，却为时已晚。春秋国旅总经理王正华说，我们停退包机、降价出票给旅行社造成600多万元的经济损失；但如果当时顾惜眼前利益，整个旅行社的潜在损失将超过1亿元，企业将被逼上死亡的边缘。

对策之二：48小时收款制度规避"三角债"

针对"三角债"问题，春秋国旅原本就制定了一项"48小时收款制度"：通过网络销售的旅游产品要求入网48小时内收款；票务中心下属的业务部要求24小时内收款；春秋国旅的入境部、华东部都规定"先收款，后做团"。

王正华总经理说，在"非典"危机中，即使包机问题解决了，如果该收的钱收不回来，几千万元的"三角债"同样能将旅行社置于死地。此外，一旦形势恶化，部分中小旅行社还有可能恶意破产逃避债务。

【情境模拟】

某饭店把曾发生了严重产品质量问题并被权威媒介"曝光"的日子定为"店耻日"，每年搞一次"危机事件"纪念活动，之后还不定期地开展危机管理预警方案的演习，以提高企业的危机意识和危机应对能力。近期，该饭店又决定开展一次大规模的危机演习，负责演习组织工作的公关部工作人员为此应该做哪些准备？

【实战演练】

1. 一家旅游企业决定在已经制订的危机管理计划的基础上，开展一次演习活动，以强化饭店全体人员的危机预防意识。小刘被指定负责演习的整个组织工作。他该怎样组织演习？

2. 某旅游企业已经制订了一份危机预警方案，但有专家建议还应该制订一份危机应变方案，你认为专家的建议有道理吗？为什么？如果这项任务交给你来做，你会如何制订这份危机应变方案？

主要参考书目

[1]余睿容．饭店公共关系[M]．北京：高等教育出版社，2004

[2]姜华．酒店公共关系[M]．北京：中国人民大学出版社，2009

[3]贺湘辉．酒店公关实务[M]．广州：广东经济出版社，2005

[4]谢红霞．中国新公关：组织形象塑造[M]．北京：经济管理出版社，2004

[5]谢红霞．公共关系原理与实务[M]．大连：东北财经大学出版社，2006

[6]郑向敏．酒店公共关系[M]．重庆：重庆大学出版社，2008

[7]李祝舜．旅游公共关系学[M]．武汉：华中科技大学出版社，2008

[8]梁士伦．公共关系理论与实务[M]．北京：机械工业出版社，2005

[9]邵雪伟．酒店沟通技巧[M]．杭州：浙江大学出版社，2010

[10]惠亚爱．沟通技巧[M]．北京：人民邮电出版社，2008

[11]王春林．饭店管理沟通实务与技巧[M]．北京：中国旅游出版社，2006

[12]杜炜．饭店优秀公关案例解析[M]．北京：旅游教育出版社，2007

[13]万国邦．公共关系教程[M]．北京：机械工业出版社，2009

[14]梁冬梅．旅游公共关系原理与实务[M]．北京：清华大学出版社，2010

[15][美]罗伯特·希斯．危机管理[M]．北京：中信出版社，2001

教学支持说明

建设立体化精品教材，向高校师生提供系列化教学解决方案和教学资源，是北京师范大学出版集团"服务教育"的重要方式。为支持相应课程的教学，我们向采用本书作为教材的教师免费提供教学资源。

为保证该资源仅为教师获得，烦请授课教师填写如下开课情况证明，扫描后寄至下面地址或发送电子邮件到邮箱 songshuyu@bnupg.com。

我们的联系方式：

地址：北京市海淀区新街口外大街 19 号北京师范大学出版社

邮编：100875　　　　电话：010-58808458

E-mail：songshuyu@bnupg.com

证　　　明

　　兹证明＿＿＿＿＿＿＿＿＿＿＿＿＿＿大学(学院/学校)＿＿＿＿＿＿＿＿系/院第＿＿＿＿学年开设的＿＿＿＿＿＿＿＿＿＿＿＿＿＿＿＿＿课程，采用北京师范大学出版社出版的＿＿＿＿＿＿＿＿＿＿＿＿＿(书名和作者)作为本课程教材，授课教师为＿＿＿＿＿＿＿＿＿＿，学生＿＿＿＿＿＿＿＿＿个班共＿＿＿＿＿人。

授课教师需要与本书配套的教学课件为：

地　　址：＿＿＿＿＿＿＿＿＿＿＿＿＿＿＿＿＿＿＿＿＿＿

邮　　编：＿＿＿＿＿＿＿＿＿＿＿＿＿＿＿＿＿＿＿＿＿＿

电　　话：＿＿＿＿＿＿＿＿＿＿＿＿＿＿＿＿＿＿＿＿＿＿

E-mail：＿＿＿＿＿＿＿＿＿＿＿＿＿＿＿＿＿＿＿＿＿＿

系/院主任＿＿＿＿＿＿＿(签字)

(系/院办公室盖章)

201＿＿＿年＿＿＿月＿＿＿日